公路与法律

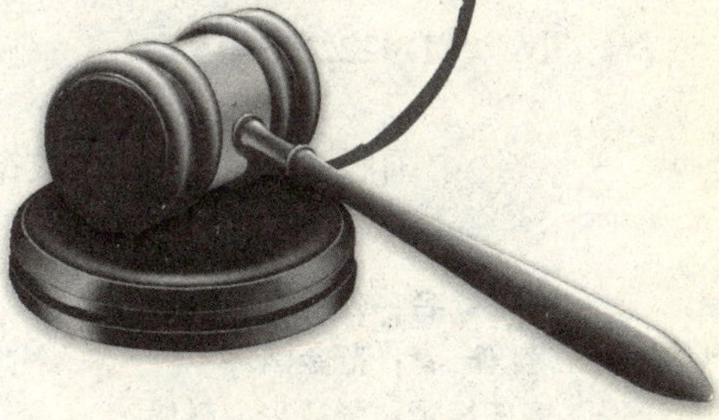

“任何法律制度和司法实践上的根本目的，都不应当是为了确立一种权威化的思想，而是为了解决实际问题，调整社会关系，使人们比较协调，达到一种制度上的正义”——法学家朱苏力教授曾这样说。这本新书，亦正有此意。希望有更多热爱公路事业的人能投身公路法制，推动行业法治化进程。

范金国◎著

内容提要

本书精选了公路交通专业律师在《中国公路》和《中国高速公路》杂志上发表的五十多篇文章。全书分两部分："观点集萃"从法律职业工作者的视觉，发现、揭示公路法制工作中存在的问题，并从专业角度提出解决方案；"就事论法"对公路行业发生的涉法典型案例进行分析，提出法律风险防范的建议。该书既可以作为公路交通行业干部职工的普法读物和培训教材，也能成为公路交通法制工作者、社会公众研究公路交通法律的法律实用手册。

图书在版编目（CIP）数据

公路与法律/范金国著. --北京：人民交通出版社，2012.11

ISBN 978-7-114-10188-5

Ⅰ. ①公… Ⅱ. ①范… Ⅲ. ①公路法-中国-文集 Ⅳ. ①D922.296.4-53

中国版本图书馆 CIP 数据核字（2012）第 263240 号

书　　名：公路与法律
著 作 者：范金国
责任编辑：张征宇　赵瑞琴
出版发行：人民交通出版社股份有限公司
地　　址：（100011）北京市朝阳区安定门外外馆斜街 3 号
网　　址：http://www.ccpress.com.cn
销售电话：（010）59757969，59757973
总 经 销：人民交通出版社股份有限公司发行部
经　　销：各地新华书店
印　　刷：北京市密东印刷有限公司
开　　本：720×960　1/16
印　　张：17.75
字　　数：287 千字
版　　次：2012 年 11 月　第 1 版
印　　次：2016 年 4 月　第 2 次印刷
书　　号：ISBN 978-7-114-10188-5
定　　价：39.00 元

梦想与坚持

早在两年前，我就打过老范的“主意”：他发表的不少文章，围绕涉路个案谈应诉技巧，实用性很强，搜集整理一番，定能出本畅销书。然而，种种原因让这个念头停留在原地……直到前几日，老范发来电邮：新书即将出版，请我为之作序。心下欢喜，旋即愧疚，愧的是自己办事太拖拉了。

伴随公路事业的高速发展，行业与社会的交集日趋频繁。众所周知，面对涉路诉讼，各地公路部门大多花钱消灾。一方面，许多代理律师对公路行业的相关法律并不熟悉，输掉官司是常态；另一方面，管理部门负责法务的人员往往身兼数职，无暇静心做研究，部门领导对此亦非专业，于是在诉讼面前，往往是代理律师怎么说便怎么办了，但结果往往是“花钱免灾”还被人捉小辫子。

行之有道，更要行之有法。尽管公路行业为我国经济与社会发展做出了巨大贡献，国家和地方政府出台了许多行业法律法规，然而长期以来，由于在法律方面重视程度不高，地方公路部门的法律意识淡薄，不少公路主管部门对于行业相关法律缺乏深入研究，特别是行业与司法领域缺少有效的沟通。尽管各地公路部门和运营单位聘请了代理律师，也有自己的法务工作者，由于种种原因，大多没能很好地担负起维护行业合法权益的责任。另一方面，我国公路行业在法律文化建设方面，起步较晚，涉及公路交通法律、具有可读性和实用性的出版物并不多见，专注于公路交通法律研究的专家与学者更是寥寥无几。

老范迈出了第一步：要做服务公路行业最好的律师！若干年前和老范认识，是我的幸运：执着与勤奋，让他从一名公路人，最终成为一名小有名气的公路法律专家。

也正是得益于这种精神，让我在《中国公路》杂志上首开先河，开辟“就事论法”栏目，以案件为主题，请老范从法律务实的角度展开评述。

个人努力伴随时代变迁，往往能够成就一番事业：《公路安全保护条例》等一系列行业法律法规的颁布实施，成为塑造公路行业在法律关系中的地位和角色的良好契机——从轰动行业的“全国高速公路第一案”，到各地频发的因道路堆积物引发的交通事故，从治超过程中公路部门的法律风险，到常见的公路护栏成为索赔的主要理由……老范没有错过任何公路法律话题的讨论。

通过一个又一个案例，公路行业的法治进程以鲜活的事例与评述，被一一记录在册。其间，《路赔案件的京港澳模式》成为各地公路部门对路产损失依法索赔的标杆；《十二个亮点》、《为“公路行政强制”擦亮眼》为各地公路部门学习掌握新法律法规，可谓雪中送炭；《阻击“稻草命案”成为判例》引发公路行业内争议；《路政电话缺位的反思》、《路政车示警灯不是摆设》折射行业对小问题的期盼与无奈……去年的全国交通运输好新闻评选，“就事论法”入选优秀栏目类，这个奖，老范的功劳占七成！

积沙成塔，这些文稿为《公路与法律》一书的出版做好了铺垫。本书分两部分，“观点集萃”侧重行业法律观点的解析，“就事论法”侧重于案例分析与法律务实，在形式上做出了有益尝试。因此，它既是一本通俗易懂的法律务实手册，也是一本汇集公路法律观点的精品集。这本书，不仅是记录我国公路法律发展进程的优秀文本，从公路文化的传承性上来说，它也做到了历史性记录的功能——这样的评价并不为过。

“任何法律制度和司法实践上的根本目的，都不应当是为了确立一种权威化的思想，而是为了解决实际问题，调整社会关系，使人们比较协调，达到一种制度上的正义”——法学家朱苏力教授曾这样说。这本新书，亦正有此意。希望有更多热爱公路事业的人能投身公路法制，推动行业法治化进程。

最近老范更忙了：开办的公路专业律师事务所业务越来越繁忙，还要在全国各地为公路行业干部职工传道授业解惑。但老范仍然笔耕不辍，坚持用笔记录公路法治进程中的点滴。对心怀梦想的人来说，坚持便是其生命的本真。

谢　丁

二〇一二年七月十七日清晨于北京

注：谢丁，《中国公路》杂志社资深编辑、记者。

目　录

第一编　观点集萃

第二编　就事论法

第一编

观 点 集 萃

此安全非彼安全

——谈公路管理部门在影响公路安全畅通物件引发的交通事故中的责任

改革开放以来，我国的公路事业发展很快，路越来越多了，也越来越好走了，可是道路交通事故却没见减少。老百姓的法律意识提高了，出了事故得不到赔偿，都知道去找法院说理，这是件好事。公路管理部门因管理公路不作为或管理公路不当，造成了交通事故，坐坐被告席也未尝不是件好事，至少可以花钱买教训。可怕的是只要涉及影响公路安全畅通的物件导致的交通事故，公路管理部门都背上"负有保障道路安全畅通的责任"的罪名而难逃其"负"。你看，公路上半夜弃落一块石头引起了交通事故，公路管理部门赔钱！路边堆了一堆沙引起了交通事故，公路管理部门赔钱！南京机场高速公路赔偿案的终审判决开了一个可怕的先河。

在社会公众甚至一些法院法官、法学专家眼里，公路安全就是交通安全，交通安全就是公路安全，交通运输主管部门及公路管理机构负责公路安全，就是负责交通安全。这是一种极端错误的认识，混淆了二者的区别，毫不客气地说，这是一种望文生义的认识。

公路安全与交通安全既相区别，又相联系，绝不能把二者混为一谈。

二者的区别

首先，对二者实施管理的行政主管部门不同。负有保护公路安全职责的行政主管部门是县级以上交通运输主管部门。对损坏公路及公路附属设施，影响公路这种固定资产或国家财产的自身安全的，由交通行政主管部门进行行政处理和处罚。负有维护交通秩序、保障交通安全和畅通的职责的行政主管部门是各级公安机关。对于破坏交通秩序、影响交通安全和畅通的，由公安机关进行行政处理和处罚，具体由各级公安机关交通警察实施管理。这点区别在《中华人民共和国公路法》(以下简称《公路法》)中体现尤其明显。如在路政管理章节中，无论哪一条，涉及保护路产和维护路权的，均直接作出规定：由交通运输主管部门负责。而"影响交通安全的，还须征得有关公安机关的同意"，充分说明了公路安全和交通安全的行政主管部门是不同的。

其次，对二者实施管理所依据的法律法规体系不同。交通运输主管部门保护公路安全的职责所依据的是以《公路法》为龙头的法律法规体系。而公安交通管理部门保护交通安全的职责依据的是以《中华人民共和国道路交通管理条例》(以下简称《道路交通管理条例》)为龙头的法规规章体系，2004年5月1日起，《中华人民共和国道路交通安全法实施条例》实施，该条例规定，1988年3月9日国务院发布的《道路交通管理条例》同时废止)。

再次，影响交通安全的，不一定影响公路安全。如南京机场高速公路赔偿案中，雨布遗落在公路上，对公路不会产生安全影响，但是会对交通行车安全产生重大的影响。又如，从行驶中的汽车上遗落一块石头在公路上，最多将公路砸一个小坑，对公路安全影响的程度很小，但是若不及时清除，将会严重影响交通安全。再如，在路边堆放砂石料，最多只是因占据了公路有效路面，影响了公路使用效能的正常发挥，对公路安全的影响较小，但是对交通安全的影响却是很大的。

二者的联系

首先，公路安全与交通安全经常交织在一起，一个行为往往在影响公路安全的同时，也影响到交通安全。如公路上车辆超载或超限行驶，交通运输主管部门有权进行管理，因为该行为极大损坏了公路桥梁，影响到了公路桥梁的安全。公安机关可以进行管理，因为该行为容易出交通事故，影响交通安全。

其次，公路安全是构成交通安全的一个重要条件和组成部分。交通运输主管部门加强对公路安全的保护，正是为了发挥部门作用，协助公安机关共同创造一个良好的交通安全秩序。交通安全不仅包括公路因素引发的安全，还包括车辆因素引发的安全、与车辆相关人员如驾驶员、乘车人、行人等因素引发的安全，还包括自然因素、环境因素等引发的安全。凡是涉及交通安全的，无论是否影响到公路安全，公安机关所属的交通部门都有权进行管理，同时应当承担起因管理不力、管理不当造成的后果。

因此，我们不能将公路安全和交通安全混为一谈，不能忽视二者最根本的区别——负有管理职责的行政主管部门及管理机构不同。

从以上分析可以清楚看到，交通运输主管部门的职责是保证公路的完好、公路的安全、公路的畅通(影响公路完好、安全和畅通)，真正履行实施道路交通管理、维护交通秩序、保障道路交通安全和畅通职责的是公安机关。交通运输主管部门对公路的保护过程中，必须依照法律赋予的职责进行，否则，就是无权行政或越权行政，并将承担败诉等不利的法律后果。

具体来说，交通运输主管部门只能在法律法规赋予的路政管理职权范围内进行保护公路路产、维护公路路权的管理。如对汽车装载石头不符合法规规定，石头很容易被甩在公路上的行为，交通运输主管部门及授权的公路管理机构即使看见了，也无权进行管理。但是如果石头被甩在路上，尽管没有损坏公路或影响公路的安全，出了交通事故，却让交通运输主管部门或授权的公路管理机构来承担“不作为”的责任和后果，这显然违背了我国行政立法上的责权统一的原则。这就是当今交通运输主管部门或授权的公路管理机构承受的最大不公和尴尬——没有管理的权，却承担管理的责。这不仅是整个公路管理部门的悲哀，更是我国法律的悲哀！

面对这种让人憋闷却又无奈的现状，公路管理部门不能牢骚满腹、怨天尤人，更不能消极观望、疲于应付，而是要积极做好相关工作，尽可能扭转这种不合理、不合法的被动局面：

一是要理顺管理体制。针对目前交通管理政出多家、权责不分、职能交叉、管理重复、行政效率低下的现状，积极呼吁争取建立统一、高效的交通管理体制，把路政管理、交通安全管理合二为一，做到权责分明、提高行政效率。同时修改相关法律法规，做到有法可依。

二是要做好宣传解释工作。在当前的类似案件的诉讼中，要向法院做好“此安全非彼安全”、“行政关系与民事关系”的解释、宣传工作。必要时，要依法追加公安交通管理部门为诉讼第三人，使其参与诉讼，让真正的交通安全管理部门担起责任。对公安交通管理部门作出的让交通运输主管部门或公路管理机构、公路经营企业承担此类交通事故的责任的认定，要依法申请复议或提起行政诉讼（注：2004 年 5 月 1 日《中华人民共和国道路交通安全法》（以下简称《道路交通安全法》）实施后，事故认定书仅仅作为证据，不再具有行政可诉性，不能提起行政复议和行政诉讼，但是可以申请复核），阐明公安交通管理部门既是“运动员”又是“裁判员”及只当“裁判员”不当“运动员”是不合理、不合法的。

三是要培养自己的专业法律队伍。培养一批既熟悉公路业务又具备较高法律专业水平的人才是十分必要的。笔者经常注意到一些涉及公路管理的诉讼中往往都是自己的职工不懂法律，聘请的专业律师又不太懂公路业务，不能把专业性都很强的公路业务、法律业务很好结合起来，导致了诉讼的被动局面甚至败诉。

四是要加大路政管理执法力度。目前我国路政管理执法队伍担负管理公路的任务重大、责任重大，却存在着人员不多、素质不高、手段不硬、装备不好的现状，路政人员对于突发的公路违法行为，常常是疲于奔命。因此，必须在扩充路政队伍的基础上，提高路政人员执法水平，加大路政管理资金、科技含量的投入，改善路政装备，勤巡查，严管理，确保路政人员能切实履行保护公路路产、维护公路路权的职责。

记忆犹新的案例

1997年12月14日，山东省章丘市相公镇个体户叶某未戴头盔驾驶无牌摩托车，行驶至相公镇镇东路时，撞在袁庄村村民袁某盖房子堆放在路边的沙堆上摔伤致死。1999年4月，死者妻子向济南市历城区法院起诉，要求赔偿各种损失约12万元，后法院一审判决章丘市公路局对这一事件负连带责任。

2000年2月8日，湖北省大冶市金湖街道办事处岗背村村民刘某无证驾驶摩托车，行驶在大金省道上，突遇村民黄某堆放在公路上的沙堆，因车速过快，刘某摔倒在地，于次日凌晨死亡。同年7月，死者的父亲及儿子向大冶市法院提起诉讼，后法院判决黄某承担次要责任，大冶市交通局未尽其责，负连带赔偿责任，各项损失费共计2.7万余元。

这种拉公路部门做“垫背”的事早已不新鲜，公路部门就像个软柿子，任人拿捏，不但自己管的路出了事要赔，连不归公路部门管的乡镇公路出了事也要赔。只要肇事者双手一摊，“没钱，找公路局执行去”，公路部门只好自认倒霉。可怕的是这样的事情愈来愈多了。

（原载于《中国公路》2001年第17期。作者：范金国）

微评论

翻出十多年前写的这篇文章，今昔对比，尽管许多法律法规已经改变，公路部门被拉去垫背的情况仍在继续，甚至有愈演愈烈之势。其实，公路部门的“被承担责任”虽有助于个案的解决，但是损害了行政管理秩序，不利于维护司法尊严，最终受损的，是大多数纳税人的权益。我们期待，随着《公路安全保护条例》和《中华人民共和国行政强制法》的相继实施，这种现象能有所改变。

五大诉讼风险防范攻略

作为一名公路交通行业专业律师，笔者在数年来办理的大量涉路纠纷诉讼案件中，发现公路管理工作中常见的有五大诉讼风险，在此分别提出防范意见，供大家参考。

风险一：地面施工致人损害

主要表现在公路的施工及养护过程中不按规定设置标志牌，导致过往车辆或行人受到损害，产生纠纷。

《公路法》第三十二条、第三十九条以及《中华人民共和国道路交通安全法实施条例》（以下简称《道路交通安全法实施条例》）第三十五条均规定道路养护施工单位在道路上进行养护、维修时，应当按照规定设置规范的安全警示标志和采取有效的安全防护措施。这是公路部门的法定义务，违反该义务，则存在过错。而根据法律规定，此类案件适用过错推定责任的归责原则，即如果施工单位不能证明自己没有过错，就要承担责任。

尽管施工安全警示标志牌设置后，容易遭到损毁或盗窃，且标志牌设置成本较高，但这不能成为纠纷发生后的免责事由。

为避免此类诉讼风险，要做到：

严格按照 GB 5768—1999（注：现已修订为 GB 5768—2009）《道路交通标志和标线》规定的标志设置原则，充分考虑在动态条件下发现、判断标志及采取行动的时间和前置距离，在施工路段两端设置必要的警示标志牌，并设置防围设施。

标志的外观及样式必须按《道路交通标志和标线》规定的样式进行制作，这是该国标中的强制性规定。如果违反了，受害人可以以不符合国家强制性标准的理由进行抗辩。因此，切不可自行乱设计警示标志样式。且应根据实际情况设置相应的警示标志，不可随意设置。

设置标志，可根据道路交通实际情况选择标志或选择标志摆放位置。有条件的，尽量按《道路交通标志和标线》提示附录中的“道路施工安全设施设置示例”进行设置。当然，该“道路施工安全设施设置示例”并非强制性的。

风险二：道路管理瑕疵致人损害（又称物件致人损害）

此类案件主要表现形式有三类：

一是路面遗落物、抛洒物致人损害。如公路上遗落的石头导致交通事故，公路上抛洒的碎石或滴漏的重油导致交通事故。

二是在公路上人为堆放物品致人损害。如在公路边建房时在公路上堆放建筑材料，在公路上打场晒粮等，都会导致交通事故。

三是公路管理机构在公路养护、管理工作中存在过失致人损害。如路上有影响到交通安全的坑槽、跌洼、隆起等没有及时进行维修；应当设置的交叉路口标志、桥梁限载标志、上跨构筑物限高等标志没有进行设置；行道树或树枝倒塌致人损害等。

根据最高人民法院《关于审理人身损害赔偿案件适用法律若干问题的解释》规定，道路管理瑕疵致人损害应当承担的责任是民事赔偿责任，而非行政赔偿责任。根据该规定，公路管理机构要免责就必须要证明自己没有过错。也就是说，此类案件的归责原则仍然是过错推定责任，如果不能证明自己没有过错，就要承担责任。

要避免此类诉讼的风险，要做到以下几点：

勤勉履行对公路的巡查、维护和管理义务。对任何职责范围内的安全隐患都要及时进行整改。全面、正确、及时履行法律法规赋予的职责，是避免此类诉讼风险的根本所在。

要制定公路小修保养作业标准。特别要结合本地列养公路的实际情况，重点明确日常养护中清扫公路的频率。要做好日常养护（公路清扫）的养护记录。因对路面抛洒杂物、滴漏油污等不可能做到随时清除，根据交通部对 JTJ 073—1996《公路养护技术规范》的解释（交通部交公便字[2001]66 号文关于对《关于请求明确〈公路养护技术规范〉有关条款含义的紧急请示》的答复），“及时”不等于“随时”，如果公路养护单位按照规定的频率或有关工作要求做到了定期清扫，不能认为其“疏于养护”。因此，日常养护记录是证明已经履行了定期清扫义务的重要原始证据。

要制定路政巡查标准，明确路政巡查频率，详细记录路政巡查情况。公路管理机构不可能对公路全线进行全方位全时段的监控，只要按规定履行了路政巡查义务，也不能认定为疏于管理。而路政巡查记录也是证明公路管理机构履行了路政巡查义务的重要证据。

公路路政管理部门发现路面有人为堆放的建筑材料、晾晒的粮食或其他障碍物，必须按照《公路法》和《道路交通安全法》的规定，做好调查取证，查明违法行为人的基本情况及违法事实后，依法责令违法行为人改正交通违法行为，并作出相应行政处罚。下发并送达相关法律文书后，公路管理机构的法定职责履行完毕，不再存在过错。上述法律文书也是公路管理机构履行了路政管理职责的重要证据。

公路管理机构采取了各种法定行政措施后，如果违法行为人仍未改正违法行为，公路管理机构可以书面函告公安机关交通管理部门进行管理或进行清除。根据国务院对交通运输部门和公安部门的分工规定，路障管理由公安管理机关负责。公路管理机构没有强制清除障碍物的权力，如果进行强制清除，不仅行为违法，同时给相对人造成损失的，还需承担行政赔偿责任（注：《公路安全保护条例》和《中华人民共和国行政强制法》（以下简称《行政强制法》）相继实施后，该规定有所变化）。

风险三：公路工程项目招投标或分包中的人身损害赔偿

最高人民法院《关于审理人身损害赔偿案件适用法律若干问题的解释》中明确规定：雇员在从事雇佣活动中因安全生产事故遭受人身损害，发包人、分包人知道或者应当知道，接受发包或者分包业务的雇主没有相应资质或者安全生产条件的，应当与雇主承担连带赔偿责任。

因此，在公路工程项目招投标或承包、分包工程中，如果将工程发包或分包给没有相应资质或安全生产条件的单位或个人，都要与雇主承担连带赔偿责任。例如，某路桥公司在一桥梁拆除工程的施工中，由某包工头带领农民工进行拆除作业，作业中一工人摔到桥下受伤，该路桥公司因将劳务工程发包给不具备资质的包工头，被判与包工头一起承担连带赔偿责任。

此类风险的防范措施主要是：

公路管理机构在行使公路建设工程项目或公路养护工程项目的业主职能，对项目进行发包时，一定要审核投标单位的施工资质，不将项目发包给不具备相应资质的施工单位。

施工单位在分包劳务工程时，不可再与包工头打交道。“包工头”在很多地方已经退出了建设市场，施工单位一定要与具备营业资质和条件的劳务公司签定劳务合同。

风险四：路政许可中的行政诉讼

路政许可行为也是具体行政行为。《中华人民共和国行政许可法》（以下简称《行政许可法》）规定，行政机关违法实施行政许可，给当事人的合法权益造成损害的，应当依照国家赔偿法的规定给予赔偿。

路政许可中，存在的违法实施许可的现象主要有：

1. 对不需要取得许可的事项进行许可。如有的公路管理机构对在公路两侧建房进行许可。事实上，根据《公路法》规定，公路两侧建筑控制区内禁止修建任何建筑物或构筑物，如果加以许可，则是违法许可。

2. 滥发许可证件。如很多公路管理机构在检查超限运输车辆时，收取赔（补）偿费后，为超限车辆补发通行证。事实上，通行证就是一种许可证件。路政许可应当依申请进行，未申请就不存在许可。途中处理后主动发放通行证不符合行政许可法的规定。

3. 不按法定权限进行受理或许可。《路政管理规定》和《超限运输行驶公路管理规定》等行政规章对路政许可的实施机关及权责进行了明确划分，但现实中普遍存在不按规定的权限进行受理或许可的情况。

4. 不按《行政许可法》规定的程序发放相关许可文书。相关的许可文书是公路管理机构证明其按程序正确实施了许可的重要证据，没有这些程序上的证据，如果遭遇到行政诉讼，必然会因程序不合法而败诉。

预防上述路政许可中存在的行政诉讼风险，其方法主要是：

严格按照国家规定的路政许可实施机关的权责划分来进行受理和许可。

严格按照《行政许可法》及《交通行政许可实施程序规定》规定的程序来进行许可。

风险五：公路使用性质及行政等级变更时不按法定程序实施

公路使用性质变更主要表现在集镇过境路段经协商变为城镇街道，导致管理主体发生变更。公路使用性质变更为城镇街道，应当依法进行，法律没有规定的，应当依约定或上级政策进行。公路行政等级的变更应当依照《公路法》进行，未按《公路法》规定的程序进行的行政等级的变更，是无效的变更。

避免此类诉讼风险，要做到“有法必依”，按法律法规规定办理变更手续，并在移交时签订好移交协议。

最后，再谈谈公路管理机构如何减少诉讼风险的策略问题。

当前，公路管理机构在公路的维护和管理过程中，除了确实存在过错外，大量没有过错的也被判承担赔偿责任，造成“涉路就当被告、当被告就担责”的被动局面。为改变当前这种被动现状，笔者认为，公路管理机构除了要进一步规范公路管理各项工作，勤勉履行法定职责外，还要注意以下几点：

首先，在公路管理的立法上要做到坚持“责权利一致”原则，条款上尽量详细，文字上用词规范无歧义。争取权力解释部门对歧义法条作出有利解释。

其次，对涉路案件，依照事实和法律应当胜诉、却没取得胜诉结果的，一定要把诉讼进行到底。改变法官的一些观点是需要长久的时间和耐力的。事实证明，涉路案件中，公路管理机构胜诉的案子大都经历了反复的一审、二审和再审，才取得最终的胜诉结果。

如果确实有过错，或者因行政干预等意外因素不愿意将诉讼进行到底的，尽量选择调解结案，避免以判决形式结案。如果以判决形式结案，那么在同一法院形成判例后，类似案件就不可能再取得胜诉结果，因为同一个法院不会作出矛盾的判决。

最后，高度重视行业法制工作，培养既懂法律又懂公路业务的法制工作人员，或聘请交通专业的律师。

（原载于《中国公路》2007年第12期。作者：范金国）

微评论

在公路管理机构事企不分的年代，地面施工致人损害是公路管理机构对外赔偿最多的项目。随着养护市场化的推进，该项法律风险，已经由公路养护施工作业单位（企业）来承担，公路管理机构也成为公路养护施工作业单位的行政监督管理单位。道路管理瑕疵责任至今仍是悬在公路管理机构头上的一柄利刃，无数有理无理的起诉和判决，都可以装在“道路管理瑕疵”这个口袋里，令公路管理机构深陷泥沼。我们只能期盼通过立法活动和司法实践，能把部门间责任分得更清一点，同时期待通过立法将公有公共设施的管理瑕疵民事赔偿责任早日转化为国家赔偿。这样，公路管理机构不至于动辄被告上法庭，甚至赔得“倾家荡产”——因为最终受损的，将是全体社会公众对公路这一公有公共设施的使用权。

农村公路不宜另行立法

农村公路一词最早见于2003年原国家计委、交通部关于印发《县际及农村公路改造工程管理办法》（计基础［2003］410 号）一文，“县际公路一般是指连接相邻县与县之间的公路，包括经济干线、口岸公路和省际公路。农村公路一般是指通乡（镇）、通行政村的公路。通乡（镇）公路是指县城通达乡（镇）以及连接乡（镇）与乡（镇）之间的公路。通行政村公路是指由乡（镇）通达行政村的公路”。2005 年，国务院办公厅在《关于印发农村公路管理养护体制改革方案的通知》（国办发[2005]49 号）中对“农村公路”定义有所改变，称：“农村公路（包括县道、乡道和村道，下同）是全国公路网的有机组成部分，是农村重要的公益性基础设施”，农村公路开始涉及村道概念。

正确理解村道

无论是1988年起施行、至今并未废止的《中华人民共和国公路管理条例》（以下简称《公路管理条例》，该条例已于2011年7月1日起废止），还是1998年施行的《公路法》，调整的对象仅仅限于国道、省道、县道和乡道。法律和行政法规中并无农村公路和村道二词，村道也非公路管理法律法规调整的对象。因此，农村公路一词并不是法律用语，也无任何法律法规对此词语进行过定义。“农村公路”仅仅是一个政策性的提法。

虽然没有任何法律法规对村道进行定义，国务院和交通运输部的政策性文件也没有对村道含义进行解释，但结合《中华人民共和国公路管理条例》（以下简称《公路管理条例》）授权交通部制定的《〈中华人民共和国公路管理条例〉实施细则》中对国道、省道、县道和乡道的定义，参照交通运输部关于“农村公路”的相关文件精神，基本上可以推断：交通运输部所提的“村道”，是指“由村集体修建、为村集体内部村民提供车辆和行人出行服务的道路，以及不属于乡道以上公路的村与村之间及村与外部联络的道路”。

对于公路网的组成，《公路法》已经明确规定，公路按其在公路路网中的地位，分为国道、省道、县道和乡道，也不包括“村道”，因此，“村道”不是我国公路网的组成部分。在交通运输部一直沿用的《公路网规划编制办法》中，也没有将“村道”纳入公路网的规划。

当然，我们不能否认，这些“村道”是服务我国“三农”的重要交通基础设施，是我国道路网络的重要组成部分。

县道、乡道已有法规

对“农村公路”中的县道和乡道的规划、建设、养护和管理，《公路法》已经作出了明确的规定。如果再制定一部“《农村公路法》”来调整县道和乡道，作为新法和特别法，“《公路法》”上关于县道和乡道的调整都会被“《农村公路法》”所取代，那么《公路法》就成为一部事实上的“国道省道法”了。这显然与我国的公路发展遵循的全面规划、合理布局的原则是不一致的。

县道

在规划上，《公路法》规定：“县道规划由县级人民政府交通运输主管部门会同同级有关部门编制，经本级人民政府审定后，报上一级人民政府批准，同时报批准机关的上一级人民政府交通运输主管部门备案”。

对于县道的建设主体，《公路法》并没有明确规定，《公路管理条例》则规定县道由县（市）公路主管部门（即交通运输主管部门）负责修建。交通部在《农村公路建设管理办法》中确定：“农村公路建设应当由地方人民政府负责”，这与《公路管理条例》的规定并不矛盾。

在养护上，依照《公路法》规定，县道的养护由公路管理机构负责。

在路政管理上，县道的路政管理则是县级交通运输主管部门或其委托的公路管理机构或者法律法规授权的公路管理机构来负责。

乡道

在规划上，《公路法》规定：“乡道规划由县级人民政府交通运输主管部门协助乡、民族乡、镇人民政府编制，报县级人民政府批准，同时，应当报批准机关的上一级人民政府交通运输主管部门备案”。

在建设和养护主体上，《公路法》对乡道作出了特殊的规定：“乡、民族乡、镇人民政府负责本行政区域内的乡道的建设和养护工作”。国务院办公厅《关于印发农村公路管理养护体制改革方案的通知》（国办发[2005]49 号）中规定：“县级人民政府是本地区农村公路管理养护的责任主体，其交通运输主管部门具体负责管理养护工作。县级人民政府交通运输主管部门所属的公路管理机构具体承担农村公路的日常管理和养护工作”。笔者认为国务院办公厅的规定改变了《公路法》规定的乡道养护主体，与上位法是冲突的，因此是无效的。

在管理主体上，《公路管理条例》规定乡道的建设、养护和管理都由乡镇人民政府负责，但是《公路法》却只规定了乡道的建设和养护由乡镇人民政府负责，同时规定“县级以上人民政府交通运输主管部门主管本行政区域内的公路工作”，再结合《公路法》第五章第四十三条规定，笔者认为法律已经改变了行政法规对乡道管理主体的规定，乡道的行政管理主体不再是乡镇人民政府，而是县级交通运输主管部门。

村道无须另行立法

村道与其他公路的最显著的区别是：村道的建设主体是村集体；村道的建设中使用的是村集体所有的土地，无须对所占土地征收为国有；村道是村集体所有的财产，村集体经济组织拥有对村道的占有、使用、收益和处分的权利；村道主要是为村集体成员提供出行服务，不具有“普遍服务”义务。“村道”作为村集体经济组织使用的构筑物，由《中华人民共和国村民委员会组织法》、《中华人民共和国物权法》（以下简称《物权法》）和《村庄和集镇规划建设管理条例》、GB 50188《村镇规划标准》等相关法律法规和标准来调整，无须另行为村道来立法。

关于村道的规划、建设和养护。《物权法》规定：“农民集体所有的不动产和动产，属于本集体成员集体所有。属于村农民集体所有的，由村集体经济组织或者村民委员会代表集体行使所有权”。《村民委员会组织法》规定：“涉及村民利益的下列事项，村民委员会必须提请村民会议讨论决定，方可办理：（四）村办学校、村建道路等村公益事业的经费筹集方案；（五）村集体经济项目的立项、承包方案及村公益事业的建设承包方案；”因此，村道应当由村委会按照国家关于村镇规划标准进行规划，并按照村民自愿民主决策，一事一议的方式，自主安排建设和养护。

关于村道的管理和保护。村道作为村集体土地上的构筑物，显然也是村集体所有的财产。对集体财产的保护，原则上应当按照《中华人民共和国民法通则》（以下简称《民法通则》）中对物权的保护的规定来进行。即：“公民、法人由于过错侵害国家的、集体的财产，侵害他人财产、人身的，应当承担民事责任”。损害了村道的完好，由村集体依法主张消除影响、恢复原状或者赔偿损失的民事权利。为避免超限车辆对村道的损坏，可以设置特别限制标志和设施，防止超限车辆驶入。笔者认为，由交通运输主管部门来行使保护村道的行政管理职能是不现实的，村道范围太广，且承担责任过重，很容易因“道路管理瑕疵责任”而被追究赔偿责任。村道的保护，在尚无法律法规的情况下，笔者更偏向于由公安机关来行使行政管理职责，由公安机关依法追究故意损毁公私财物的行政责任，情节和后果严重，触犯刑法的，由司法机关依法追究刑事责任。

村道管理要有法可依

笔者认为，有两种方法可以将村道纳为公路管理法律法规调整的对象：

将村道明确为专用公路。《公路法》规定的专用公路，是指“由企业或者其他单位建设、养护、管理，专为或者主要为本企业或者本单位提供运输服务的道路”。鉴于村道是由“村集体建设、养护和管理，且主要是为本集体内部成员提供出行服务”，其性质完全符合《公路法》对专用公路的规定，因此把村道明确为专用公路，也即把村道的相关规划、建设、养护和管理纳入了《公路法》调整的范畴。必要的时候，按照《公路法》的规定，可以将“村道”这一专用公路按程序改划为“省道、县道或乡道”，用于社会公共运输。

提升部分村道的行政等级，将其等级升格为乡道。对“通村公路”和“村与村之间的公路”，笔者认为，其也完全符合“乡道”特征，即“主要为乡(镇)内部经济、文化、行政服务的公路”，因此，对重要的村道，完全可以按照《公路法》关于公路规划的要求，提升为乡道。当然，改划为乡道，产权主体和管养责任主体都发生了变化，为避免责权不明产生的纠纷，应当作好道路产权移交工作。

（原载于《中国公路》2008 年第 7 期。作者：范金国）

微评论

2008 年 3 月，全国“两会”上，云南省交通运输厅厅长杨光成联合一些代表提出关于制定“农村公路法”的议案，希望通过立法解决农村公路建设、管理、养护和运用的相关问题。事实上，当时对农村公路的规划、建设、养护和管理，县道和乡道已有法律法规涉及，没有必要另外立法。而对于村道，直到2011年，《公路安全保护条例》才将其纳入其中——《公路安全保护条例》第七十五条规定，“村道的管理和养护工作，由乡级人民政府参照本条例的规定执行”——明确的法律身份，应该是人大代表争取的结果。

盖然性标准与抗辩策略

7月14日，江苏省通州市人民法院对一起路面碎石导致驾驶员连人带车摔倒案件作出了一审判决，原告摩托车驾驶员潘某酒后驾驶负有一定责任，自负40%损失；而案件损失60%的责任认定则显得较为复杂。公路管理站和4家保险公司，以及沈某、赵某、霍某、付某、徐某5名变型拖拉机驾驶员，10名被告中究竟谁应该负责任则需利用盖然性标准进行判断。

案件回放

2007年9月30日19时左右，原告潘某无证驾驶无号牌二轮摩托车，由东向西在汽车道（该公路设有辅助车道供摩托车行驶）行驶至金通公路（223 省道）通州市金沙镇新东海东侧地段时摔倒，造成人伤车损。经交警部门现场勘查，事故发生地段有碎石抛洒在路面上，根据抛洒面积和摩托车刮痕，交警认定事故是因摩托车碰撞到散落在道路汽车道上的碎砖石而引发的。

事发当日下午，被告沈某驾驶湖北 J-9B230、赵某驾驶 O2-03342、霍某驾驶湖北 J-99868、徐某驾驶 10-50655、付某驾驶鄂 11-68573 变型拖拉机，按所述顺序从 223 省道朋来门工地运送碎砖石到南三环路西的雄帮工地。路线均是从朋来门经 223 省道向西过金西大桥后，再经青岛路向北上三环路再向西，空车后仍按原路返回。

事发后，经交警、路政部门比对及被告辨认，确认事发路面上抛洒的碎砖石来自朋来门工地。

1名原告与10名被告

通州市公安局交巡警大队调查取证后，无法查证交通事故事实，只能根据《道路交通安全法》有关规定将载明交通事故发生的时间、地点、当事人情况，以及调查得到的事实的交通事故认定书，分别送给了相关当事人。此举意味着受害人潘某只能通过民事诉讼才能得到赔偿和讨回自己因事故而造成的经济损失。

潘某受伤后，被送往通州市人民医院治疗，住院15天，先后花去医疗费一万多元。无奈之下，原告一纸诉状将通州市公路管理站、沈某、赵某、霍某、徐某、付某 5 名变型拖拉机驾驶员以及 4 家车辆保险公司诉到通州市人民法院。要求法院判令 10 名被告赔偿原告经济损失共计 3.4926 万元。

原告起诉理由是：被告公路管理站未尽路面清理义务，疏于管理，应承担责任；5 名变型拖拉机驾驶员运送碎砖石，并将其抛洒在路面上，致使原告碰撞受伤，应承担责任，而 5 辆变型拖拉机均缴纳过交强险，各保险公司也应承担责任。

被告答辩

被告公路管理站辩称，对路面遗落物、抛洒物的管理虽属答辩人管理范畴，但答辩人已尽了法定的安全管理义务，不可能对公路全线进行全方位时段的监控。事发前，路政人员已进行了路政巡查，未发现路面上有抛洒物，并有巡查记录（包括巡查人员、巡查地点、巡查时间、发现事项、处理情况）为证；事发时，已过了正常的工作时段，无法定义务再进行路政巡查；事发后，答辩人工作人员及时赶到现场进行了调查和路面清理，并有路政人员对 5 名驾驶员的调查笔录为证。被告沈某、赵某、霍某、徐某、付某均辩称，事故当天路面上的石子不是自己车上抛洒下来的，原告起诉不符合法律规定。

被告保险公司辩称，本案原告并无充分证据证明赵某等 5 人存在侵权行为导致原告受伤，原告发生的意外为单方事故，不属于保险事故，且本起事故起因是原告无牌无证和酒后驾驶机动车不慎跌伤造成的，答辩人不应承担保险责任和相关诉讼费用。

在庭审中，驾驶员徐某陈述，其驾车去工地感觉路面平坦，据此可排除先行于他的沈某、赵某、霍某抛洒碎砖石的可能性。抛洒碎砖石范围就缩小到徐某和付某两人。

据驾驶员沈某、付某陈述，徐某车后栏板装载时曾被砸开过；雄帮工地值班人员徐某也陈述，驾驶员徐某农用车后栏板底下弹簧松了，没有钩住，有向下漏的现象，装载与其他车也不一样，该车前面装得高，后面装得低，而其他车是后面高、前面低，在雄帮工地也有漏砖石的现象，并想不予验方。

法院认为

原告为酒后无证驾驶无牌号二轮摩托车，且在汽车道上驾驶，原告上述行为违反了道路交通安全法规，有过错行为，可适当减轻赔偿义务人的责任。庭审中，被告徐某所述与证人徐某的反映，再结合付某和沈某反映，以证据证明的盖然性标准判断，事发路面上抛洒的碎砖石是由于被告徐某驾驶的变型拖拉机后面栏板底下弹簧松了没有钩住，运送过程中下漏所致，故徐某分担原告损失。

公路管理站虽负有对事发路段履行路政管理、清理路面抛洒物的职责，但本案中路面抛洒碎石与原告摔倒受伤时间间隔仅数十分钟，这种对其管理路段任何时段发生的违法情形在极短的时间内予以处置的要求显然超出了合理范围，而公路管理站在事发当日已履行了路政巡查管理义务。据此，原告诉请被告公路管理站承担损害赔偿责任，法院不予支持。

法院判决

通州市人民法院依照《中华人民共和国民事诉讼法》第一百三十条、《中华人民共和国民法通则》第九十八条、第一百一十九条、《最高人民法院关于审理人身损害适用法律若干问题的解释》第十七条、第十八条之规定，判决如下：

一、事故损失由被告徐某承担60%，即17796.05元；

二、被告徐某赔偿原告潘某精神抚慰金2000元；

三、驳回原告其他诉讼请求。

（文/许建 朱熙）

律师看法

我国民事诉讼中，裁判中认定的事实应尽可能达到与案件的客观事实本身相符。人民法院裁判认定事实时，应当以证据能够证明的案件事实为依据作出裁判。因此，在证明某一事实的证据无法达到确凿的程度，特别是在证据之间相互矛盾的情况下作出准确判断，应当有个证明标准。

盖然性标准在民事诉讼中的运用

我国采取“盖然性”证明标准。所谓“盖然性”，就是可能性。盖然性标准就是在证据对某一事实的证明无法达到事实清楚、确凿无疑的情况下，对盖然性较高的事实予以认定。换言之，就是认定所举证据证明力较强一方当事人主张的事实成立。

本案中，原告通过对相关证据的举证，如交警认定事故是因摩托车碰撞到散落在道路汽车道上的碎砖石而引发的；事发路路面上抛洒的碎砖石来自朋来门工地；事发当日下午，由被告沈某、赵某、霍某、徐某、付某 5 名拖拉机驾驶员抛洒。这时候，原告举证任务完成，举证责任发生转移，即由 5 被告举证证明路面上的碎砖石不是本人运输途中抛洒。这时候有三种情况：如果 5 被告不能举证证明，则 5 被告承担举证不能的责任，5 被告理所当然承担败诉后果；如果 5 被告有相关证据，证明了非本人运输途中抛洒，这时候法院应当根据高度盖然性标准来认定，若原告证据证明力大于被告提交证据证明力，则 5 被告承担败诉后果；如果双方证据证明力不相上下，法院仍不能判断实施，则人民法院应根据举证责任分配的原则，判令原告举证不力而败诉。

笔者认为，人民法院应以 5 被告各自的举证及对所举证据证明力进行判断，认定 5 被告分别是否承担责任，而不能根据“盖然性归责”，以徐某对路面平坦感知的陈述及沈某、付某对徐某车后栏板曾被砸开过、工地值班人员徐某对驾驶员徐某的车前面装得高、后面装得低的陈述等，直接判定路面抛洒砖石是被告徐某独自抛洒，从而否定其他 4 被告抛洒的可能。在其他 4 被告不能举证推翻原告举证情况下，其他 4 被告仍应共同承担连带赔偿责任。

公路管理机构抗辩策略

此类抛洒物、遗落物致人损害案件的诉讼中，公路管理机构主要围绕证明在对公路的管理和维护中没有过错进行抗辩。理由是：人民法院判令公路管理机构承担道路管理瑕疵责任的依据主要是《最高人民法院关于审理人身损害赔偿案件适用法律若干问题的解释》第十六条第一款。根据该条款的规定，公路管理机构要免责，必须证明没有过错。

证明在对公路的管理和维护中没有过错，具体可从两方面入手：

一方面，可以通过举证证明公路管理机构已经按国家规定履行了法定的管理和维护义务。对属于公路养护职责范围内的，只要证明已经按规定的频率对公路进行了清扫，即可达到符合《公路法》中第三十五条规定的“应当按照国务院交通运输主管部门规定的技术规范和操作规程对公路进行养护，保证公路经常处于良好的技术状态”的标准。毕竟（JTG 073—96）《公路养护技术规范》中规定的“及时清扫”不等于“随时清扫”，同时，正如本案法院判决认定所言“本案中路面抛洒碎石与原告受伤事件间隔仅数十分钟，这种对其管理路段任何时段发生的违法情形在极短的时间内予以处置的要求显然超出了合理范围”。对属于公路路政管理职责范围内的，只要证明已经按规定的频率进行了路政巡查并对巡查中发现的违法行为及时进行了调查和处理，就可以证明已经依法履行了法定职责。当然，对公路路政管理职责履行不当提起的诉讼属于对具体行政行为提起的诉讼，应当适用行政审判程序。

另一方面，可以通过对法律的论述，证明对“影响交通安全”的抛洒物、遗落物等杂物的管理不是公路管理机构职责范围。在公路上对公路行驶管理的管理者主要有交通运输主管部门和公安机关交通管理部门。通过《公路法》第四十三条、《公路管理条例》第二十三条（注：该条例已经于 2011 年 7 月 1 日起废止）、《道路交通安全法》第一条、第五条的规定，可以很清楚看到，对公路及公路设施自身的保护由交通运输主管部门负责，对影响交通安全的行为由公安机关交通管理部门负责。两部门各负其责、各司其职，其共同目的是共同建设良好的道路交通通行环境。本案中，导致交通事故发生的障碍物显然属于影响交通安全和正常交通秩序的物件，其对公路或公路附属设施没有任何毁损，不属于交通运输主管部门管理职责范围，同时交通运输主管部门也没有强制清除的法定权利和义务。既然不属于交通运输主管部门职责范围，公路管理机构当然不具有任何管理或维护上的过错。

本案中公路管理机构的免责抗辩是成功的，这也与该公路管理机构注重规范日常的管养行为，重视基础资料的记载和保存是分不开的。

（原载于《中国公路》2008 年第 16 期。作者：范金国）

微评论

证据，无论是在行政执法还是在诉讼中，都是硬道理——“以事实为根据”，说的就是“打官司，讲证据”。因此，公路管理中，不仅要规范自己管养行为，还要对规范行为的载体，也就是对相关资料进行保存——主动培养证据意识。

挂靠车的处罚主体

在公路上行驶的很多营运车辆都属于挂靠性质，在超限运输整治过程中，对挂靠车辆的违法行为进行处理和路产索赔时，如何确定违法相对人和索赔对象，成为令一线路政执法人员费解的问题。

什么是车辆挂靠

车辆挂靠是指，“挂靠者”（一般是无运输经营资质的自然人）购置车辆，通过与“被挂靠者”（一般是具有运输经营资质的运输企业）签订的车辆挂靠合同，将车辆登记在“被挂靠者”名下，对外以“被挂靠者”的名义从事经营活动，并由“挂靠者”向“被挂靠者”支付一定的管理费用，以“被挂靠者”的名义缴纳相关税费。

在车辆挂靠中，“挂靠者”实际拥有车辆的所有权和运行支配权、运行利益获取权，又称实际车主。“被挂靠者”名义上是车辆的所有人，又称名义车主。

该罚谁?

当前，对挂靠的车辆，如何确定违法相对人，主要有两种观点。

一种观点是主张以实际车主作为处罚对象。根据原《道路交通管理条例》及后来的公安部和最高人民法院的相关规定，公安机关办理的机动车登记，是准予或者不准予机动车上道路行驶的登记，不是机动车所有权登记。被挂靠者不应对挂靠车辆发生的违法行为承担责任，因为被挂靠者虽然是挂靠车辆的名义车主，但车辆的行驶和运营却是在挂靠人的控制之下，被挂靠者既不能支配车辆的行驶和运营，也不能从车辆运营中获得任何利益，被挂靠者尽管从挂靠车辆处定期收取一定的费用，但该费用的性质应当理解为是为挂靠车辆的车主提供各项服务的费用，如各项规费的交纳、车辆的登记年审等，而非从车辆运营中所获得的利益，二者不能等同。挂靠的车辆进行超限运输的，不能单独以行驶证上的单位或个人作为处罚和处理相对人，要以实际车主即挂靠者为相对人。

另一观点是以登记车主，也就是名义车主作为处罚对象。由于《道路交通安全法》已经明确了机动车的登记是所有权的登记，公安部和最高人民法院以前关于机动车的登记是上路行使权的规定或解释，已与《道路交通安全法》的规定相矛盾，车辆挂靠的法律基础在《道路交通安全法》生效后已实际丧失，挂靠行为属于一种无效的法律行为，国家已经开始逐步取缔挂靠经营现象。对于《道路交通安全法》实施之后的挂靠行为，无论是有偿的挂靠还是无偿的挂靠形式，被挂靠者均有可能存在获利的情形，且被挂靠者一般要求挂靠者依法经营，实际上也是一种广义上的支配权体现。挂靠者与被挂靠者之间的挂靠协议是内部协议，不能对抗第三人，路政执法机关没必要去调查是否存在一个内部的挂靠协议，更没必要去调查该协议是如何约定运行支配和利益获取的权属问题。

笔者认为，根据《公路法》和《超限运输车辆行驶公路管理规定》的相关规定，“在中华人民共和国境内公路上进行超限运输的单位和个人（以下简称‘承运人’），均应遵守本规定”，这里的承运人是对所有在公路上从事超限运输的单位和个人的简称。任何从事超限运输的单位和个人，只要违反国家对超限管理的行政管理秩序，构成行政违法行为，就可依法给予行政处罚。

路政处罚的时候，原则上应以名义车主作为处罚的相对人。因为根据《道路交通安全法》的规定，国家对机动车实行登记制度，且申请登记时必须提交机动车所有人身份证明，可见国家法律已经确立了机动车登记既是对机动车上路行驶的许可，也是对机动车所有权的确认。公安机关对机动车的登记是一种行政登记。同时，根据《物权法》的规定，机动车这一物权的设立、变更、转让和消灭，未经登记，不得对抗善意第三人，故《物权法》采用的是登记对抗主义。因此，对超限车辆进行处罚的时候，无论车辆是否为挂靠，名义车主依法应视为车辆的所有权人，车辆的所有权人在违反国家超限运输行政管理秩序时，是可以作为处罚相对人的。

当有证据证明车辆是挂靠车辆的，挂靠者即所谓的实际车主，则成为实际在公路上从事超限运输的单位或个人，挂靠者违反国家超限运输行政管理秩序时，同样应当受到行政制裁，故挂靠者也可以同时作为处罚相对人。

谁来赔？

根据《公路法》的规定，违反国家关于超限管理有关规定，对公路造成损害的，应当依法承担民事责任。在公路管理机构依法追究超限车辆的民事责任时，应当按照侵权法律关系，确定侵权人。

承运人分为缔约承运人和实际承运人。缔约承运人是指与托运人建立运输合同关系，承担运输责任的人。缔约承运人将合同标的转托他人完成运输任务的，实际完成运输任务的为实际承运人。承运人对公路路产造成损失的，公路管理机构可以找实际承运人和缔约承运人共同赔偿，要求承担连带赔偿责任。

对实际承运人的车辆属于挂靠车辆的，笔者认为，被挂靠者作为法定的车辆所有权人，其与挂靠者签订的挂靠协议是内部协议，该协议不能对抗第三人，不能作为免责的依据，被挂靠者应当承担赔偿责任，在承担全部赔偿责任后，再依内部挂靠协议向挂靠者进行追偿。

托运人、车辆挂靠者、车辆驾驶者在超限运输中对公路造成损害中，有过错且该过错与公路的损害后果有因果关系的，都应承担侵权责任。

因此，笔者认为，公路管理机构在对超限车辆损坏路产的索赔中，要尽可能进行详尽的调查取证，确定相应的侵权人，增加路产索赔能力，确保路产损失能得到最大限度的挽回。

（原载于《中国公路》2009 年第 6 期。作者：范金国 杨静）

微评论

对于超限车辆的管理，过去习惯以承运人为相对人进行管理，2011 年 7 月 1 日《公路安全保护条例》实施后，车辆驾驶员也可以成为行政管理相对人。根据该条例第六十五条规定，若经批准进行超限运输的车辆，车辆驾驶员故意违反法规规定，不按指定时间、路线和速度行驶，公路管理机构和公安机关交通管理部门应责令车辆驾驶员改正。未随车携带超限运输车辆通行证的，由公路管理机构扣留车辆，责令车辆驾驶员提供超限运输车辆通行证或者相应的证明。总之，凡是违反公路管理法律法规的单位和个人，都可以成为超限车的管理相对人，不应再局限于所谓“承运人”。

法定责任主体

高速公路救援清障，主要指对高速公路上行驶中发生故障（含交通事故引起的损毁）、不能继续行驶的车辆进行救援，排除高速公路车辆通行障碍的行为。

就其发生原因来说，主要分为以下几类：

一是车辆自身故障不能行驶；

二是驾驶员因醉酒或无证驾驶被查获，或因驾驶员身体原因不能继续驾驶车辆行驶；

三是发生交通事故导致车辆毁损不能行驶；

四是发生交通事故后，因车辆需要进行事故原因鉴定而不能行驶；

五是发生交通事故后，因驾驶员伤亡，车辆不能继续行驶；

六是发生交通事故后，因损坏高速公路路产而被公路管理机构直接暂扣处理不能行驶。

主体是公安机关交通管理部门

笔者认为，高速公路救援清障的主体应当是公安机关交通管理部门。

《道路交通安全法》第六十八条规定："机动车在高速公路上发生故障时，应当依照本法第五十二条的有关规定办理；但是，警告标志应当设置在故障车来车方向150米以外，车上人员应当迅速转移到右侧路肩上或者应急车道内，并且迅速报警。机动车在高速公路上发生故障或者交通事故，无法正常行驶的，应当由救援车、清障车拖曳、牵引"。由此可见，因机动车自身发生故障的，驾驶员的义务是：能移动车辆的，开启危险报警闪光灯、将机动车移动到不妨碍交通的地方停放进行排除故障；不能移动车辆的，在来车方向150米外设置警告标志、人员转移安全地带、报警等候救援。法律规定机动车驾驶员的义务是报警，而非报告公路经营管理机构，因此，此类情况的救援排障，依法应由公安机关交通管理部门负责实施。

驾驶员因故不能继续驾驶车辆，又无其他机动车驾驶人即时替代驾驶，导致车辆不能继续行驶的，依照《道路交通安全法实施条例》第一百零四条的规定，

“公安机关交通管理部门除依法给予处罚外，可以将其驾驶的机动车移至不妨碍交通的地点或者有关部门指定的地点停放”。因此，此类情况的车辆的救援清障也由公安机关交通管理部门负责实施。

对发生交通事故后导致车辆毁损不能行驶的，以及发生交通事故后，因驾驶员伤亡，车辆不能继续行驶的情形，《道路交通安全法》第七十二条规定：“公安机关交通管理部门接到交通事故报警后，应当立即派交通警察赶赴现场，先组织抢救受伤人员，并采取措施，尽快恢复交通”。《道路交通安全法实施条例》第八十九条第三款规定：“对道路交通事故造成人员伤亡和财产损失需要勘验、检查现场的，公安机关交通管理部门应当按照勘查现场工作规范进行。现场勘查完毕，应当组织清理现场，恢复交通”。因此，对组织事故人员救治、对现场的清理、交通的恢复，都是公安机关交通管理部门的法定职责。

对发生交通事故后，因车辆需要进行事故原因的鉴定被扣留不能行驶的，根据《道路交通安全法》第七十二条第二款的规定：“因收集证据的需要，可以扣留事故车辆，但是应当妥善保管，以备核查”。公安机关因办案的需要扣留车辆，理所当然由公安机关自行负责车辆的拖曳和牵引。

从以上规定来看，高速公路故障车辆的救援清障，是法律和行政法规赋予公安机关交通管理部门的法定职责。

费用问题

既然公安机关交通管理部门负有救援清障的法定义务，由此产生的救援清障费用是其道路交通安全行政管理应当支付的管理成本，应由政府财政费用支出。当然，公路管理机构暂扣车辆或责令车辆停放指定场所的，也属公路管理机构实施路政管理的成本支出，应自行负担该牵引费用。

公安机关交通管理部门也可以委托社会专业的救援车和清障车进行牵引和拖曳故障车辆，实施救援清障，但是该救援清障费用产生于公安机关交通管理部门和社会专业救援清障企业之间的合同关系，依照合同，该费用应由公安机关交通管理部门承担，公安机关交通管理部门不得把该费用转嫁给故障车辆方。毕竟车辆方不是救援清障合同关系的主体，车辆方事实上也无权选择合同相对方，无权对合同标的即救援清障费用进行协商，要车辆方承担该费用违反了民事合同的合同主体“意思自治”原则，是没有法律依据的。除非车辆方自行选择救援企业并与救援企业协商，或者有法律法规明确规定交警支付的该费用应当由车辆方承担。

不应承担的义务

之所以说公路部门没有救援清障的管理义务，理由很简单，现有的法律法规已经明确规定了救援清障是公安机关交通管理部门的法定职责。没有任何法律法规赋予公路部门救援清障的职责。

也有人认为，《公路法》虽然没有明确公路救援清障的相关条文，但在道路上一旦发生因路障引发的交通事故后，当事人一般以《公路法》第四十三条有关条文，起诉公路管理部门没有履行好“保障公路的完好、安全和畅通”职责，所以，公路部门也有救援清障、保障畅通的义务。笔者认为，公路管理部门的“保障公路的完好、安全和畅通”职责，指的是保障公路这一构筑物自身的安全，通过对公路路产的保护和对公路路权的维护，不让公路这一构筑物遭到损毁而导致通行困难或者是交通中断。更何况，故障车辆不等同于普通障碍物，故障车辆是交通事故的参与主体，而普通障碍物不是交通事故的主体。无论车辆是否障碍物，公路管理机构都没有管理职责。

有一种情况例外，应当由公路部门负责牵引车辆。那就是车辆仅仅损害公路路产设施，公路管理机构依照《公路法》相关规定，责令车辆停驶并停放指定场所，或对车辆进行暂扣的，由公路管理机构负责牵引和拖曳车辆。

地方法规的误区

当前，全国很多省在制定本省的高速公路管理地方性法规时，把故障车辆的救援清障职责赋予公路管理机构，笔者认为这是不妥的。

首先，故障车辆影响的是道路交通安全秩序，对故障车辆的救援清障目的是为了恢复正常的道路交通安全秩序，和公路管理并无关系。因此，国家法律和行政法规将救援清障的职责赋予公安机关交通管理部门，地方性法规若将其职责另赋予公路机构，则与上位法相冲突。

同时，无论自行实施，还是委托社会救援清障企业实施，都要承担较高的救援清障成本，公路机构无责任也无义务承担该成本。

近几年来，救援清障屡屡成为社会诟病的对象，已经成为敏感问题，若将这项职责强加于公路部门，无疑将其推上社会矛盾的风口浪尖，不利于公路部门树立良好的社会形象。

有观点认为，事故车辆损害公路路产，公路部门清障就掌握了对事故车辆处理的主动权。笔者认为公路管理机构对车辆损害公路进行管理和索赔是其法定义务，公安机关交通管理部门在处理交通事故时，也有义务通知公路管理机构进行处理，公路管理机构依法也可采取行政强制措施责令车辆停驶或暂扣车辆，这与是否掌握主动权是无关的。更何况，公路管理机构若负有救援清障的法定义务，那么就要对救援清障不及时引发的后果承担责任，而这个责任是可以无限放大的。

故障车辆若在经营性收费公路上行驶，因其故障引发交通堵塞，造成公路经营企业损失的，根据合同相对性，公路经营企业还可以向故障车辆方和相关责任者依法主张赔偿经营损失。若救援清障由公路机构来实施，则该损失会因被责任者以“公路机构救援清障不及时”进行抗辩，而无法得到实现。

（原载于《中国公路》2009 年第 8 期。作者：范金国）

微评论

当前，许多公安机关高速公路管理部门在进行清障救援时乱收费，或者与清障救援企业形成利益共同体乱收费，引起社会反感，有的公安机关高速公路管理部门处理事故时，存在要求公路部门进行清障救援，处理事故后要求公路部门清理现场等乱作为、不作为现象。从法律角度谈谈公安机关交通管理部门在高速公路清障救援上的职责和义务，很有必要。

如何应对交警来函

来函照登

1. 湖北省公安厅交通警察总队高速公路管理支队关于对汉十高速标志标牌整改意见的函

汉十高速公路管理处:

汉十高速公路标志标牌经统一更换后，指示更加清晰明了，取得了良好的社会效益。但我队在日常管理中发现，仍存在三处标牌因指示不明影响交通的情况，一处为部营互通十堰往河南方向指示标牌，另两处为隆中、襄阳西上匝道分道口指示标牌，经常发生驾驶员因对高速公路标志、标牌指示产生误解而走错路的情况，部分驾驶员走错后为图省事直接在高速公路上违法停车、掉头、逆行，严重影响了汉十高速公路的正常秩序。

为了更好地维护高速公路的安全和畅通，我队对以上三处标志、标牌提出整改意见如下:

①将部营互通十汉向十堰往南阳方向的直行箭头改为右转箭头;

②隆中、襄阳西上高速公路匝道指示牌除河南方向外，增加武汉和十堰方向。

二OO九年八月三十日

2. 湖北省公安厅交通警察总队高速公路管理支队关于更换、维修中央隔离栅栏的函

汉十管理处:

近期，我省高速公路连续发生车辆穿越中央隔离栅栏掉头的道路交通事故，造成多人死伤，引起各级领导高度重视。我队民警通过排查，发现汉十高速公路龙王至襄阳东之间多处中央隔离栅栏损坏，可以自由打开，容易引发车辆在高速

公路上穿越中央隔离带掉头的道路交通事故，存在着极大的事故安全隐患。

为有效地预防道路交通事故，保障高速公路安全畅通，望贵单位迅速对龙王至襄阳东之间中央隔离栅栏进行更换、维修。

二〇〇九年九月九日

认识“交警来函”

笔者认为，交警部门通过对交通安全隐患进行排查后，认为道路存在交通安全隐患的，应当按照法定程序进行整改，而不能简单以“交警来函”方式通知道路的经营者或管理者，直接安排或命令道路的经营者或管理者按其要求进行整改。理由是：

首先，《公路法》明确规定：承担公路建设项目的设计单位、施工单位和工程监理单位，应当按照国家有关规定建立健全质量保证体系，落实岗位责任制并依照有关法律、法规、规章以及公路工程技术标准的要求和合同约定进行设计、施工和监理，保证公路工程质量。公路建设项目和公路修复项目竣工后，应当按照国家有关规定进行验收；未经验收或者验收不合格的，不得交付使用。同时，根据国务院《建设工程质量管理条例》和《建设工程安全生产管理条例》的相关规定，勘察、设计单位必须按照工程建设强制性标准进行勘察、设计，并对其勘察、设计的质量负责；施工单位必须按照工程设计图纸和施工技术标准施工，不得擅自修改工程设计；工程监理单位应当依照法律、法规以及有关技术标准、设计文件和建设工程承包合同，代表建设单位对施工质量实施监理，并对施工质量承担监理责任。从以上法律法规的规定可以看出，对依法建成并投入使用的公路，是可以认定其设计、施工等是符合国家相关规范的，理论上是不存在任何安全隐患的。

其次，建成并投入使用的公路如确实可能存在违反工程建设有关强制性标准，并对公路交通安全有影响的，应当在经过技术论证的基础上进行确认，在确认的基础上进行整改。同时根据《建设工程质量管理条例》的规定，由勘察、设计、施工、监理单位承担相应的法律责任。在未经技术论证或者质量鉴定确认建成的公路违反公路工程建设强制性标准或技术规范的基础上，任何机关或部门无权不能擅自改变原有的设计方案，否则一旦因此发生交通事故，公路经营者或管理者则会因擅自变更原有的设计方案而容易被人民法院认定存在过错，而判令承担责任。

再次，公安交警部门应当依照法定程序履行道路交通安全隐患排查及整改责任。根据《道路交通安全法》第二十九条第二款的规定，公安机关交通管理部门发现已经投入使用的道路存在交通事故频发路段，或者停车场、道路配套设施存在交通安全严重隐患的，应当及时向当地人民政府报告，并提出防范交通事故、消除隐患的建议，当地人民政府应当及时做出处理决定。显然，公安交警部门无权直接安排或命令公路经营者管理者按照其要求进行整改，而是只能向当地人民政府报告，由当地人民政府作出处理决定。

最后，公安交警部门应当对其法定职责范围内的安全隐患进行整改和落实。如本文照登交警来函 1 中，交警部门认为公路部门设计的三处标牌因指示不明影响交通，要求公路管理者予以整改，公路管理者是完全可以拒绝的，理由是该设计是有资质的单位依照标准进行设计，并通过验收合格才交付使用的，公路经营管理者不能随意变更；同时，依照《道路交通安全法》第二十五条第四款的规定，根据通行需要，应当及时增设、调换、更新道路交通信号（交通标志属于交通信号的一种），交警部门认为需要增设、调换、更新道路交通信号的，其责任主体是交警部门，即由交警部门自行增设、调换和更新道路交通信号，并对其自行决定采取措施的不利后果承担相应责任。

应对“交警来函”

良好的道路行车环境是人、车、路、环境和管理等因素共同良性互动形成的结果。“交警来函”固然和公路经营者管理者的管理目标基本一致，即共同创造一个安全、畅通的道路行车环境。但是我们看到更多的情况是，交警部门通过一纸函件推脱自己在道路交通安全管理中责任，将责任归结于道路存在安全隐患上，不仅纵容交警部门自身管理惰性，而且极大增加了公路经营或管理的成本；在相关道路交通事故人身损害赔偿诉讼中，“交警来函”也常被拿来作为认定公路经营者管理者存在过错的证据。而事实上，交警部门在公路技术规范的了解上并不专业，甚至外行。如本文交警来函 2 中，交警部门甚至连中央分隔带护栏、中央分隔带开口活动护栏等公路专业名词术语都不懂，让专业的公路部门莫名其妙，无所适从。因此，公路经营者和管理者应高度重视“交警来函”现象，正确对待和处理“交警来函”，以维护自身合法权益及法律的正确实施。

对待“交警来函”

1. 交警部门命令或要求公路经营管理者直接按其提出的安全隐患整改意见进行整改的行为显然是一外部行政行为，该行政行为并无法律依据，故交警部门无权直接要求公路经营管理者直接整改，因此，“交警来函”不是一行政管理法律文书，仅仅是作为两个平等主体单位之间的公文往来。

2. 对公文往来的函件，依照国家公文处理规定，可以进行复函予以答复。复函中应当阐明三点内容：一是道路交通安全隐患整改的法定途径，应当是交警部门报当地人民政府，由当地人民政府作出处理决定；二是现有道路及安全设施均经过政府交通运输主管部门的竣工验收，是符合国家规范的；三是在没有经过论证或有证据证明道路存在不符合国家规范的情况下，认为存在安全隐患是没有事实依据的。

3. 应妥善保存好交警来函及公路经营管理者的回函，若已按交警来函整改落实的，则在发生交通事故时，可以交警来函作为证据进行抗辩，证明事故路段已经进行整改不存在任何安全隐患，或者是按交警部门要求进行整改，不利责任应当由交警部门承担。

4. 对交警部门自行依照法定职责对交通信号进行的整改，公路经营管理者应当保留相关证据，若发生交通事故，则可以交警部门未经技术论证，擅自变更公路设计，应由交警部门承担责任进行抗辩。

5. 对经过技术论证，或经过自行对照工程相关规范和标准进行检验，确实存在不符合规范和标准的；或者确实因公路管理中存在瑕疵产生的安全隐患，或以公路使用者角度来看确实存在安全隐患的，公路经营者管理者应当积极主动进行整改或邀请设计单位重新进行论证、设计和整改，而无须等待交警部门上报政府，由政府来作出处理决定。

（原载于《中国公路》2009 年第 21 期。作者：范金国）

微评论

基层公路管理机构、公路经营企业与公安机关交通管理部门之间，彼此关系非常微妙：表面上警路和谐，但是和谐的背后，不可避免的存在着部门矛盾和利益冲突。这些冲突，时常会通过一些公文往来凸显，在一些重大事件的处理上也会呈现出来。诚然，警路和谐，才可能建起和谐的道路交通管理秩序，为人民群众提供更好的通行条件，这一切，都应当建立在法律框架内，方是正途。

赔（补）偿费标准问答

保护公路路产完好是公路路政管理机构重要职责。《路政管理规定》明确规定：公民、法人或者其他组织造成路产损坏的，应向公路管理机构缴纳路产损坏赔（补）偿费。公路赔（补）偿费标准由省、自治区、直辖市人民政府交通运输主管部门会同同级财政、价格主管部门制定。然而，各地在制定、修订和执行路产损坏赔（补）偿费标准时，出现了不同的疑问，如何正确“解惑”，对于更好地保护公路、维护公路路权，意义重大。

案例：某县位于三省交界地。近期，邻省主持修建的跨长江公路大桥工程项目，上跨该县管养的国道。该项目建设单位在办理路政许可中，就是否可以收取补偿费发生争议。该建设单位认为：根据《公路法》第四十五条规定，跨越、穿越公路修建桥梁、渡槽或者架设、埋设管线等设施，对公路造成损坏的，应当按照损坏程度给予补偿。因此，只有造成公路损坏的，才给予补偿，在上跨国道修建桥梁并没造成该国道损坏情况下，不能收取任何补偿费。

那么，跨越公路修建桥梁、渡槽等构筑物或架设管线，对公路未造成损害的情况下，是否可以收取补偿费？

答：跨越公路修建桥梁、渡槽等构筑物或架设管线，对公路未造成损害的情况下，仍应当向公路管理机构缴纳补偿费。

跨越公路修建桥梁、渡槽等构筑物或架设管线等设施时，跨越设施所有权人和公路管理机构之间是一种相邻关系。

《物权法》第八十四条规定：“不动产的相邻权利人应当按照有利生产、方便生活、团结互助、公平合理的原则，正确处理相邻关系”。该法第八十五条同时规定：“法律、法规对处理相邻关系有规定的，依照其规定；法律、法规没有规定的，可以按照当地习惯”。

在处理公路管理机构和上跨设施所有权人的相邻关系时，根据《公路法》第四十五条的规定，上跨设施所有权人应当首先经过交通运输主管部门同意，同时，修建、架设的设施应当符合公路工程技术标准的要求，对公路造成损坏的，应当给予补偿。《公路法》并未规定在对公路未造成损坏时是否应当给予补偿。根据《物权法》第八十四条、第八十五条的规定，法律没有规定的，可以根据公平合理原则，按照当地习惯处理。

现实生活实践中，在公路修建过程中，若涉及已有的桥梁、渡槽、铁路等构筑物和电力缆线等设施所有权人的相邻关系时，已有设施所有权人在公路并未对这些设施造成损坏的情况下，仍会被要求给予补偿，这已经成为一种习惯。如：若跨越已有铁路修建公路，虽不会对铁路设施造成任何损坏，但是铁路部门仍会按每跨越一处按一定标准向公路建设单位收取补偿费。根据民法中的公平合理原则和对等原则，上跨公路修建铁路，若因未造成公路损害而不能收取铁路部门补偿费，则在相邻关系的处理上，是显失公平的。

因此，在法律法规没有对“相邻关系中未造成公路损害是否给予补偿”进行规定的情况下，按照公平合理原则，根据当地习惯，上跨设施所有权人应当给予公路管理机构相应补偿。

《民法通则》第八十三条也规定：“不动产的相邻各方，应当按照有利生产、方便生活、团结互助、公平合理的精神，正确处理截水、排水、通行、通风、采光等方面的相邻关系，给邻方造成妨碍或损失的，应当停止侵害，排除妨碍，赔偿损失。”上跨设施所有权人虽然未对公路造成损害，但是对公路显然会造成一种妨碍。上跨设施所有权人向公路管理机构支付补偿费，该费用正是用于修复这种妨碍，如：需要公路管理机构增加人力、物力、财力，重点加强对存在相邻关系路段的维护和管理，防止对公路路产设施及公路行车安全造成的额外的不利影响，从而增加公路养护和管理成本。这时候，虽上跨设施所有权人未“损害”公路，但是应对这种“妨碍”行为进行补偿，应当支付公路管理机构补偿费。同时，向相邻关系权人收取一定补偿费，也有利于对随意上跨公路的设计进行限制，防止因不收费而肆意侵权的行为发生，从而保障公路自身完好安全及交通安全。

案例：某省在拟调整损害公路赔（补）偿收费标准时，该省物价主管部门认为，收费站已经对超限运输车辆实施了计重收费，公路管理机构不能继续收取超限运输车辆的赔（补）偿费，二类收费性质一致，应当取消超限车辆损害公路的赔（补）偿费，否则收费就重复了，该省公路管理机构对此观点提出了异议。那么收费公路的收费站已经对超限运输车辆实施计重收费的情况下，公路管理机构能否继续收取公路赔（补）偿费？

答：收费站尽管已对超限运输车辆实施计重收费，但是公路管理机构（路政管理部门）在超限运输治理中，仍应收取公路赔（补）偿费。

首先，治超收费与计重收费是两种性质完全不一样的收费。

公路管理机构（路政管理部门）管理超限运输车辆中收取赔（补）偿费的行为是一种保护公路不受侵害，预防、减少和挽回公路路产损失的一种行政行为，治理超限中收取的赔（补）偿费用是为了修复对公路路产造成的损失。而计重收费，是公路经营管理者对货车征收通行费中实行的一种特殊收费政策和标准，通过计重收费收取的通行费用是用于偿还贷款或集资款或作为经营企业的收益。二者是性质完全不一样的费用。

尽管收费公路实行计重收费，有利于遏制收费公路超限运输，对治理超限的工作起到一定促进作用，但是，计重收费是政府对收费公路通行费收费方式的调整和完善，属于政府批准的经济调整行为。实行计重收费是对原来收费方式的一种改变，对超重车辆增加了收费，对不超或空载车辆减少了收费，体现了“多用路者多交钱，少用路者少交钱”，体现了公平合理、鼓励运输业户合法装载、用政策引导发展国家鼓励的推荐车型和多轴大型车辆的原则，在一定程度上可以限制超限超载行为。

其次，向超限运输车辆收取赔（补）偿费有明确的法律依据。

《中华人民共和国公路法》第八十五条规定：“违反本法有关规定，对公路造成损害的，应当依法承担民事责任”。显然，若超限车辆违法行驶公路，在总重超限和轴重超限时，则必然对公路造成损害，应当依法承担赔偿损失等民事责任。《公路法》和《收费公路管理条例》都明确规定了公路收费期限，收费期限若到期，或者因政策因素提前实现免费通行，不再实行计重收费，那么超限运输车辆对公路的损害将无法得到修复。

交通部 2000 年第 2 号令《超限运输车辆行驶公路管理规定》第二十三条明确规定：“违反本规定第十三条、第十四条规定，在公路上擅自超限运输的，县级以上交通运输主管部门或其授权委托的公路管理机构应当责令承运人停止违法行为，接受调查、处理，并可处以 3 万元以下的罚款。对公路造成损害的，还应按公路赔（补）偿标准给予赔（补）偿”。第二十八条规定：“超限运输车辆行驶公路赔（补）偿费标准由各省（自治区、直辖市）人民政府交通运输主管部门会同同级财政、物价主管部门制定”。部门规章作为法的体系中的规范性文件，应得到尊重和贯彻、落实。

案例：2010 年 8 月 16 日，河南驾驶员王某驾驶车辆在某省京港澳高速公路上行驶时发生爆胎，损坏了波形梁护栏 3 根，立柱 4 根，防阻块 10 个。王某在缴纳高速公路路产损失赔偿费 3550 元后，认为损失已赔，要求索回损坏的波形梁护栏、立柱和防阻块，被高速公路路政管理机构拒绝。那么，缴纳路产损失赔偿费后的残值究竟如何处理？

答：缴纳路产损失赔偿费后，残值不归赔偿义务人所有。

损坏公路路产后，赔偿义务人可以选择自行修复至原有状态，也可以选择赔偿损失（其赔偿额的确定是按照对原有损坏路产进行修复，使之恢复到原有状态的费用进行确定的），即赔偿费用等于修复费用。而修复显然是建立在损坏的路产设施所有权不发生转移基础上的。因此，残值应包含在所赔偿的费用中，其所有权并未发生转移，不能交赔偿义务人。若赔偿义务人缴纳的费用不仅仅是建立在对损害路产进行修复基础上的修复费用，而是全部重建费用（含拆卸、装卸、运输、保管、新建等全部费用），而则残值应该归赔偿义务人所有。

诸如波形梁护栏、立柱、隔离栅之类的路产，若损坏后残值归赔偿义务人所有，公路特有的路产设施将流入民间特别是废品收购单位，将会引发大量盗窃同类完好路产设施的违法行为的风险，路政部门及公安机关对处理盗窃和破坏公路路产设施案件难度也将大大增加，导致公路运行安全性能大大降低。

为避免赔偿义务人因索取赔偿后的路产残值引发不必要的纠纷，在制定收费标准中应对此残值的归属进行明确，即明确：“按本收费标准收取的赔偿费，包含所损坏路产的残余价值，赔偿义务人索取损坏路产设施的，应另行缴纳残余价值”。

（原载于《中国公路》2010 年第 19 期。作者：范金国）

微评论

当前，很多赔（补）偿费用通过司法鉴定来完成——作为第三方的专业机构及专业人员的意见，司法鉴定结论能经受住司法审查，公路路产损失的赔偿权利人和赔偿义务人也能接受，而价格主管部门制定的赔（补）偿费标准，只能作为赔偿的参考，方便赔补偿现场快速处理。现实中，一旦发生诉讼，面对这两类证据，人民法院一般会采信前者。因此，在路产损失索赔中，公路管理机构应当注重引入司法鉴定来完成，不能过于迷信一纸收费标准。有些赔偿项目，如果价格主管部门反对制定，仍可以通过司法鉴定方式鉴定出修复费用，由公路管理机构或收费公路经营管理者以平等民事主体身份进行索赔。当然，对于一些通过司法鉴定机构很难完成的鉴定事项，如超限车辆对公路造成的隐形损害的赔偿标准问题，要尽可能争取价格主管部门出台收费标准。

五问户外广告

一问：如何理解高速公路广告经营权？

2010 年 5 月，某广告公司拟在湖北省某高速公路两侧建筑控制区内设置 4 个大型广告牌，向行使该路段路政管理职责的高速公路路政管理机构提出申请。经审查，高速公路路政管理机构拟同意广告公司设置广告牌的申请，作出同意交通行政许可的决定。该高速公路的经营管理者（某高速公路经营公司）提出异议，以该建筑控制区内设置广告属于政府特许给该公司的广告经营权，是依附于该高速公路的无形资产，路政机构的许可侵害了其合法权益。

高速公路广告经营权是收费高速公路的一种权益。根据国务院《收费公路管理条例》的规定，收费高速公路的权益包括高速公路收费权、高速公路服务设施经营权、高速公路广告经营权这三大类。

当前，很多高速公路经营管理者（包括采取 BOT[①]方式取得广告经营权的经营管理者和通过收费高速公路权益转让取得高速公路广告经营权的经营管理者）认为，高速公路广告经营权是依附于高速公路的无形资产，高速公路两侧能设置广告带来广告发布收益的区域，都是因高速公路存在而产生，因此都属于其取得的高速公路广告经营权的范围，从而对其他广告发布者进行排斥，达到对高速公路两侧广告经营权的独占，实现经营利益的最大化。

笔者认为，这类观点是错误的。理由是：高速公路广告经营权是一种基于高速公路构筑物自身及高速公路用地这一“物”而产生的用益物权，应当仅限于高速公路（含高速公路附属设施）、高速公路用地范围内的广告的经营，对于高速公路用地以外的区域（含高速公路建筑控制区），因土地所有权和使用权均不属于高速公路经营管理者，根据物权法的理论，高速公路广告经营权人无权对他人合法行使物权进行干预。因此，高速公路用地以外的区域，特别是高速公路建筑控制区，不属于高速公路广告经营权的范围。

---

① BOT：是私人资本参与基础设施建设，向社会提供公共服务的一种特殊的投资方式，包括建设(Build)、经营(Operate)、移交(Transfer)三个过程。

高速公路路政管理机构对于高速公路建筑控制区的广告牌设立行为进行许可时，若高速公路广告经营权人以侵害了其广告经营权为由提出异议，应建议其以侵权为由对申请人提起民事诉讼，或者以高速公路路政管理机构违法审批为由对高速公路路政管理机构提起行政复议或行政诉讼，由人民法院作出裁判。

另外，高速公路广告经营权是一种财产权，为高速公路广告经营权人所有，并不一定为高速公路收费权人所有。根据《收费公路权益转让办法》的规定，收费高速公路广告经营权可以与高速公路收费权一并转让，也可以单独进行转让，也可以不转让。与高速公路收费权一并转让的，由具有审批公路收费权权限的审批机关批准。单独转让的，按地方性法规和省级人民政府规章执行。不转让的，高速公路广告经营权由有权转让方所有，即由地方人民政府交通运输主管部门所属的高速公路管理机构所有。对于国内外经济组织采取“BOT 方式”直接投资修建的高速公路，其广告经营权是否归投资者所有，要以“有关交通运输主管部门与投资者”签订的特许经营协议中的约定为准。

凡已经通过合法方式取得高速公路广告经营权的，对于广告经营权不得以合作开发、租赁等方式变相进行转让。

高速公路路政管理机构对于广告经营权范围内设置广告牌的许可上，申请人的资格应仅限于广告经营权人，否则极易带来侵害广告经营权的法律风险。

二问：如何理解高速公路广告牌设置的范围？

湖北某高速公路经营管理者向路政管理机构申请设置一大型广告牌，该广告牌拟设置在高速公路用地范围内，但因当初修建高速公路时征地过少，高速公路用地边缘设置的隔离栅距离高速公路路侧护栏仅有 5 米，大型广告牌若设置起来，将有一部分广告看板伸入高速公路上空。路政管理机构以该地点设置广告牌不符合公路工程技术标准为由，作出了不予交通行政许可决定。

高速公路两侧并非随处都可以设置广告设施来发布广告。设置高速公路广告牌，应当遵守法律法规等规范性文件的规定。

设置广告牌，应满足交通部（JTG B01—2003）《公路工程技术标准》规定，不得侵入公路建筑限界，应当满足相关视距的要求。

同时，不得附着在高速公路交通安全设施上。《中华人民共和国广告法》第二十三条规定：利用交通安全设施、交通标志的，不得设置户外广告；影响市政公共设施、交通安全设施、交通标志使用的，不得设置户外广告。

设置广告牌还应当符合当地人民政府的户外广告设置规划。国务院《广告管理条例》规定：户外广告的设置、张贴，由当地人民政府组织工商行政管理、城建、环保、公安等有关部门制订规划，工商行政管理机关负责监督实施。

在政府机关和文物保护单位周围的建筑控制地带以及当地人民政府禁止设置、张贴广告的区域，不得设置、张贴广告。

此外，应当符合地方相关主管部门的规定。例如《广东省公路及两侧广告标牌设施管理办法》规定：公路路肩外缘线以内范围不得设置广告设施（收费站广场除外）；公路标志前后各 100 米、公路隧道口上方不得设置广告、标牌设施；其他影响交通安全、公路安全的地方不得设置广告设施。

三问：如何理解对高速公路广告牌设置的管理权限？

某广告公司向江西省某高速公路路政管理机构申请在某高速公路建筑控制区内设置大型立柱式广告牌。对于能否批准在建筑控制区内设置广告牌，该高速公路路政管理机构内部有两种不同的意见，一种意见认为建筑控制区内禁止修建任何地面构筑物，因此不能许可；另一种意见认为可以设置，否则不能发挥高速公路的社会效益和经济效益。

对高速公路两侧设置广告牌的管理，按距离来分，有三种情形：

一是设立在“高速公路及高速公路用地范围内”的广告牌。

对于此种情形，高速公路路政管理机构应当依法对其设置行为进行管理。《公路法》第五十四条规定：任何单位和个人未经县级以上地方政府交通运输主管部门批准，不得在公路用地范围内设置公路标志以外的其他标志。因此，在高速公路及高速公路用地范围内设置广告牌，应当经过高速公路路政管理机构的许可，否则即为违法行为，依照法律规定，可责令限期拆除，可以处 2 万元以下的罚款。

二是设立在“高速公路建筑控制区内”的广告牌。

高速公路路政管理机构对于设置在高速公路建筑控制区内的广告牌能否进行许可性管理，目前存在两种观点。

一种观点认为，《公路法》第五十六条规定：除公路防护、养护需要的以外，禁止在公路两侧的建筑控制区内修建建筑物和地面构筑物。

高速公路广告设施属于地面构筑物，法律禁止修建，因此不能许可。持这种观点的甚至认为有些省地方性法规规定的建筑控制区内经许可后可以设置广告牌的许可性规定，是与上位法相冲突的，是违法的，无效的。

另一种观点认为《公路法》第五十六条还规定：需要在建筑控制区埋设管线、电缆等设施的，应当事先经县级以上地方人民政府交通运输主管部门批准。把广告牌等设施认定为管线、电缆等设施，是可以经过许可后设置的。

笔者认为，《公路法》确定的建筑控制区内禁止修建建筑物和构筑物的制度，主要是为了适应公路发展的需要，给公路改扩建预留土地，同时为了减少公路上车辆通行与周围环境的相互影响等。如果允许修建建筑物和构筑物，那么对建筑物和构筑物内从事生产或生活的人的健康及安全均会产生不良影响，且今后拆除时对人的生产和生活影响也较大。而广告设施则和管线、电缆设施等一样，不会对人产生影响，把广告设施等同于管线、电缆设施是符合立法本意的。同时，广告设施能有效提升高速公路运营带来的经济效益和社会效益，经许可后可以在建筑控制区内设置。在此立法本意上，地方性法规如《广东省公路条例》、《湖北省高速公路管理条例》、《山东省高速公路条例》、《福建省公路路政管理条例》等均规定了公路建筑控制区内经许可后，可以设置广告牌等非公路标志牌。地方性法规并未违反上位法的规定，相反是对上位法不够明确的条文进行了明晰。

三是设置在“公路建筑控制区外”的广告牌。

对于设置在公路建筑控制区外的广告牌，因为没有任何法律法规授权交通运输主管部门或其设置的公路管理机构对此进行管理，因此交通运输主管部门或其设置的公路管理机构没有管理权。这类广告牌主要由工商行政管理部门依照《广告管理条例》第十三条和《广告管理条例施行细则》第二十六条进行管理：“对非法设置、张贴广告的，没收非法所得、处五千元以下罚款，并限期拆除。逾期不拆除的，强制拆除，其费用由设置、张贴者承担”。

四问：如何对高速公路“野广告牌”实施管理？

湖北省某市市委宣传部为做好城市宣传，未经高速公路路政管理机构许可，委托某钢构公司强行在某高速公路建筑控制区内设置了一大型立柱广告牌。高速公路路政人员多次到市委宣传部做法律法规宣传解释工作，要求补办许可手续，遭到拒绝。高速公路路政执法机构考虑到以市委宣传部为行政相对人进行执法会产生不良社会影响，同时也不利于日后路政工作开展，遂以施工单位即某钢构公司为违法相对人，下发了限期拆除通知书。该案现已进入强制执行阶段。

所谓高速公路“野广告牌”，是对没有经过许可，违法在高速公路两侧设置的广告牌的俗称。“野广告牌”因未经过许可随意设置，高低差落，大小不一，影响高速公路美观，同时因成本低，质量低劣，为高速公路行车安全埋下隐患。另外，野广告的设置，对守法经营的取得广告经营权人的经营权也是较大侵害。高速公路路政管理机构应当对这些“野广告牌”进行清理整顿。

在对“野广告牌”的清理中，应掌握以下三点：

第一，关于行政管理相对人的确定。《公路法》上并未明确擅自设置非公路标志的违法相对人为非公路标志牌的所有者，而是“任何单位和个人”，因此，路政执法实践中，施工者也可以是违法相对人，对施工人同样可以做出处理决定。在确实无法查清“野广告牌”的施工者和所有者时，可将其作为无主物公告进行处理。

第二，关于路政机构管理范围的确定。高速公路路政管理机构只能对高速公路、高速公路用地、高速公路建筑控制区范围内擅自设置的非公路标志进行管理。对虽然在高速公路、高速公路用地、高速公路建筑控制区范围内设置的非公路标志，但是若设置时并未违法，若路政管理机构拆除，则应当给予补偿。

第三，关于对“野广告牌”强拆程序的确定。高速公路路政管理机构应当对管理权限范围内的非公路标志标牌，在调查取证的前提下，下发《责令限期拆除通知书》，责令非法设置者限期拆除。逾期不拆除的，应按《路政管理规定》规定的强制程序，进行强制拆除（注：《行政强制法》已作出新规定，应按新规定程序进行拆除）。需要给予处罚的，同时按行政处罚程序下发处罚相关文书。

五问：如何对高速公路上设置交通安全宣传标志牌实施管理？

当前，很多省市公安机关交通管理部门在进行一项“交通安全宣传阵地建设”活动，他们把高速公路作为交通安全宣传阵地，在高速公路构筑物、防护网、中央分隔带，甚至交通安全设施上设置了大量的交通安全宣传标牌。这些宣传标牌的大量随意设置，严重影响了高速公路路容路貌，有的甚至严重威胁到高速公路行车安全，有的标牌占据了比较好的广告位，侵害了高速公路经营管理者的广告经营权。

对于公安机关交通管理部门设置的交通安全宣传标牌，应正确应对和处理。这些交通安全宣传标牌，虽然进行的是公益广告宣传，但是同样属于非公路标志标牌，其设置同样应当按照法律规定，事先取得交通运输主管部门的许可，否则仍是违法设立，其性质等同于“野广告牌”。

同时，要向公安机关交通管理部门宣传公路管理法律法规，积极沟通，要求其改正交通违法行为。对拒不改正的，依法进行拆除，或者进行处罚。对利用高速公路上跨天桥防护网等交通安全设施设置宣传标志，致使交通安全设施受损，或者对过往车辆造成损害的，依法要求设置者承担赔偿责任。

再者，对于未经高速公路广告经营权人同意，随意侵占上跨构筑物广告位等进行交通安全宣传，侵害高速公路经营管理者广告经营权的，高速公路广告经营权人也可以对公安机关交通管理部门提起民事侵权诉讼，请求人民法院判令公安机关交通管理部门停止侵害、恢复原状或者赔偿损失。

此外，对高速公路上的交通安全宣传，应当进行规范。按照国家标准（GB 5768—2009）《道路交通标志和标线》，在高速公路路侧设置规范的信息板进行交通安全提示，不失为一种既保证公益宣传，又保证高速公路安全的两全之策。

（原载于《中国公路》2010年第22期。作者：范金国）

微评论

关于广告牌（非公路标志牌）的设置，《公路安全保护条例》实施后，有两点新的变化：一是公路管理机构对建筑控制区之外的广告牌，也有一定程度的管理权。该条例第十三条第二款规定，在公路建筑控制区外修建的建筑物、地面构筑物以及其他设施不得遮挡公路标志，不得妨碍安全视距。当建筑控制区外设置的广告牌遮挡了公路标志或者妨碍了安全视距的时候，公路管理机构可以依法责令限期拆除，可以处5万元以下的罚款。二是对涉路施工活动的许可进行了细化，将“利用跨越公路的设施悬挂非公路标志”明确为一种涉路施工许可。这样，关于经许可后可以设置广告的范围，从公路用地范围、公路建筑控制区范围扩大到公路上空。这两点新的变化值得大家关注。

试运营期的法律空白

某经营性高速公路已试运营近两年。交通运输主管部门与该高速公路经营企业签订的特许经营协议中约定有“收费期从试运营期满后开始计”。近日，该高速公路经营企业向笔者咨询，试运营最多可以合法持续几年？如果尽可能持续进行试运营，最坏的法律后果是什么？笔者甚为担忧，试运营期的收费，真的就是一道免费的午餐吗？

一、国家现有的关于收费期限的规定

《公路法》第六十条规定：“县级以上地方人民政府交通运输主管部门利用贷款或者集资建成的收费公路的收费期限，按照收费偿还贷款、集资款的原则，由省、自治区、直辖市人民政府依照国务院交通运输主管部门的规定确定。有偿转让公路收费权的公路，收费权转让后，由受让方收费经营。收费权的转让期限由出让、受让双方约定并报转让收费权的审批机关审查批准，但最长不得超过国务院规定的年限。国内外经济组织投资建设公路，必须按照国家有关规定办理审批手续；公路建成后，由投资者收费经营。收费经营期限按照收回投资并有合理回报的原则，由有关交通运输主管部门与投资者约定并按照国家有关规定办理审批手续，但最长不得超过国务院规定的年限”。法律对收费高速公路的收费期限作出了原则性的规定，并将收费公路最长收费期限授权国务院进行规定。

国务院《收费公路管理条例》第十四条对收费公路的收费期限作出了更加明确而具体的规定。考虑到政府还贷收费公路与经营性收费公路资金来源的不同，对二者的收费期限分别作出了不同的规定。具体是：政府还贷公路的收费期限，按照用收费偿还贷款、偿还有偿集资款的原则确定，最长不得超过 15 年。国家确定的中西部省、自治区、直辖市的政府还贷公路收费期限，最长不得超过 20 年。经营性公路的收费期限，按照收回投资并有合理回报的原则确定，最长不得超过 25 年。国家确定的中西部省、自治区、直辖市的经营性公路收费期限，最长不得超过 30 年。

涉及收费公路权益转让的，国务院《收费公路管理条例》第二十一条规定，转让政府还贷公路权益中的收费权，可以申请延长收费期限，但延长的期限不得超过 5 年，转让经营性公路权益中的收费权，不得延长收费期限。

从以上规定可以看出，国务院对收费公路收费期限的确定、延长和终止，按照收费公路的不同性质，分别作出了明确规定，在一般情况下可以防止利用延长收费期限牟利行为的发生。从法律依据层面，要想打合法延长收费期限的“擦边球”，只有政府还贷高速公路转让收费权的，可以延长 5 年。

二、关于公路的试运营

交通部于 2004 年发布了第 3 号部令，颁布了《公路工程竣（交）工验收办法》，该办法自 2004 年 10 月 1 日起实施。该部门规章第十四条规定：公路工程各合同段验收合格后，项目法人应按照交通部规定的要求及时完成项目交工验收报告，并向交通运输主管部门备案。国家、部重点公路工程项目中 100 公里以上的高速公路、独立特大型桥梁和特长隧道工程向省级人民政府交通运输主管部门备案，其他公路工程按省级人民政府交通运输主管部门的规定向相应的交通运输主管部门备案。公路工程各合同段验收合格后，质量监督机构应向交通运输主管部门提交项目的检测报告。交通运输主管部门在 15 天内未对备案的项目交工验收报告提出异议，项目法人可开放交通进入试运营期。试运营期不得超过 3 年。

2006 年，交通部发布了第 6 号部令，公布了《公路建设监督管理办法》，该部门规章第十五条规定：公路建设项目验收分为交工验收和竣工验收两个阶段。项目法人负责组织对各合同段进行交工验收，并完成项目交工验收报告报交通运输主管部门备案。交通运输主管部门在 15 天内没有对备案项目的交工验收报告提出异议，项目法人可开放交通进入试运营期。试运营期不得超过 3 年。通车试运营 2 年后，交通运输主管部门应组织竣工验收，经竣工验收合格的项目可转为正式运营。

从交通部发布的部门规章中可以看出，公路试运营期限最长不超过 3 年。试运营两年并具备一定条件后，交通运输主管部门应组织竣工验收，经竣工验收合格的项目方可转为正式运营。项目法人对试运营期超过 3 年的公路工程不申请组织竣工验收且对责令改正不予响应的，由交通运输主管部门责令停止试运营。

三、现行法律法规的空白

对于收费公路的试运营期是否拥有收费权？收费公路试运营期是否包含在法定的收费期限内？法律法规及部门规章均没有作出任何规定，正因为如此，部分收费公路经营管理单位在试运营期通过办理收费许可，行使了高速公路收费权，在试运营期满并通过竣工验收后，重新办理正式运营期的收费许可进行收费，通过试运营期的收费不计入高速公路收费期的方法，变相延长了收费期限，损害了国家利益和公路使用者的合法权益。

公路工程从项目的立项到勘察、设计、施工、监理，都比较复杂，竣工验收难度很大，加上交通运输主管部门对公路工程验收监督管理能力有限，公路竣工验收未能在规定期限内完成的情形比较多，这样，一些收费公路经营管理单位即使在竣工条件已经完全满足的条件下，仍在申请竣工验收后故意通过各种手段拖延竣工验收的完成以延长试运营期，从而达到变相延长收费期限的目的。

四、试运营期收费应纳入收费期

收费公路试运营期已经具备试运营条件，只要符合收费条件，经过批准，是可以收费的。从现有法律法规对收费公路期限进行上限规定的立法本意，从维护收费公路使用者权益出发，让收费公路早日回归其公共属性，无论是政府还贷收费公路还是经营性收费公路，其试运营期收费时间都应当计入收费期限。

在现有法律体系中，在通过修改《公路法》或《收费公路管理条例》明确试运营期收费时间应计入收费期限之前，可通过制定或修改地方性法规、地方政府规章等方式，对收费公路试运营期收费计入收费期限作出明确规定。或者由收费期限的批准机关在批准正式运营期的收费期限时，直接对试运营期限在规定或约定期限内扣除。这样的条款对于健全完善收费公路的建设、运营及收费监管，是具有积极意义的。地方人民政府或交通运输主管部门在BOT项目上与收费公路项目法人签订特许经营协议中，应当直接约定收费期包含试运营期的收费期，不宜约定收费期从试运营期满后开始计算。对于约定收费期从正式运营期满开始计算的，其总收费期限亦不得突破国务院规定的上限年限，否则该协议的收费期限约定条款因违反了行政法规的规定，从而导致无效。

链 接

《浙江省收费公路管理办法》（浙江省人民政府令第267号，自2010年1月1日起施行）

第二十五条　收费公路应当自试运营之日起3年内通过竣工验收；竣工验收不合格或者逾期未通过竣工验收的，应当停止试运营和收费。

收费公路竣工验收合格后，其经营管理者应当向省人民政府申请批准收费的起止日期。收费公路的收费期限应当包括通车试运营期限。

《广东省公路条例》（2008年7月31日修订通过,自2009年1月1日起施行）

第十三条　公路建设项目验收分为交工验收和竣工验收两个阶段。

公路建设项目完工后,项目法人应当按照国家和省有关规定组织交工验收；交工验收合格的,报省人民政府交通运输主管部门或者其授权的交通运输主管部门备案,交通运输主管部门在15天内未提出异议的,项目法人可以试运营,试运营期不得超过3年；试运营期计入收费期限。

(原载于《中国公路》2010年第23期。作者：范金国)

微评论

没有十全十美的法律法规。有纰漏不要紧，重要的是亡羊补牢。明知有漏洞却不及时修补，就是对国家和人民群众权益的漠视。

路产管理呼唤法律支持

高速公路路政管理中，路产损失赔补偿案件占所有路政管理机构办理案件的 80%以上。但是，由于对高速公路路产损失赔补偿费的相关问题认识不清，导致高速公路路产损失赔补偿案件中经常出现一系列问题，影响了高速公路路政管理的地位和交通行政执法的权威。认清路产损失赔补偿费的相关问题，对于行使法律赋予的神圣职责、维护高速公路管理者、经营者、使用者合法权益意义重大。

定性路产损害尚存争议

在造成高速公路损害后，收取高速公路路产损失赔补偿费的性质上，当前存在两种不同的观点。

一是收取的赔补偿费只能定位于民事赔偿或补偿。

《公路法》第八十五条明确规定，对公路造成损害的，应当依法承担民事责任。民事责任包括返还财物、赔偿损失等等。对造成公路损害的责任人所应承担的民事责任，与《民法通则》第一百一十七条第二款“损坏国家的、集体的财产或者他人的财产的，应当恢复原状或者折价赔偿”的规定是一致的。

二是收取的路产损失赔补偿费应当是行政事业性收费。

公路的所有权属于国家，公路管理机构收取的路产赔补偿费是代表国家进行收取的，应当具有强制执行力。如果是民事收费，公路管理机构和当事人之间只是平等关系，不能体现路政执法的行政管理地位。因此，应当由省级交通运输、物价和财政主管部门制定收费标准。个别省甚至直接明确该费用为行政事业性收费。

笔者认为，相对人损害公路，造成公路路产损失赔偿是一种民事侵权行为，其赔偿损失是基于其损害路产的行为侵害了公路管理者的所有权或公路经营者的经营权产生的，公路经营者、管理者在公路受到损害时，有权要求侵权人将受损公路恢复原状或者赔偿损失，这种基于公路这一“物”的物权受到损害的侵权责任，应适用民事程序，所以《公路法》第八十五条第一款规定应当承担民事责任。

根据《民法通则》的规定，民事责任包含赔礼道歉、停止侵害、恢复原状、赔偿损失等。因此，对公路路产损失收取的赔（补）偿费的性质是承担民事责任的一种方式。

现实中，公共设施（公路）所发生的赔偿责任包括他人对公共设施的损害和公共设施对他人造成的损害适用的均是民事程序，民法通则和最高人民法院关于人身损害赔偿的司法解释及大量的涉路判例充分说明了这一点。路产损失赔偿在路政管理机构按程序进行索赔无果的情形下，只能通过民事诉讼的方式解决，公路管理机构制作送达的《赔(补)偿通知书》并不具有强制执行力，申请人民法院强制执行，人民法院不会受理，而是会告知另行提起民事诉讼来解决。

路产管理呼唤法律支持

当前工作实践中，对高速公路造成损害后，收取公路赔偿费的程序有三种：

1. 按照《路政管理规定》的程序进行办理。《路政管理规定》规定，公民、法人或者其他组织造成路产损坏的，应向公路管理机构缴纳路产损坏赔(补)偿费。该规定对收取公路赔(补)偿费的程序作出了具体的规定。但是，如果当事人不履行《赔(补)偿通知书》上确定的缴费义务，高速公路管理机构并不能依《赔补偿通知书》这一文书上载明的“依法强制执行或申请人民法院强制执行”等告知事项去落实，“依法强制执行”事实上无法可依，“申请人民法院强制执行”事实上人民法院不予受理。

2. 按民事诉讼程序进行处理。在当事人不履行赔偿义务时，高速公路经营管理者或高速公路管理机构可及时向人民法院提起侵权民事诉讼，以使路产损失得到及时挽回。但是，民事诉讼对证据要求严格；审理期限漫长（简易程序的审限也要 3 个月）；由于侵权车辆大多为外地过路车辆，在调查侵权人详细信息、送达相关诉讼文书、执行生效民事判决上面，成本均相对较高，诉讼成本高于路产损失价值的情况很多见，高速公路经营管理者可能就放弃了路产损失的索赔，路政管理机构的调查取证等相关行为没有从实质上保护高速公路经营管理者的合法权益，使路政管理机构的执法权威受到损害。

3. 按行政处理程序进行处理。即依据 2008 年 12 月刚修订的《公路管理条例》(该条例已于 2011 年 7 月 1 日废止)第三十二条的规定，“责令恢复原状或责令赔偿损失”，这里的责令恢复原状和责令赔偿损失行政命令，是具体行政行为，在相对人不履行该行政命令时，可直接申请人民法院强制执行，该具体行政行为具有可执行力，人民法院应当予以受理。

可是，该条例赋予通过行政手段解决民事赔偿的行政法规中，规定的“责令恢复原状或责令赔偿损失”的前提是：“违反本条例规定的”。也就是说，违法行为造成路产损失的，才可以使用该行政手段。如超限车辆擅自行驶公路对公路造成损害，可以依据该条例的规定运用行政手段解决。但是，发生在高速公路上的路产损失案件，大多是因交通事故引起，相对人并未违反《公路管理条例》的相关规定，对非因违反条例规定违法行为引起的路产损失，则不能使用该行政手段。

因此，路政管理机构在处理路产损失赔补偿案件时，应当按照第一种方式规定的程序进行，如果不按此种方式进行，则路政管理行为可能会因程序不到位而被上级或其他相关部门追责，但是在该种方式不能解决赔补偿费追缴到位的情况下，应当及时通知高速公路经营管理者采取民事途径解决，同时应当为高速公路经营管理者获得通过民事途径解决所须相关证据及当事人信息等提供方便。

在法律和行政法规没有授权公路管理机构相关行政手段来解决所有路产损失赔（补）偿情况下，应当通过制定或修改地方性法规，授权公路管理机构对所有路产损失赔补偿问题可以“责令赔偿损失”的行政命令权，以快速解决路产损失赔偿问题。

挽回损失基于充分取证

追索公路路产损失民事诉讼案由为财产损害赔偿纠纷（交通事故引起的为机动车交通事故责任纠纷）。我国民事诉讼实行的是“谁主张、谁举证”的制度，原告向人民法院起诉或者被告提出反诉，应当附有符合起诉条件的相应证据材料。当事人对自己提出的诉讼请求所依据的事实或者反驳对方诉讼请求所依据的事实有责任提供证据加以证明。没有证据或者证据不足以证明当事人的事实主张的，由负有举证责任的当事人承担不利后果。

作为保护路产、维护路权的高速公路路政管理机构，要正确维护好高速公路经营者、管理者和使用者的合法权益，应当客观公正调查收集路产损失赔补偿案件相关证据材料。因此，在交通事故等致使高速公路路产损害后果发生后，高速公路管理机构一定要围绕公路路产损害的后果（损失数额）、因果关系和肇事车辆作为当事人的基本情况，做好详尽的调查取证工作。搜集当事人，证人相关材料，为通过诉讼途径进行索赔掌握必要的证据，只有充分做好诉讼解决的准备工作，增加路产索赔能力，才能确保路产损失能得到最大限度的挽回。

如通过路政管理行政手段不能顺利处理路产索赔事宜，可按民事侵权法律关系，将承保车辆交强险的保险公司及凡在行驶公路中有过错的且过错与公路损害后果有因果关系的单位、个人，诉至人民法院，必要的时候申请人民法院对车辆或侵权人其他财物采取诉讼保全措施，也将有利于路产损失赔偿问题的解决。

在结案问题上，公路管理机构通过行政手段处理完毕，即可结案。如果使用的是责令赔偿，则可以申请人民法院强制执行，人民法院的相关文书即可作为结案凭证。如果使用的是赔补偿通知书，且相对人拒不接受处理的，则可对公路经营管理者进行书面通知，通知其采取司法途径，向侵权人提起民事诉讼的方式解决，也可予以结案。

特别要引起重视的是，高速公路路政管理机构必须全面调查收集证据，才能更好维护高速公路经营管理者的合法权益。否则，对于路产损失后果通过司法鉴定机构鉴定，其他侵权要件的证据也完全可通过公安交警部门的事故材料进行取证，那么高速公路路政管理机构的保护路产职责及其执法地位就完全可能被边缘化。

相关费用应及时返还

路产损失赔补偿费用的性质，根据《公路法》的相关条款规定，其性质等同于恢复原状。如果能够恢复原状，则在理论上等同于未给公路造成损失，则不用再交纳任何赔补偿费。因此，判断路产损失赔补偿费归谁所有，必须看是谁来负责损害路产的修复。

对路产的修复，显然属于高速公路经营管理者法定养护职责中的内容。因此，无论是高速公路经营管理者直接收取的赔补偿费，还是高速公路路政管理机构收取的赔补偿费，该费用应当归属高速公路经营管理者所有。

有的省规定应向高速公路管理机构交纳路产损失赔补偿费，该规定并不表示高速公路管理机构有权占有该费用。高速公路管理机构是收取高速公路赔补偿费用的主体之一，但并不是唯一主体，有权收取该费用，并不等于有权占有该费用，收取赔补偿费用后应当及时全额返还给具体负责维修的高速公路经营管理者。

高速公路路政管理应该充分利用好法律武器，在实际工作中不断研究实践，从而进一步提升高速公路整体管理水平。

链　接

根据《公路法》第八十五条第二款的规定，高速公路管理机构对高速公路路产损失赔补偿案件的调查处理，是法律赋予高速公路管理机构的职责。高速公路路政管理机构作为高速公路管理机构中行使路政管理职责的具体执行机构，通过对造成路产损失的案件进行立案、调查和处理（包括对赔补偿费的收取），也正是对高速公路经营者、管理者的权益的维护，同时其科学的勘验调查行为，也是对高速公路使用者合法权益的维护。

（原载于《中国高速公路》2010年第2期。作者：范金国）

微评论

关于责令赔偿损失的问题，很遗憾没有被纳入《公路安全保护条例》。据说在条例制定过程中，这一项颇受争议，最终还是删掉了。理由是根据《中华人民共和国立法法》的规定，上位法没有规定该行政手段，而是规定了“承担民事责任”，为避免与上位法冲突，遂拿下。其实，民事责任和行政手段是两回事，上位法没规定的，下位法可以根据需要进行规定。唯一的“责令赔偿损失、恢复原状”这一行政手段的法律依据——《公路管理条例》，2011年7月1日已被废止，以后要靠行政手段解决路赔问题，只能寄希望于地方性法规或规章了。

十二个亮点

2011 年 3 月 7 日，全国公路人期盼已久的《公路安全保护条例》（以下简称《条例》）正式公布，并将于 2011 年 7 月 1 日起施行。《条例》的颁布施行，在我国公路法制史上具有重要意义，不仅标志着我国公路安全保护工作进一步迈上规范化、制度化、法制化台阶，还标志着我国以《公路法》为龙头的公路法制体系基本建成。

《条例》相比过去的一些公路法律法规规章，有哪些亮点呢？笔者对此进行了简单的梳理。

亮点一：公路管理机构成为行政法规授权的公路执法主体

《条例》实施前，公路行政管理的执法主体主要是交通运输行政主管部门，在路政管理上，根据《公路法》第五十七条和第四条的规定，公路管理机构行使公路路政管理职责，应由交通运输主管部门委托公路管理机构进行。虽然不少地方通过地方性法规，将公路管理中的相关行政许可、行政强制措施授权公路管理机构以自己名义来行使，但是对于行政处罚，则很少进行授权。《条例》第三条第三款规定："公路管理机构依照本条例的规定具体负责公路保护的监督管理工作"。结合《条例》关于公路保护的相关行政许可、行政强制措施、行政处罚具体条款来看，显然《条例》已经授权公路管理机构成为公路保护中的相关行政执法主体，7 月 1 日后，公路管理机构可以直接以本机构名义实施行政处罚、行政许可和行政强制措施等具体行政行为，不再需要与交通运输主管部门签订相关的委托执法协议，这将大大提高公路管理机构的执法效率，减少一些不必要的行政干预。

亮点二：公路管理经费列入政府财政预算

费改税前，公路养护经费和公路管理机构行使公路行政管理职能所需的经费主要来自公路养路费。费改税后，养路费等收费取消，改为征收成品油消费税。根据国务院《关于实施成品油价格和税费改革的通知》(国发[2008]37 号)规定，新增成品油消费税连同相应增加的增值税、城市维护建设税和教育费附加具有专项用途，不作为经常性财政收入，不计入现有与支出挂钩项目的测算基数，除由中央本级安排的替代航道养护费等支出外，其余全部由中央财政通过规范的财政转移支付方式分配给地方。改革后形成的交通资金属性不变、资金用途不变、地方预算程序不变、地方事权不变。因此，相关经费是来自于财政转移支付的资金。《条例》实施后，公路养护经费和公路管理机构行使公路行政管理职能所需的经费，将按照《条例》第五条规定，由县级以上各级人民政府纳入本级人民政府财政预算。《条例》的新规定，不仅通过立法角度，为公路养护和管理经费提供了强大的经费保障，改变过去公路养护管理经费常出现不足甚至公路职工拿不到工资的窘状，同时也通过财政部门的预算管理，防止公路管理机构在使用养护管理资金上的不规范甚至违纪违法现象。另外，结合当前各级人民政府财政部门普遍实施的国库集中支付与会计集中核算政策，以后各级公路管理机构的养护和管理经费一旦纳入国库集中支付，并实行会计集中核算，则可以有效解决当前司法实践中“公路管理瑕疵侵权责任”可以让公路管理机构无法实施正常运转的现象，将进一步推进我国将公路管理瑕疵侵权赔偿纳入国家赔偿范围的进程。

亮点三：公路管理系统再多一项重要职能——组建应急队伍应对突发事件

公路是人类改造自然的重大成就，也是人类改造自然的最重要的载体。当前，我国自然灾害和其他突发事件频发，公路作为一条条生命救援通道，必须保障其安全畅通。《条例》首次将公路突发事件的应对相关制度进行了规定，如要求各级人民政府交通运输主管部门应当制定毁损公路的突发事件应急预案；明确提出国家建立健全公路突发事件应急物资储备保障制度，完善应急物资储备、调配体系，确保发生公路突发事件时能够满足应急处置工作的需要等。对于公路管理机构和公路经营企业在应急事件发生后的职责，《条例》提出，公路管理机构、公路经营企业应当根据交通运输主管部门制定的公路突发事件应急预案，组建应急队伍，并定期组织应急演练，以保障公路交通在突发事件发生后，能按照《条例》第五十三条的规定，尽快让公路恢复畅通，履行其社会责任和义务。《条例》规定公路管理机构和公路经营企业应当组建应急队伍，表明组建应急队伍即将成为公路管理机构和公路经营企业的法定责任和义务，应急工作应成为公路管理机构和公路经营企业一项重要工作职责。2010 年国家发展改革委、交通运输部联合下发了《关于规范高速公路车辆救援服务收费有关问题的通知》(发改价格[2010]2204 号)，要求高速公路车辆救援服务工作由高速公路经营管理单位统筹组织实施，具体工作主要由其建立的专职救援队伍承担。但是组建专职救援队伍需要大量人力、物力和财力，该项工作实施难度较大。《条例》将组建应急队伍作为一项法定责任和义务进行了强制性规定。

亮点四：公路建筑控制区制度更加完备

《条例》对公路建筑控制区制度进行了完善，主要表现在以下几个方面：一是对距离确定标准进行了更加科学完备的确定，即从公路用地外缘起开始计算，改变了过去从公路坡脚或边沟外缘起开始计算的规定，这样更加符合《物权法》的规定。二是《条例》实施前，公路建筑控制区制度主要是按公路行政等级进行距离确认，对按技术等级划分的高速公路建筑控制区并没有进行规定，高速公路建筑控制区距离的确定标准主要依赖于各省的地方性法规。《条例》首次对高速公路建筑控制区的距离确定标准进行明确，即从公路用地外缘起不少于 30 米。三是《条例》对特殊区域如公路弯道内侧、互通立交以及平面交叉道口的建筑控制区范围进行明确，即根据安全视距等要求进行确定，这样的规定更贴近实际。四是对新建、改建公路建筑控制区的路政管理提前介入进行规定，即应在公路初步设计批准之日起 30 日内由地方人民政府划定并进行公告。五是为防止公路街道化，对新建村镇、开发区等公共场所的建筑安全控制区进行了规定，对《公路法》第十八条的规定进行了细化。六是对建筑控制区外的建筑物、构筑物的管理提出了新的要求，即虽然建筑物、构筑物及其他设施虽然在建筑控制区外，但是若有遮挡公路标志、妨碍安全视距现象，也是禁止修建和设置的，该规定为高速公路一些在建筑控制区外设置的妨碍交通安全的广告牌的管理提供了法律依据。

亮点五：公路安全控制区管理更加具体

《条例》实施前，公路安全控制区的管理，主要体现在《公路法》第四十七条的规定，但是该规定过于原则，《条例》对《公路法》第四十七条进行了细化，对公路两侧影响公路安全的行为的管理详细进行了规定，如规定了在国道、省道、县道的公路用地外缘起 100 米、乡道公路用地外缘起 50 米禁止从事采矿、采石、取土、爆破作业等活动；规定了公路用地外缘起 100 米、渡口和中型公路桥梁周围 200 米、公路隧道上方和洞口外 100 米的范围，禁止设立生产、储存、销售危险物品的场所、设施；规定了禁止擅自在中型以上公路桥梁跨越的河道上下游各 1000 米范围内抽取地下水、架设浮桥以及修建其他危及公路桥梁安全的设施；规定了在公路桥梁跨越的河道上下游禁止采砂和擅自疏浚作业的范围；规定了禁止利用公路桥梁（含桥下空间）、公路隧道、涵洞堆放物品、搭建设施及铺设高压电线和输送危险品的管道等。这些规定将更有利于保护公路、桥梁和隧道的安全。

亮点六：对擅自砍伐公路林木违法行为的法律责任进行了明确

《条例》实施前，《公路法》对砍伐公路林木的行为进行了原则规定，即“公路用地上的树木，不得任意砍伐；需要更新砍伐的，应当经县级以上地方人民政府交通运输主管部门同意后，依照《中华人民共和国森林法》的规定办理审批手续，并完成更新补种任务”。但是，对于违反该法定义务的违法行为课以怎样的法律责任，《公路法》并未进行规定，导致该条规定实际上不能落实，基层路政执法人员只能牵强依照原《公路管理条例》对公路附属设施的解释，将公路林木视为“公路附属设施”进行处理。广大基层路政人员对此颇有诟病。《条例》第二十六条规定，禁止破坏公路、公路用地范围内的绿化物。需要更新采伐护路林的，应当向公路管理机构提出申请，经批准方可更新采伐，并及时补种；不能及时补种的，应当交纳补种所需费用，由公路管理机构代为补种。《条例》第六十一条规定，未经批准更新采伐护路林的，由公路管理机构责令补种，没收违法所得，并处采伐林木价值 3 倍以上 5 倍以下的罚款。这些规定有效解决了公路林木管理上缺乏法律责任、无法可依的情况。

亮点七：对涉路施工进行了新的规定

《条例》实施前，对涉路施工活动的许可，并没有具体规定，对提交材料，《路政管理规定》也仅仅作出原则性的规定。《条例》第二十七条对影响公路安全的涉路施工活动进行了明确规定，相比过去规定，增加了利用公路桥梁、公路隧道、涵洞铺设电缆等设施及在利用跨越公路的设施悬挂非公路标志，需要进行许可的规定；《条例》第二十八条对涉路施工的许可中需要提交的材料进行了补充，即要求提交符合相关技术标准和规范的设计、施工方案；提交保障公路及附属设施质量和安全的技术评价报告；提交处置施工险情和意外事故的应急方案。对违反涉路施工许可规定的，《条例》第六十二条规定，由公路管理机构责令改正，可以分别处 3 万元和 5 万元的罚款。这些规定对强化涉路施工的管理提供了法律依据，更有利于公路的保护。

亮点八：对超限车辆的管理进行了详细的规定

《条例》实施前，对超限车辆管理的法律依据主要是《公路法》第四十九条和第五十条原则性的规定，考虑到超限车辆已经成为造成公路损害的“杀手”和“顽疾”，《条例》对超限车辆治理进行了具体规定。主要表现在：一是从源头进行治理，对相关部门职责进行了明确规定，如第三十条规定，外廓尺寸、轴荷和总质量不符合标准的车辆不得生产和销售；公安机关交通管理部门不得予以登记；运输不可解体物品需要改装车辆的，应当由具有相应资质的车辆生产企业按照规定的车型和技术参数进行改装；道路运输管理机构应当加强对煤炭、水泥等货物集散地以及货运站等场所的监督检查，制止不符合国家有关载运标准的车辆出场（站）。二是对《公路法》中可以经许可后进行超限运输的车辆进行更清晰的表述。《公路法》中规定“确需行驶公路的”，可以经许可后合法超限运输，实际工作中，基层路政人员常对一些运载可解体货物的车辆也进行许可，违反了法律的设定初衷。《条例》则明确规定可经许可后超限运输的车辆为“运载不可解体物品”的。三是从便民角度，对各级公路管理机构审批超限车辆行驶公路的权限进行了划分。相比《超限运输车辆行驶公路管理规定》中的审批权限的划分，《条例》第三十六条增加了县级公路管理机构的许可权，即在区、县范围内进行超限运输的，由县级公路管理机构受理并审批。三是对扰乱超限检测秩序及逃避超限检测的违法行为进行了禁止性规定，对违反禁止性规定的，赋予了公路管理机构强制拖离车辆或者扣留车辆的强制措施权和处 3 万元以下罚款的行政处罚权。四是对违法超限运输车辆、驾驶员、车辆所属企业的惩治力度加大。如《条例》第六十六条规定，对 1 年内违法超限运输超过 3 次的货运车辆，由道路运输管理机构吊销其车辆营运证；对 1 年内违法超限运输超过 3 次的货运车辆驾驶人，由道路运输管理机构责令其停止从事营业性运输；道路运输企业 1 年内违法超限运输的货运车辆超过本单位货运车辆总数 10%的，由道路运输管理机构责令道路运输企业停业整顿；情节严重的，吊销其道路运输经营许可证，并向社会公告。这些措施都对根治我国超限车辆这一顽疾有着重要的作用。

亮点九：公路养护市场管理有法可依

公路养护走向市场化是市场经济发展的要求。《条例》实施前，公路养护市场准入问题，包括养护施工企业的资质问题等，作为一种行政许可，并无法律和法规来设定，仅仅是交通部印发的文件《公路养护工程市场准入暂行规定》(交公路发[2003]89 号)进行了政策上的规定，《行政许可法》实施后，交通部是无权设定养护市场准入相关许可项目的，工商行政管理机关对交通运输主管部门的许可并不作前置许可对待，交通运输主管部门对公路养护市场准入实施行政管理，确属无法可依。《条例》第四十六条改变了这一现状，并明确授权国务院交通运输主管部门制定公路养护作业单位资质管理办法，即授权国务院交通运输主管部门对公路养护市场主体依法进行管理。

亮点十：公路路产损失的行政处理手段大大增强

《条例》实施前，《公路法》仅仅规定，“对公路造成较大损害的车辆，必须立即停车，保护现场，报告公路管理机构，接受公路管理机构的调查、处理后方得驶离”。交通部针对此规定，制作了《责令停驶通知书》，用于责令车辆停驶。路政执法实践中，不少相对人甚至司法界人士，对能否依据《公路法》的该规定“责令车辆停驶”持质疑态度，同时，由于责令停驶的前提是“对公路造成较大损害车辆”，那么何谓较大损害？如若不是较大损害的，该如何处理？如果拒绝接受处理，公路管理机构如何处置车辆方能避免相关法律风险？这些问题在《条例》实施前都不易解决。《条例》第七十一条第一款规定，凡是造成公路、公路附属设施损坏的单位和个人，都应当立即报告公路管理机构，接受公路管理机构的现场调查处理，并非仅仅是造成公路较大损害的，才有此法定义务。对于造成公路、公路附属设施损坏，拒不接受公路管理机构现场调查处理的，《条例》第七十二条赋予了公路管理机构无论损害大小，均可以扣留车辆、工具的强制措施权。公路管理机构扣留车辆、工具的，应当当场出具凭证，并告知当事人在规定期限内到公路管理机构接受处理。逾期不接受处理，并且经公告 3 个月仍不来接受处理的，对扣留的车辆、工具，由公路管理机构依法处理。《条例》的规定能对扣留车辆和工具引发的法律风险也进行有效风险防范。

亮点十一：为“村道”正名

2005年，国务院办公厅在《关于印发农村公路管理养护体制改革方案的通知》(国办发[2005]49号)一文中对“农村公路”进行定义，该文中称：“农村公路（包括县道、乡道和‘村道’，下同）是全国公路网的有机组成部分，是农村重要的公益性基础设施”。在这里，第一次有了“村道”的提法。而《公路法》调整的对象仅仅限于国道、省道、县道和乡道。《条例》实施前，法律和行政法规中并无“村道”一词，“村道”非公路管理法律法规调整的对象。

对于“村道”的管理和养护，国务院办公厅《关于印发农村公路管理养护体制改革方案的通知》中规定：“县级人民政府是本地区农村公路管理养护的责任主体，其交通运输主管部门具体负责管理养护工作。县级人民政府交通运输主管部门所属的公路管理机构具体承担农村公路的日常管理和养护工作”。也就是说，村道的管理养护责任主体是县级人民政府，具体管理养护工作由县交通运输主管部门，公路管理机构具体承担村道的日常管理和养护工作。而根据《中华人民共和国村民委员会组织法》、《物权法》和《村庄和集镇规划建设管理条例》、GB 50188《村镇规划标准》相关规定，“村道”作为村集体土地上的构筑物，即村集体所有的财产，由公路管理机构具体承担其日常管理和养护的义务和责任，是不合适的，并且将极大加大交通运输主管部门和公路管理机构的道路管理瑕疵法律风险。

《条例》实施后，“村道”一词在法律法规体系中正式亮相，“村道”和其他行政等级的公路一同成为《条例》的调整对象。《条例》第三十四条规定，县级人民政府交通运输主管部门或者乡级人民政府可以根据保护乡道、村道的需要，在乡道、村道的出入口设置必要的限高、限宽设施，但是不得影响消防和卫生急救等应急通行需要，不得向通行车辆收费。对于“村道”的管理和养护责任主体，《条例》第七十五条正式明确，村道的管理和养护工作，由乡级人民政府参照该条例的规定执行，即乡级人民政府将成为“村道”的管理和养护责任主体，交通运输主管部门和公路管理机构将彻底和“村道”养护和管理职责划清界限。

亮点十二：农村公路的治超措施有了法规保障

农村公路路网的逐步完善，让超限车有了更多的逃避国省干线公路超限执法检查的机会，而农村公路技术等级相对较低，一旦超限车辆不进行控制，农村公路建设成果将迅速遭到破坏。

为了巩固农村公路的建设成果，在对农村公路的治理超限措施上，交通部等九部委联合下发了《关于印发全国车辆超限超载长效治理实施意见的通知》(交公路发[2007]596 号)，该通知明确规定，“农村公路限宽限高保护”，鼓励农村公路的管理主体，在重要出入口及节点位置，设置限宽限高设施，防止超限超载车辆驶入。于是各地农村公路管理主体纷纷在农村公路的出入口设置限宽限高设施，通过宽度和高度的限制，来限制总质量和轴载质量超过限定标准的车辆进入农村公路，有的农村公路管理主体甚至通过收取过路费的方式来达到对农村公路的保护目的，此举招来广大车主的不满和质疑，毕竟农村公路具有普遍服务公众的义务，宽度和高度的限制有时候与总重和轴重是不一致的，例如有的空载货车对公路并无损害，但是仍无法进入。于是利益受到损害的车主会屡屡破坏这些限宽和限高设施，进一步引发全国不少地方通过设置“S 形”限宽设施以及“梅花桩”式限宽设施来限制超限车辆进入，这些设施的设置又引发了广泛争议，虽然这些具有创新意识的限制设施更有效地将超限车辆拒之路外，但是驾驶员驾驶技能差一点，车辆容易遭受损伤，并且，消防车和救护车不能进入，影响了人民群众生命安全的保障。

《条例》出台后，首先解决了农村公路治超保护中的“限制设施”设置的合法性问题，将九部委的成功政策引入至立法中。《条例》第三十四条规定，县级人民政府交通运输主管部门或者乡级人民政府可以根据保护乡道、村道的需要，在乡道、村道的出入口设置必要的限高、限宽设施。同时，为了防止影响消防和急救，防止出现公路三乱，《条例》还规定，设置必要的限高、限宽设施时，不得影响消防和卫生急救等应急通行需要，不得向通行车辆收费。

（原载于《中国公路》2011 年第 8 期；另以《细数公路安全保护条例十个亮点》为题，刊载于《中国高速公路》2011 年第 4 期。作者：范金国）

微评论

作为一部公路管理的重要行政法规，从纳入立法计划到颁布实施，《公路安全保护条例》经历了 7 年磨练，十二个亮点显然无法囊括全部。这部法规出台后，按照其授权，完善相关办法，将其用足、用活、用好，才能让这部法规绽放出更多亮点。

立法建议：建立公路“广告控制区”管理制度

高速公路户外广告之乱象的最大根源在于立法层面的不完善。

三种情形的立法现状

有关法律对高速公路两侧设置广告牌的规定。按距离来分，可以分为三种情形。

情形一：设立在“高速公路及高速公路用地内”的户外广告。

对于此种情形，高速公路路政管理机构应当依法对其设置行为进行管理。《公路法》第五十四条规定：任何单位和个人未经县级以上地方政府交通运输主管部门批准，不得在公路用地范围内设置公路标志以外的其他标志。因此，在高速公路及高速公路用地范围内设置广告牌，应当经过高速公路路政管理机构的许可，否则即为违法行为，依照法律规定，可责令限期拆除，可以处 2 万元以下的罚款。

情形二：设立在“高速公路建筑控制区内”的户外广告。

高速公路路政管理机构对于设置在高速公路建筑控制区内的广告牌能否进行许可性管理，目前存在两种观点。

一种观点认为，《公路法》第五十六条规定：除公路防护、养护需要的以外，禁止在公路两侧的建筑控制区内修建建筑物和地面构筑物。高速公路广告设施属于地面构筑物，法律禁止修建，因此不能许可。持这种观点的甚至认为有些省地方性法规规定的建筑控制区内经许可后可以设置广告牌的许可性规定，是与上位法相冲突的规定，是违法的，无效的。

另一种观点认为《公路法》第五十六条还规定：需要在建筑控制区埋设管线、电缆等设施的，应当事先经县级以上地方人民政府交通运输主管部门批准。把广告牌等设施认定为管线、电缆等设施，是可以经过许可后设置的。

笔者认为，《公路法》确定的建筑控制区内禁止修建建筑物和构筑物的制度，主要是为了给公路改扩建预留土地、为了减少公路上车辆通行与周围环境的相互影响等。如果是允许修建建筑物和构筑物，那么对建筑物和构筑物内从事生产或生活的人的健康及安全均会产生不良影响，且今后拆除时对人的生产和生活影响也较大。而广告设施则和管线、电缆设施等一样，不会对人产生影响，把广告设施等同于管线、电缆设施是符合立法本意的。同时，广告设施能有效提升高速公路运营带来的经济效益和社会效益，经许可后可以在建筑控制区内设置。在此立法本意上，地方性法规如《广东省公路条例》、《湖北省高速公路管理条例》、《山东省高速公路条例》、《福建省公路路政管理条例》等均规定了公路建筑控制区内经许可后，可以设置广告牌等非公路标志牌。

地方性法规并未违反上位法的规定，相反是对上位法不够明确的条文进行了明晰。

情形三：设置在“公路建筑控制区外”的户外广告。

有时，设置在公路控制区外的广告牌更具视觉效果。对于设置在公路建筑控制区外的广告牌，因为没有任何法律法规授权交通运输主管部门或其设置的公路管理机构对此进行管理，因此交通运输主管部门或其设置的公路管理机构没有管理权。这类广告牌主要由工商行政管理部门依照《广告管理条例》第十三条和《广告管理条例施行细则》第二十六条进行管理：“对非法设置、张贴广告的，没收非法所得、处5000元以下罚款，并限期拆除。逾期不拆除的，强制拆除，其费用由设置、张贴者承担”。

呼吁建立公路“广告控制区”制度

鉴于“应禁”或是“可许”仍处于不确定状态，笔者建议，我国应尽快建立公路“广告控制区”管理制度。

公路广告控制区管理，是指通过立法活动，授权公路管理机构对在公路两侧一定范围内(不含公路及公路用地范围)设置公路广告的行为进行管理。公路两侧广告纳入公路管理机构管理的这个范围，就是广告控制区。公路广告控制区，不完全等同于公路建筑控制区，它的范围应该大于或等于公路建筑控制区。

之所以建议尽快建立公路广告控制区管理制度，主要理由基于以下两点：

理由一：建立公路“广告控制区”管理制度，实际上是对公路建筑控制区内能否设置广告的一个最好的诠释。

对于公路建筑控制区内能否设置广告牌，有的省市规定禁止设置广告牌，有的省市坚持经过许可后可以设置广告牌；有的省市经过许可后可以设置广告牌；

对同一路段，路政机构可以以广告牌是地面构筑物为由，不予许可，也可以以广告牌是相关设施为由，进行许可。这些行为都严重损害了公路法律法规的权威性和严肃性，损害了公路管理执法机构的整体形象，损害了相对人的合法权益。而建立统一的公路广告控制区制度，能有效解决公路建筑控制区能否经许可后设置广告牌的纷争。

理由二：有利于将“线内广告”和“线外广告”纳入统一管理。

对于建筑控制区以外的区域，因该区域仍可以设置广告，甚至相对于公路用地和公路建筑控制区内设置的广告，会更有效果，而这些广告牌只要不遮挡公路标志和影响安全视距，公路管理机构就无权管理，这样不可避免会出现大量广告经营单位大打“擦边球”，紧靠公路建筑控制区设置广告牌。而公路管理机构只能眼睁睁看着这些广告牌无序胡乱设置，不仅影响了公路整体美观，更破坏了公路管理机构对公路建筑控制区和公路用地范围等区域内的广告设置统一规划，损害了合法设置的广告业主的合法权益。过去的执法经验表明，对线外广告一味“堵”并不能取得满意效果，“疏堵结合、统一管理”才是较为现实的策略选择。

为此，笔者建议，国家应尽快建立“广告控制区”管理制度，明确不同行政等级公路两侧和高速公路两侧一定距离（该距离应当大于或等于公路建筑控制区的距离）范围内，经过公路管理机构许可，可以设置广告。鉴于这是一种行政许可事项，原则应当由法律、行政法规和地方性法规来设定，在当前公路管理法律和行政法规处于基本稳定状态情形下，建议通过制定和修改地方性法规来确立这一制度，实现对公路广告的统一、规范、有序管理，实现高速公路资源的合理利用。

（原载于《中国高速公路》2011 年第 5 期。作者：范金国）

微评论

《公路安全保护条例》第十三条第二款规定：在公路建筑控制区外修建的建筑物、地面构筑物以及其他设施不得遮挡公路标志，不得妨碍安全视距——这在一定范围内为公路管理机构对公路建筑控制区外的广告设置行政管理提供了法律依据。因此，无论公路建筑控制区内外的广告牌的设置管理，纳入依法管理范畴，势在必行。

高速公路法律问题七解

编前语

随着高速公路里程的不断增长，对高速公路的管理也提升到一个新的高度。如何对高速公路实施有效的管理，地方性法规立法是重要的手段。

法律条款的修订与完善，是保障高速公路事业健康良性发展的基石。地方性法规立法中必备条款很多，难以穷尽，先列举七点，以求抛砖引玉。

地方性法规是省、自治区、直辖市以及省级人民政府所在地的市和国务院批准的较大的市的人民代表大会及其常务委员会，根据宪法、法律和行政法规，结合本地区的实际情况制定的，并不得与宪法、法律、行政法规相抵触的规范性文件。地方性法规是除宪法、法律、国务院行政法规外，在地方具有最高法律属性和国家约束力的行为规范。

高速公路管理法律和行政法规的制定及修订并不容易，且过程漫长。一些法律和行政法规不能解决迫切需要解决的问题，最好的解决方式就是通过地方性法规立法来弥补。笔者参加过数个高速公路地方性法规的立法，现就高速公路地方性法规立法中未引起普遍重视的一些必备条款，谈谈个人建议。

关于养护市场准入

必备理由：高速公路养护市场准入问题（包括养护施工企业的资质问题），作为一种行政许可，当前并无法律和法规来设定，仅仅是在交通部印发的文件《公路养护工程市场准入暂行规定》中进行了政策上的规定，《行政许可法》实施后，交通部是无权设定养护市场准入相关许可项目的。在当前没有法律和行政法规解决这一法律依据缺失的情形下，必须由地方性法规来设定这一许可项目。对于资质问题，若无地方性法规来授权设定，或者仅仅明确养护企业的资质问题而缺乏一个养护市场准入的授权管理主体及办法，是不够的，高速公路养护市场管理仍无法可依。采取设定义务的方式来授权省级高速公路管理机构制定养护市场准入办法及进行监管，是一种立法技巧，不易被认定为“部门利益”和“伸手要权”，容易为立法机关及其他部门所接受。

建议条款表述形式：除日常维护外，高速公路养护应当由具有相应资质的单位承担。

省高速公路管理机构应制定本省高速公路养护市场准入管理办法，对本省高速公路养护市场实行监督管理。

关于试运营期限

必备理由：当前不少高速公路经营管理单位，特别是经营性高速公路经营管理者，在交工验收后无限期延长试运营期限，或者尽可能将交通运输部规定的允许试运营的最长期限用足，以其达到利益最大化目的，当前国家没有任何法律法规规章对此行为进行约束，而通过地方性法规进行明确，将试运营期限纳入批准收费期限，将很好限制这种通过“打擦边球”的形式来损害高速公路使用者权益的做法。

建议条款表述形式：高速公路交工验收后进入试运营的期限，不得超过3年。试运营期限内的收费，应计入批准收费期限。

关于广告经营权

必备理由：当前没有任何法律和行政法规对高速公路广告经营权的范围进行规定，高速公路广告经营权的经营区域范围不清，导致高速公路广告牌设置中产生很多纠纷，很多高速公路广告经营权人，特别是经营性高速公路广告经营权人，甚至认为高速公路两侧无限大的范围内设置广告牌都是其广告经营权，其他单位和个人设置广告牌都是侵害了其广告经营权。这同时也为高速公路广告牌设置的管理带来很大的难度。因此通过地方性法规立法对广告经营权的范围进行明确，对于解决大量广告经营权的纠纷，是十分有必要的。根据《物权法》的规定，高速公路广告经营权是依附于高速公路的用益物权，应仅限于高速公路征收土地范围，而不是两侧无限大的距离。立法中，在“附则”章节中对高速公路广告经营权的定义进行解释即可。

建议条款表述形式：本条例所称高速公路广告经营权，指在高速公路所征收土地区域内设置广告牌并获取收益的权利。

关于路政管理相关行政处理职权

必备理由：现有法律法规框架下，处理公路路产损失赔补偿案件中，若相对人不履行交通部统一制发的文书《公路赔（补）偿通知书》，因该文书不具有强制执行力，不能直接申请人民法院强制执行，只能由公路管理机构或者公路经营管理者通过提起民事诉讼的方式来解决，而漫长的民事诉讼过程不能实现对路赔案件的快速解决和对路产的保护。

同时，公路管理机构若使用责令赔偿、责令恢复原状行政手段快速解决路赔案件，当前法律依据仅仅是《公路管理条例》第三十二条，但该法规规定使用责令赔偿的前提是“违反本条例规定”，故不能适用其他如交通事故造成的路产损害案件，因此，适用此条款的前提过于局限。

并且，随着《公路保护条例》的即将出台，原《公路管理条例》完全可能会被新的行政法规所取代而废止。

另外，对于路产损失后果，当前完全可以通过司法鉴定机构鉴定；其他侵权要件的证据也完全可通过公安交警部门的事故材料进行调查取证，若不赋予公路管理机构“责令赔偿损失或者责令恢复原状”这一实现保护路产的行政职权，公路管理机构的保护路产职责及其执法地位就完全可能被边缘化，保护路产职责无从谈起。

因此，公路管理机构在保护路产问题上，一定要赋予公路管理机构行政处理职权。

建议条款表述形式：任何单位和个人造成高速公路路产损害的，应当依法承担民事责任。公路管理机构可责令赔偿损失或责令恢复原状。拒不赔偿损失或恢复原状的，公路管理机构可依法申请人民法院强制执行。

关于抛洒物等障碍物管理

必备理由：高速公路上行驶的车辆由于装载不规范等原因容易发生遗洒、掉落或飘散，形成障碍物。遗洒、掉落、飘散物件对公路路产自身安全及完好影响并不大，其作为道路障碍物，对交通安全影响极大，极易引发道路交通事故，从而引发道路管理瑕疵诉讼风险。因此，在接受报告的问题上，不能规定公路管理机构有接受报告义务，否则，公路管理机构存在物件致人损害侵权赔偿法律风险。同时，对接到报告后的处置上，公安机关交通管理部门有义务使不符合交通安全状态的物件恢复至原有安全状态，因此，应当规定由公安机关交通管理部门负责采取防范措施并疏导和恢复交通。

建议条款表述形式：车辆应当规范装载，装载物不得触地拖行。车辆装载物易遗洒、掉落或者飘散的，车辆驾驶人、运输经营者应当采取厢式封闭等有效防护措施，方可在高速公路上行驶。

在高速公路上行驶的车辆，其装载物发生遗洒、掉落或者飘散，影响交通安全的，车辆驾驶人应当在来车方向适当距离外设置警示标志，及时采取必要的安全防护和处置措施，保障其他车辆的安全通行，同时应迅速报告公安机关交通管理部门。公安机关交通管理部门应及时采取交通安全防范措施，疏导和恢复交通。

对高速公路路产造成污染、损害的，车辆驾驶人还应报告高速公路管理机构并接受处理。

未规范装载，或车辆遗洒、掉落或者飘散物件后未采取必要安全防护和处置措施，造成第三人人身、财产损害的，由车辆驾驶人和运输经营者承担赔偿责任。

关于公路监督检查专用车辆优先通行权问题

必备理由：《道路交通安全法》中仅仅规定警车、消防车、救护车、工程救险车四类车具有优先通行权，该法虽然规定公路监督检查车辆应按照公路法的规定设置统一的标志和警示灯，但是该法并未明确规定公路监督检查车辆享有优先通行权，因此公路监督检查专用车辆虽然是特种车辆，但是并不享有优先通行权。公路监督检查专用车辆统一标志和警示灯，并非只是为了作为统一部门执法形象，更非仅仅为监督检查时提供示警作用。不享有道路优先通行权，不仅仅使法律规定的设置统一的标志和示警灯沦为一个摆设而毫无意义，且不利于对高速公路路产的保护和对高速公路的其他各类行政管理，这不能不说是国家层面立法上的一大遗憾，该遗憾唯有通过地方性法规立法进行弥补。

建议条款表述形式：高速公路监督检查车辆应当按照国家有关规定设置统一的标志和警示灯。

任何单位和个人不得擅自喷印、安装、使用与公路监督检查车辆相同或者相似的标志和警示灯。

高速公路监督检查车辆执行紧急公务时，可以不受行驶路线、方向、速度和交通信号的限制，其他车辆和行人应当让行。

关于法律责任问题

必备理由：高速公路地方性法规的立法中，往往设定了较多的法律义务，但是却在相对人违反法定义务的时候，该承担什么样的法律责任却无设定，这样的结果不仅仅是立法技术上的缺陷和不足，更使设定的法律义务成为一纸空文，违反法定义务后的行政处理仍无法可依。因此，必须在“法律责任”章节中，增加当违反新设定的法律法规没有规定的法律义务时，应当承担的法律责任的表述。

建议条款表述形式：违反本条例规定的行为，法律法规已经作出处罚规定的，从其规定。

法律、法规和本条例未作出处罚规定的，由高速公路管理机构责令停止违法行为，可处以 3 万元以下罚款。违法行为有违法所得的，由省高速公路管理机构没收违法所得。违法设置的建筑物、构筑物、广告牌等设施，省高速公路管理机构应限期拆除，逾期不拆除的，可由省高速公路管理机构强制拆除，拆除费用由违法者承担。

（原载于《中国公路》2011 年第 6 期。作者：范金国）

微评论

当初撰写此文，是对各地进行高速公路管理地方性法规立法提出的建议。令人欣喜的是，在《公路安全保护条例》实施后，《公路管理条例》被废止，养护市场准入的问题以及抛洒物等障碍物管理的问题，终于在行政法规中得以明确。而文中其他的一些相关问题，时至今日，仍对高速公路管理地方性法规立法有一定的借鉴意义。

涉路诉讼面临的形势及应对

当前，公路部门面临的涉路案件，从以前单一的地面施工侵权，已经发展到管理维护瑕疵侵权；从常见的障碍物管理引发的涉路诉讼，发展到由千奇百怪的理由所引发的涉路诉讼。造成这种现状，与当前涉路诉讼面临的形势不无关系。

公路瑕疵致害承担责任性质之争的敲定

公路由于管理、维护上出现瑕疵，导致他人人身或财产上的损害，应当承担什么样的责任的问题，过去法学界一直存在争议，一种观点是以中国政法大学副校长、著名法学家马怀德教授为代表，认为公路管理瑕疵责任属于公有公共设施致害的国家赔偿责任，应由国家进行赔偿。另一种观点则认为，应当按照“构筑物侵权民事责任”处理。尽管理论上存在争议，但是在司法实践中，各级人民法院均将此作为构筑物侵权民事案件进行审理。

2004 年 5 月 1 日，最高人民法院发布的《关于审理人身损害赔偿案件适用法律若干问题的解释》施行，该解释第十六条明确规定“道路、桥梁、隧道等人工建造的构筑物因维护、管理瑕疵致人损害的，由所有人或者管理人承担赔偿责任，但能证明自己没有过错的除外”。该司法解释为法学界的不同观点争论画了一个句号。

2010 年 7 月 1 日起施行的《中华人民共和国侵权责任法》则更是规定了“物件损害责任”这一章，对公路这一构筑物因管理、维护瑕疵致人损害的，明确为民事侵权责任。

马怀德教授曾寄予希望通过《中华人民共和国国家赔偿法》(以下简称《国家赔偿法》)的修订，明确公有公共设施致害纳入国家赔偿范围，但是 2010 年 4 月 29 日通过并于 2010 年 12 月 1 日开始实施的最新修订的《国家赔偿法》并没有将公有公共设施的致害纳入其中。

因此，在现有法律情形下，公路管理瑕疵不可能按国家赔偿法的规定进行赔偿，而是按“物件致人损害”纳入民事侵权处理的范畴。

明确道路管理瑕疵的赔偿责任为民事侵权责任而不是国家赔偿责任，对公路部门来说，是相对不利的：首先，受害人可以在提起的任何民事诉讼中将公路部门列为共同被告，无须另外提起行政诉讼，公路部门成为被告的机会更多；其次，国家赔偿由政府财政支出，不会影响公路部门的正常办公和运行，公路管理机构不会“瘫痪”。而承担过多的侵权民事赔偿责任，完全可以让一个公路管理机构无法运转，陷入“瘫痪”状态，公路管理机构一旦“瘫痪”，最直接的后果就是路的“瘫痪”，那么最终的受害者仍是大量的公路使用者。

从诉讼策略出发，公路部门在人身损害赔偿案件中越来越多地被列为被告，大量“被”参与

公路人面对涉路诉讼，常发这种感慨：以前路不多、不好走，事故没现在这么多，现在路多了，路好了，事故反倒越来越多了，告我们的也越来越多了。所以，我常常听到一些公路人得出这样一个结论：要少当被告，就要少修路。总之，修路不如不修路。

其实，道路交通是“人、车、路、自然、环境”的综合体，道路交通事故的原因不一定和路的因素相关，更多是由人的因素和车的因素造成，例如疲劳驾驶、酒后驾驶、无证驾驶都是人的因素，超载、随意改装车辆都是车的因素。人和车的安全性都是由公安机关交通管理部门负责，由于公安机关的管理没有跟上公路的发展，一旦发生道路交通事故，出于推卸责任，或者为了妥善处理事故的需要，部分公安交通管理部门会利用其法定的道路交通事故认定主体的便利身份，无中生有认定事故发生有路的因素，极力将公路上发生的人身损害事故责任推给公路部门，或直接暗示受害人起诉公路部门。

另外，由于公路部门承担民事赔偿责任能力相对较强，而出于诉讼利益最大化的需要和最经济的需要，受害人委托的律师也会极力将公路部门列为诉讼的被告，毕竟多一个被告，就多一个赔偿的渠道，多一个赔偿义务人。即使请求判令公路部门承担赔偿责任的诉讼请求被驳回，因为同案中还有其他的赔偿义务人，对于原告亦无任何惩罚性措施，故不存在任何不利影响。因此，公路部门屡屡“被参加”诉讼活动，这已经成为当前在公路上发生的人身损害事故案件中当事人普遍运用的诉讼策略。

人民法院从和谐角度出发，公路部门越来越多地被判承担民事责任或者“被承担”更多社会责任

人民法院作为司法审判机关，本应承担把好社会公平和正义的最后一道关口的重任，在事实和法律基础上，忠实履行审判职责。但是在人民法院“三个至上”宗旨下，各级人民法院不得不大力开展“和谐司法”，法院片面强调“调解”的功能，在“和谐”和“调解”的大环境下，公路部门只要“被参加”诉讼活动，大多会“被”承担案件顺利结案、维护社会稳定的社会责任；或者在判决中，强加给公路部门过错，判令公路部门承担侵权赔偿责任。

针对严峻形势，公路部门应做好相关诉讼风险防范

要提高立法质量，尽可能通过法律、行政法规等位阶高的规范性文件来做好公路部门风险防范。在立法中尽可能做到责权利一致，不争无谓的权。例如《湖北省高速公路管理条例》的制定中征求了我的意见，我就强烈建议删去“公路管理机构对行人上高速公路的管理权”，并得到了采纳。毕竟在当前法治环境下，有了这样的权，带给我们的将是绵延不断的、难以推卸的责任。

注重立法技巧，尽可能多地争取法律法规授权交通运输部门出台实施细则权或者解释权，要用足用好这些授权。在法律、行政法规中，如果不能争取较好的风险防范条款，则一定要争取不要写上不利的条款。如在《公路保护条例》的制定中，相关部门提出规范装载相关内容力图将装载不规范引起的法律风险推给交通运输部门，此规定对交通运输部门极为不利。本人提出，如果相关部门强烈反对我们的修改意见，我们应该搁置争议，删除这方面的内容，如果争取不到有利于我们的条款，就应争取避免不利于我们的条款出现。

在法律和行政法规无法防范一些风险的时候，我们应尽可能通过地方性法规、部门规章、政府规章等立法活动进行防范，只要不与上位法相冲突，都是有效的。比如公路监督检查车辆的优先通行权问题，比如公路试运营期的收费问题，比如路政管理机构的责令赔偿损失权的问题，这些必要的问题都是可以在上位法未作规定情况下通过制定地方性法规来解决的。

尽可能做好与当地人民法院的沟通和交流，争取当地人民法院出台相关涉路案件的指导意见。比如在打击高速公路逃费问题上，我很欣赏云南的做法。云南省 2008 年就争取省高院、省检察院、省公安厅联合发文，对高速公路逃费行为从刑罚适用方面进行了明确，有效打击了这种逃费行为，成了第一个吃螃蟹的。随后，江苏省 2009 年也出台了类似规定，浙江省 2010 年也出台了类似规定。星星之火可以燎原，相信在不久的将来，最高人民法院、最高人民检察院会将此作为司法解释下发。

要尽快建立公路法制方面的团体组织，搭建固定的公路法制交流平台，定期召开研究会议，交流涉路案件办理经验、教训，互通信息，办理全国性的公路法制专刊，或在有影响的行业杂志如《中国公路》杂志内开设公路法制专栏，通过这些平台，提高公路法制人员水平。我的律师事务所将力争每年定期出版公路法制刊物，竭诚为全国公路法制事业服务。

诉讼技巧不是规避法律，而是在法律框架内，如何最大限度维护公路部门的合法权益，取得社会效益和经济效益的最大化。例如，对一旦败诉后果很严重并会产生"多米诺骨牌效应"的个案，要坚持诉讼到底，或者采取其他策略，或取得胜诉结果，或避免败诉后果。这样的案件在作出胜诉判决法院管辖区域内，一旦取得胜诉结果，日后类似案件也会产生"多米诺骨牌效应"，全部胜诉。一旦败诉，则日后类似案件将全部败诉，必须通过上诉或再审等方式，撤销该生效判决后，才有可能取得个案的胜诉。对胜诉案件，要大张旗鼓地在媒体上宣传，尤其要利用好网络媒体的传播力量，改变公路部门在涉路案件中所处的舆论劣势地位和不利的认知环境。现在的法官和律师在处理涉路案件时，也都喜欢从网络等媒体上查看、借鉴其他人的观点。当我们的观点在媒体上，特别是在网络媒体上占据主流地位时，我们的舆论及认知环境无疑会变得越来越好。

要建立舆情监测系统和新闻发言人制度，对媒体上发布的不利于公路部门的案件的相关报道，要引用法学界或者交通业内专家的权威观点，进行有力的驳斥，通过媒体进行科学有效的舆论引导，改善不利的舆论和认知环境。

（此文系作者在2010年全国首届公路法律与路政管理研讨会上的演讲稿，原载于《中国公路》2011年第9期。作者：范金国）

微评论

公路法制是关系到公路事业健康发展与否的重要保障。"不识庐山真面目，只缘身在此山中"，长期以来，相关部门对公路法制并未引起足够的重视，不能从根本上进行风险防范，致使公路部门逐步成为"替罪羊"，毫无疑问，这非常不利于公路行业的发展。

“第三方”试水路政执法

编者语

公路行业的通行费征收和路政执法，往往直接面对公众，因此常常受到暗访与突击检查，例如早已不新鲜的行业“三乱”治理。但这种检查往往是“运动式”的，易表面化，特别对路政执法来说，缺乏真正专业的监督，也就难以起到改进路政服务质量的目的。究竟怎样的监督更有成效？湖北省交通运输厅高速公路路政执法总队（以下简称高速路政总队）首开先河，创新外部监督途径，委托公路专业法律机构进行第三方监督检查，现场检查、发现、整理、反馈问题并建言献策。这一做法值得推崇。

湖北兴路律师事务所（以下简称事务所）的律师们最近很忙，他们正在为“上路”做准备——自2011年，湖北省高速公路路政执法第三方监督检查启动后，事务所承担的这项工作，如今逐渐步入正轨。

高速路政新尝试

2011年，为进一步加强湖北省高速公路路政执法能力和水平建设，对各高速公路路政管理机构管理阶段目标完成情况进行总结，及时发现问题并解决问题，为省交通运输厅高速公路管理局（以下简称省高管局）的决策提供科学参考，全面提升全省路政执法管理和服务水平，高速路政总队决定委托专业机构，对湖北省高速公路路政执法工作实行第三方监督检查。近水楼台先得月，落户于湖北武汉的全国首家公路专业律师事务所——湖北兴路律师事务所担当了此任。

对行政管理行为和行政管理目标实施第三方监督检查，达到促使行政管理行为更加规范、更好实现行政管理目标的效果，应用于公路行业特别是路政执法领域，可谓全新尝试。为做好第三方监督检查工作，接受委托后，事务所拟订了第三方检查方案，经总队组织讨论并通过后，开始实施。“这个方案不是一成不变的”，拟订该方案的律师表示，“我们将结合实际情况及第三方检查效果，与总队商议，随时进行调整”。

实施第三方监督检查，必然要严格遵循《公路法》、《公路安全保护条例》、《湖北省高速公路管理条例》等法律法规、规章及湖北省交通运输厅、省高速公路管理局相关文件要求。据了解，总队还将逐步采用全国干线公路检查（简称“国检”）标准，作为第三方监督检查的标准。

为了在保证第三方监督检查客观公正效果的基础上提高效率，首次第三方监督检查组（以下简称检查组）确定了成员数量：事务所派 3 人，总队派 1 人。

检查步骤真细化

短短 4 天时间，如何快速而有效地完成监督检查计划？科学制定检查步骤尤为重要。

首先确定受检单位和路段。受检单位和路段采取抽签方式，由总队工作人员随机抽取形式进行。在 8 个大队管理路段中各抽取 5 公里路段（单向）作为步检路段。为考察各大队对公路法律法规应知应会知识掌握情况，随机抽取 1 个应知应会简答题，制成测验试卷，从各大队人员中随机抽取 2 名进行现场测试。对相关内业资料，配合步检情况进行质询和检查，并召集全体在单位路政员进行座谈。

然后对确定的 8 个大队的步检路段，围绕路产管理和路域情况进行重点检查，重点是相关违法建筑物构筑物、广告牌的设置、上跨线路、穿越和敷设的管道、建筑控制区埋设的管道线缆等设施、桥下空间及涵洞、地下通道堆放物品、搭建设施情况等项目进行检查，并填写外业检查记录表。

到达大队驻地后，进行规范化检查。进行现场查看，检查大队对公示制度落实的情况，填写公示制度检查表。提取本季度案件卷宗目录，随机抽取 3 份卷宗进行检查，填写路政案卷检查记录表，对全部案卷进行拍照。随机抽取 10 份卷宗的相对人联系电话，进行电话回访。组织抽取的 2 名路政员进行现场测试。对照步检现场发现的路产管理和路域情况，要求大队提供许可文书或查处文书，进行核实，判断是否存在不作为或乱作为的情形。召开座谈会进行现场调研，征求执法中遇到的疑点难点问题，执法中的对上级的意见和建议，执法中对法律法规需要完善的意见和建议。

执法回访是检查组关注的重点。通过随机抽取的 10 个案件上的当事人联系方式，对当事人进行电话回访。电话回访做好录音。回访主要内容是路政人员是否存在违反交通行政执法禁令和忌语问题，是否出示有监督卡、是否吃拿卡要、执法人员态度是否冷、蛮、横，对执法人员要求等内容。向抽取的路政大队所在经营管理单位纪检监察部门，实地或电话询问是否有关于路政员的投诉等事件发生，并录入外调记录表。

检查完毕后，按每个大队检查相关内容，检查组进行整理和汇总，并根据检查考评情况，对8个受检大队工作进行客观评价，撰写检查考评报告，并对发现的问题提出解决方案和建议报总队。

综合评价很客观

通过在高速公路上随机抽取一定路段进行步检，然后对照内业管理资料，对路域管理实际情况及基础管理工作进行了检查，检查组分别就路域管理、公示制度、路政应知应会能力测试、案卷评查、电话回访等方面，逐一进行客观评价。

如第一次第三方检查中，在路域管理基础资料方面，检查组发现，受检各大队基本建立了基础管理资料，但存在一些问题，比如基础管理资料少有更新，或者更新频率不高，导致基础资料对路域管理工作实践意义不大。同时，在路域管理方面，除个别大队所辖路段位于山区，隧道和桥梁众多，路域管理情况相对简单外，其他受检大队管理路段的路域管理都很复杂，上跨下穿、建筑物、广告牌、桥梁和下穿通道内堆积物等问题都存在。

在公示制度方面，检查组认为从总体上，各大队对公示主要内容均基本要求进行了落实，但仍有些大队对公示落实不力。有的未按总队要求对执法监督卡进行落实，有的没有将支队负责人、总队投诉举报电话进行公示。

在路政应知应会能力测试环节，检查组从各单位上报的题库中，有针对性地对每个受检大队出了一道简答题，并在每个大队路政员中随机抽取两名路政员进行了答题。答题情况显示，各受检大队路政员对一些应知应会题目已经基本掌握。

在案卷评查方面，检查组从各受检大队当季度路赔案件卷宗中，随机抽取了3份卷宗进行了检查。总的说来，各受检大队均达到路赔案件收集证据充分、处置程序合法、案卷整理符合规范的总体要求。在案件证据收集上，各大队基本能使用计算机制作各类文书，有的大队制作了路产损失勘验现场平面图，甚至使用了计算机制作出勘验现场平面图。有的大队增加了“当事人陈述”这一证据，在询问笔录中对保险、车辆车主等信息进行询问取证，这些创新做法都很不错。但问题同样存在：一是询问笔录千篇一律，缺少主动性和灵活性，过于呆板，甚至个别大队在核实路产损失情况时，要求相对人回答损害的路产情况，而这样的询问显然不符合生活常理。二是在调查取证上，忽视了车主信息、保险信息的调查取证，有的用照片对此进行取证时不注重证据的证明内容，导致字迹模糊不清，失去了取证的意义。三是赔(补)偿通知书中告知的复核机关普遍填写错误。

针对电话回访，检查组从各受检大队季度路赔案件卷宗中，随机各抽取了 10 份卷宗（部分大队第四季度案件不足 10 份的，按实际案卷进行回访），确定了相关相对人，对案卷材料中记载的手机号码进行拨打，进行了回访，回访全程进行了记录和录音。总的说来，相对人大多认为受检各大队路政人员到达现场时间较快，勘验现场和核定损失比较准确，案件处理过程中，没有索贿和吃拿卡要的行为。

最终，鉴于总队将首次第三方监督检查成绩纳入 2011 年度湖北省高速公路路政执法技能比武竞赛活动成绩，并以 10 分计入总分，检查组还结合对各受检大队的检查实际情况，提出各大队所代表的支队的分数，供总队参考。

专业对策最实在

通过在基层的调研及座谈，检查组结合相关法律法规，对总队下一步相关工作提出相关意见和建议，这是高速管理部门最期待的成果。

1. 制定逃逸案件奖惩和路政联动机制

检查组认为，逃逸案件在现行监控不能全路段进行覆盖情况下，应更多依赖于收费站员工的尽责和社会相关人员的举报，因此，建立相关举报奖励机制，是可以帮助国家或企业有效挽回损失的。

同时，鉴于各路政机构均属于省高管局的派驻机构，省高管局可以通过授权的形式，授权各路政机构均有权以省高管局的名义，处理发生在其他高速公路路政机构管辖路段的路产案件，同时，总队可以指定相应的路赔费的分割办法，建立和完善各路政机构之间的联动机制。因此建议总队，应尽快制定相应的奖惩、联动机制，以此加大逃逸案件的查处力度。

2. 准入制度把好用人关

检查组认为，路政人员准入关直接关系到路政管理能力和水平，关系到高速公路权益的维护，关系到交通运输部门行业的整体利益和统一形象问题。作为高速公路上的两支执法队伍，高速公路路政人员业务素质和综合能力不能与高速交警相差太大，总队可以通过制度的建设和落实，切实把好路政人员准入关。

为此建议各级高速公路路政机构，要严格落实《湖北省高速公路路政人员管理办法》，确保不让不合格的人员进入高速公路路政执法队伍，同时要通过提高待遇，吸引更多法律专业、公路桥梁专业及高学历人才进入高速公路路政执法队伍，要逐步面向社会公开招考高速公路路政执法人员，挑选优秀人才进入这个队伍。

同时，检查组建议总队尽快建立对进入的人员统一进行岗位资格培训制度，确保进入的人员能胜任路政执法岗位。

3. 尽快在某些高速公路入口设固定治超站

鉴于翻坝高速公路处于长江滚装船码头入口，同时处于秭归物流工业园入口，且桥隧极多，行驶完毕翻坝高速后，就是过宜昌长江大桥，检查组认为，在湖北省高速公路范围内来说，治超形势是最为严峻的。

因此，建议由总队和鄂西管理处共同协商，力争尽快建立固定治超站，组建执法队伍，尽快投入源头治超，全面履行法定职责。

4. 关于扣留车辆和工具执法文书的问题

检查组认为，《公路安全保护条例》已经授予公路管理机构可以在法定情形下扣留车辆和工具的权利。而过去的《责令车辆停驶通知书》和《暂扣证》适用性的确没有新的《公路安全保护条例》授权的强制措施实用，建议总队尽快制定并印发关于扣留车辆和工具的执法文书范本，并结合《公路安全保护条例》和《中华人民共和国行政强制法》的规定，制定和完善其他的相关执法文书。

5. 建立和完善路域管理基础资料

路域管理基础资料是判断路域管理中是否有新的违法行为的重要工具，也是检验路政管理成果的重要标准，历届全国干线公路养护和管理大检查均将路域管理作为检查的重要标准。

在路域管理检查（步检）中，对照基础资料，可以轻松判断路政管理基础工作是否扎实，是否存在不作为或乱作为的现象。例如，在路域管理检查中，发现有一广告牌，就可以检查相应的许可资料，看是否按规定进行许可。如果没有许可，就可以检查是否有相应的查处资料，如果既无许可资料，又无查处资料，就说明管理中存在纰漏。

要判断路域管理中哪些涉及路权的事项是合法存在的（例如是在高速公路建设时期就存在了），哪些是违法的，必须要建立健全基础档案，并且要定期进行对比查看。建立这些基础档案，应当把工作做得更细致一点，每一个涉及路域管理的事项，都应寻找其合法的原始依据，并建立档案，除此之外的，就是违法的。

这样的路域管理档案才是完善的。对合法存在的事项，可以尝试在高速公路路肩对应处喷上编号进行标注，便于日常巡逻中的管理。

为此，检查组建议，总队可以考虑发文，将路域管理基础资料的建立和完善作为一项工作要求，尽快纳入规范化管理。

附录

在监督检查时，在受检各大队组织路政员进行座谈和调研，对他们提出的问题，检查组现场进行了解答，问答摘录如下：

问：我们路政人员在巡逻时，遇到车辆违停或行人上路时，我们该如何处理？

答：首先，车辆在高速公路上违停或行人上高速公路，都是严重违反交通安全的违法行为。根据《道路交通安全法》的相关规定，对此应当由公安机关交通管理部门依法进行管理。其次，路政人员在巡逻时发现此类违法行为时，应当首先通报给公安机关交通管理部门，让他们前来进行管理，通报时应当拨打交警部门的接警出警电话，或者通报给监控中心后，由监控中心用可录音电话对交警部门进行通报，留下路政机构善意管理的证据。再次，路政人员可对违停车辆和违法上路人员进行交通安全宣传，特别是违法上路人员，要询问是何处通过什么方式上路的？如果是从破损隔离网处上路，应当及时通知高速公路经营管理单位进行修补，否则在当前司法认知情形下，行人在高速公路上被撞致人身损害后，高速公路经营管理单位容易因此被法院判决承担责任。

问：一些常年养护的，如换钢板护栏、绿化维护等，是否要报总队批准？如何发证？

答：路政审批是行政许可行为，行政许可必须有法可依，必须依法进行。在没有任何法律法规规定进行常年养护如换护栏、绿化维护等需要路政机构审批之前，无需路政机构批准，无需发证。

问：危化品运输的管理上，如果危化品运输车辆出事，路政人员在自身保护上，没有防护服等装备，如何应急保畅？

答：危化品管理属于一个非常专业的范畴，专业人做专业事，危化品运输车辆一旦出事，让专业救援机构组织救援和清理现场即可。路政机构对此并非专业，即使配备有防护装备，也未必能有效防范各种不同危化品的危害，建议还是加强自身保护，等事故路段处于安全状态时再对路损现场进行勘验也不迟。

问：日常工作中，基本是使用执法网。但是执法网有很多问题，首先是涵盖不了所有工作，其次现在的录入，远远赶不上原来老版本执法网的方便，一个案件录入最少需要半个小时，很浪费时间，实用性也不强，另外数据库还动不动丢失，要求重新录入，费时费力无意义。

答：这是一线的普遍反映，检查组将尽快将此问题报告给总队，建议进一步对系统进行修订，同时我们将建议总队到路政执法系统比较成熟的省市考察、学习。

（原载于《中国公路》2012 年第 8 期。作者：谢丁 范金国）

微评论

在 2011 年全国干线公路养护和管理检查中，湖北省高速公路养护管理成绩在全国排名第四位。这与湖北高速公路的管理者放下架子，注重并善于引入社会专业机构的力量，为其管理提供科学而专业的服务，有着直接的关联。引入专业的“第三方”，加强行业管理，为其他省市公路管理部门提供了很好的范例。

为“公路行政强制”擦亮眼

2012 年 1 月 1 日，《行政强制法》正式实施。由于该法律专业性很强，在一线工作实践中，容易导致对许多问题认识模糊，或者造成理解上的歧义，各地交通运输主管部门和公路管理机构的法制工作机构，对其仍处于研究阶段。

结合公路管理法律法规和《行政强制法》，笔者对公路行政强制进行了归纳与分析，希望在贯彻实施《行政强制法》中，对公路管理机构提供帮助。

措施分类及依据

根据《行政强制法》的规定，“行政强制措施”是依法对公民的人身自由实施暂时性限制，或者对公民、法人或者其他组织的财物实施暂时性控制的行为。法律、行政法规和地方性法规可以设定行政强制措施，除此以外的规范性文件不得设定行政强制措施。结合公路管理法律、法规（这里只谈全国范围内适用的行政法规），公路行政强制措施主要分两类，扣押财物和其他行政强制措施。

在具体表述上，扣押财物分两种：一为扣留车辆，法律法规依据是《公路安全保护条例》第六十五条、第六十七条、第七十二条。二为扣留工具，法律法规依据是《公路安全保护条例》第七十二条。

在不能完全列举情形下，使用兜底条款，是个重要的立法技巧。《行政强制法》中的“其他行政强制措施”，就是一个兜底条款。公路行政强制措施中，没有列举但是确实存在的强制措施应当归入此类。在具体表述上，为强制拖离，法律法规依据是《公路安全保护条例》第六十七条。

执行方式及依据

按照《行政强制法》的规定，行政强制执行，是指行政机关或者行政机关申请人民法院，对不履行行政决定的公民、法人或者其他组织，依法强制履行义务的行为。行政强制执行制度是一项基本法律制度，由法律设定，法律没有规定行政机关强制执行的，作出行政决定的行政机关应当申请人民法院强制执行。

这里仅结合公路管理法律、法规，梳理交通运输主管部门或公路管理机构能够依法实施的行政强制执行的方式，主要有两类：排除妨碍、恢复原状和代履行。

排除妨碍、恢复原状

这是一种直接行政强制执行，只能由法律来设定，行政法规无权设定。公路管理法律，只有《公路法》。《公路法》里规定的排除妨碍和恢复原状的行政强制执行，只有两种情形：一是强制拆除公路用地范围内的非公路标志，法律依据是《公路法》第七十九条；二是强制拆除建筑控制区内的建筑物和地面构筑物、擅自埋设的管线、电缆等设施，法律依据是《公路法》第八十一条、《公路安全保护条例》第五十六条第一款第一项。

这里要注意一点的是，同样作为《公路法》授权的两类强制拆除执行权，实施主体是不一样的。对于强制拆除公路建筑控制区内修建、扩建建筑物、地面构筑物或者未经许可埋设管道、电缆等设施的，公路管理机构可以以自己名义实施。《行政强制法》第七十条规定，“法律、行政法规授权的具有管理公共事务职能的组织在法定授权范围内，以自己的名义实施行政强制，适用本法有关行政机关的规定”。《公路安全保护条例》第三条第三款规定：“公路管理机构依照本条例的规定具体负责公路保护的监督管理工作。”第五十六条第一款第一项规定，“在公路建筑控制区内修建、扩建建筑物、地面构筑物或者未经许可埋设管道、电缆等设施的，由公路管理机构责令限期拆除，可以处5万元以下的罚款。逾期不拆除的，由公路管理机构拆除，有关费用由违法行为人承担”，因此，此类强制执行，公路管理机构可以自己名义实施。

而对于强制拆除公路用地范围内的非公路标志问题，由于《公路安全保护条例》对此并未授权公路管理机构实施强制执行的规定，只能依照《公路法》第七十九条的规定，由交通运输主管部门以自己名义实施拆除。不过，依照《公路法》第八十二条的规定，“本章规定由交通运输主管部门行使的行政处罚权和行政措施，可以依照本法第八条第四款的规定由公路管理机构行使”。而《公路法》第八条第四款又规定：“县级以上地方人民政府交通运输主管部门可以决定由公路管理机构依照本法规定行使公路行政管理职责”。因此，能否以公路管理机构名义实施公路用地范围内的非公路标志拆除，取决于县级以上地方人民政府交通运输主管部门的“决定”，这个“决定”不是“委托”，只需一纸红头文件即可。有些地方性法规直接授权公路管理机构的行政强制权，是无效的设定。因为《公路法》已经明确授权县级以上地方人民政府交通运输主管部门可以“决定”公路管理机构行使公路行政管理职责，地方性法规的直接授权无法取代法律授权，自然无效。

代履行

这是《行政强制法》确定的一种间接强制执行制度。是行政机关对依法作出要求当事人履行排除妨碍、恢复原状等义务的行政决定时，若当事人逾期不履行，经催告仍不履行，其后果已经或者将危害交通安全、造成环境污染或者破坏自然资源的，行政机关可以代履行，或者委托没有利害关系的第三人代履行。《行政强制法》在符合代履行条件时，对行政机关进行了普遍授权。

由于代履行条件中有一个条件是“危害交通安全”，而公路行政违法行为大都危害公路的安全，公路安全又是交通安全的组成部分，因此，公路管理法律法规授权交通运输主管部门或公路管理机构作出的行政命令，如果不执行，基本上都是可以通过代履行的方式来实施行政强制的。

经初步梳理和归纳，公路行政强制中可以通过代履行方式来实现的，主要有以下几种情形。

对责令限期拆除公路建筑控制区外修建的建筑物、地面构筑物以及其他设施遮挡公路标志或者妨碍安全视距的代履行。法律法规依据是《公路安全保护条例》第五十六条第一款第（二）项。由于强制拆除是直接行政强制执行，必须有法律的设定。而《公路安全保护条例》虽然设定公路管理机构对此情形的强制拆除权是无效的，但是《公路安全保护条例》授权公路管理机构可以责令限期拆除，如果不履行这一行政命令，则将严重危害交通安全，符合《行政强制法》的代履行条件，此时，公路管理机构可以依法通过实施代履行的方式，实现行政管理目标。

代为补种。法律法规依据是《公路安全保护条例》第二十六条，实施代履行的理由是：符合代履行的“破坏自然资源”的条件，行政强制法进行了普遍授权。需要注意的是：这里的代为补种，不仅针对经许可更新砍伐护路林的代为补种。对于未经许可砍伐的，公路安全保护条例授权公路管理机构“责令补种”，若不补种，公路管理机构也可以依照《行政强制法》第五十条的普遍授权，实施代履行。

代为采取超限运输防护措施。法律法规依据是《公路法》第五十条，实施代履行的理由是符合代履行的“危害交通安全”的条件。

代为拆除收费设施。法律法规依据是《收费公路管理条例》第五十三条，实施代履行的理由是符合代履行的“危害交通安全”的条件。

代为履行公路养护义务。法律法规依据是《收费公路管理条例》第五十四条，实施代履行的理由是符合代履行的“危害交通安全”的条件。

立即代为清除道路上的遗洒物、障碍物或者污染物。法律法规依据是《行政强制法》第五十二条普遍授权的“立即代履行”，理由是《公路法》第四十六条和第七十七条规定了对此情况是“责令改正，处五千元以下罚款”；《公路安全保护条例》第四十三条、第六十九条作出了同样的规定。行政强制法实施前，对此只能申请法院强制执行。行政强制法实施后，对此进行了“立即代履行”的普遍授权。

代为对擅自挖掘道路、占用道路施工或者从事其他影响道路交通安全活动恢复原状。法律法规依据是《道路交通安全法》第一百零四条第一款。

通过对代履行的分析和理解，笔者认为，凡是法律法规授权公路管理机构对相对人作出科以某种法定义务的行政命令，都可以归入到“行政机关依法作出要求当事人履行排除妨碍、恢复原状等义务的行政决定”，只要符合危害交通安全、造成环境污染和破坏自然资源三条件之一的，尽管法律可能没有授权行政机关依法强制执行的权利，但是如果从行政管理需要出发，公路管理机构均可以“代履行”的方式进行依法强制执行。当然，若公路管理机构认为“代履行”难度大、容易激化矛盾，也可以以法律没有授权进行强制执行为由，采取申请法院强制执行这种执行方式。具体选择“代履行”，还是选择申请人民法院强制执行，取决于公路管理机构实施行政管理的需要。

围绕一线现存的部分热点和难点问题，笔者进行了分析，希望引发同行进一步深入的探讨。

公路管理中“依法处理扣留的车辆、工具”。《行政强制法》规定的行政强制执行方式之一是“拍卖或者依法处理查封、扣押的场所、设施或者财物”。而《公路安全保护条例》第七十二条第二款中规定：“公路管理机构扣留车辆、工具的，应当当场出具凭证，并告知当事人在规定期限内到公路管理机构接受处理。逾期不接受处理，并且经公告 3 个月仍不来接受处理的，对扣留的车辆、工具，由公路管理机构依法处理”，不少观点认为，该规定符合行政强制执行的方式之一，也应是行政强制执行的方式。

笔者认为，根据《行政强制法》第十三条的规定，行政强制执行由法律设定。法律同时没有对此种情形进行普遍性授权，因此，依法处理扣留的车辆和工具，不能依照《公路安全保护条例》的规定，直接进行强制执行。《公路安全保护条例》规定的“依法处理”，只能理解为：通过正当的法律途径处理，如通过解除强制措施决定，或通过民事诉讼的申请人民法院进行财产保全等手段进行处理。

治超中的“强制卸载”性质。关于“强制卸载”，由于“强制卸载”是个“避免危害发生、控制危险扩大、对货物实施暂时性限制”的行为，本可以归为“其他行政强制措施”；但是行政强制措施应当有法律法规依据，目前没有任何法律和行政法规授权公路权利机构有权行使这一强制措施。法律和行政法规规定的职责均是：责令改正违法行为，处3万元以下罚款。

为能解决“强制卸载”的法律依据问题，可以把“强制卸载”理解为公路管理机构对“责令改正违法行为”的代履行，责令当事人卸载是责令改正违法行为的情形之一，如果当事人拒绝履行这一义务，因其后果已经或者将要危害交通安全，行政机关是可以实施“代履行”，代其履行卸载这一法定义务的。尽管该代履行行为从表面上看，是强制卸载，是行政强制措施，实际上，应为对责令卸载的代履行，是行政强制执行。

强制拆除违法建筑物、构筑物、设施的程序问题。《行政强制法》对违法的建筑物、构筑物、设施等需要强制拆除的，进行了特殊的规定，即第四十四条规定：应当由行政机关予以公告，限期当事人自行拆除。当事人在法定期限内不申请行政复议或者行政诉讼，又不拆除的，行政机关可以依法强制拆除。据此，有观点认为，仅仅使用公告，就可以进行违法建筑物构筑物和其他设施的强制拆除，而无需催告等程序。

笔者认为，《行政强制法》对强制拆除违法建筑物、构筑物和设施实行的“停止执行制度”，其立法本意就是对此类情形，要更充分保障当事人的权利，仅仅使用公告，是不够的，还应当按照《行政强制法》第三十五条、第三十六条、第三十七条、第三十八条等条款的规定，保障当事人的陈述权、申辩权，要进行催告。即对“限期当事人自行拆除”的决定，在强制执行前要进行公告，当事人逾期拒不拆除的，在正式强制拆除前，还应当进行催告，按照正常的行政强制执行程序进行。将公告与催告结合起来，可以给当事人自动履行义务更多的机会和时间，这样才是符合立法本意的。

地方性法规对公路建筑控制区内广告牌的拆除权设定问题。当前，全国众多地区，对公路建筑控制区内的广告牌的管理，实行许可制度，不是将其作为地面构筑物进行禁止。地方性法规对此实行许可制度的同时，也授权公路管理机构对未经许可在建筑控制区内设置的广告牌的拆除权。对此情形，我们要正确进行理解。

首先，地方性法规对公路建筑控制区内广告牌的设置实行许可制度的，凡是未经许可擅自设置广告牌的，仍属于违法行为。拆除建筑控制区内的违法广告牌，不能以拆除违法地面构筑物名义进行，而应以拆除违法设施名义进行。否则，建筑控制区内所有广告牌均应为地面构筑物，均不得许可，那么对其他经过许可设置的广告牌，也应当进行拆除。

其次，强制拆除建筑控制区内的违法广告牌，是一种强制执行。法律并未设定建筑控制区内的广告牌的强制拆除权，仅仅地方性法规进行了授权。根据行政强制法的规定，地方性法规是无权设定行政强制执行的，其设定均为无效设定。拆除时，应当申请人民法院强制执行。《行政强制法》第四十四条中，关于建筑物、构筑物和设施的拆除，虽然是普遍性授权，但是强调的是“行政机关可以依法强制拆除”。这里的“依法”，是指“依法律”，不包括地方性法规。拆除时，应当向广告牌这一不动产所在地人民法院申请强制执行。

“责令车辆停驶”。责令车辆停驶，是交通部《路政管理规定》里规定的一个行政强制措施。该部门规章第三十八条规定：“对公路造成较大损害、当场不能处理完毕的车辆，公路管理机构应当依据《公路法》第八十五条第二款的规定，签发《责令车辆停驶通知书》，责令该车辆停驶并停放于指定场所。调查、处理完毕后，应当立即放行车辆，有关费用由车辆所有人或者使用人承担”。

笔者认为，“责令车辆停驶并停放于指定场所”，是对相对人财物的一种暂时性控制的行为，应为《行政强制法》中所称的行政强制措施。根据《公路法》第八十五条第二款，只能得出车辆有“立即停车、接受公路管理机构的调查和处理后方得驶离”的法定义务，并未授权公路管理机构有“责令车辆停驶”的法定权利。因此，“责令车辆停驶”是部门规章设定的，并非法律设定的。

根据《行政强制法》的规定，部门规章是无权设定行政强制措施的。因此，对《路政管理规定》设定的“责令车辆停驶”这一强制措施，应当进行清理和取消。实践中，应当使用“扣留车辆和工具”对车辆实施强制措施，不要再使用《责令车辆停驶通知书》。

"证据登记保存"。对于"证据登记保存"，在《行政强制法》实施后，有两种不同的观点。一种观点认为，根据《行政处罚法》第三十七条的规定，证据登记保存，是"行政机关在收集证据时，在证据可能灭失或者以后难以取得的情况下，经行政机关负责人批准，可以先行登记保存，并应当在七日内及时作出处理决定，在此期间，当事人或者有关人员不得销毁或者转移证据"。该观点认为，证据登记保存是行政机关调查取证中的一种方式，证据的控制权并未发生转移，仍在当事人手中，不能是行政强制措施。此种观点以全国人大常委会法制工作委员会行政法室巡视员张世诚为代表。以全国人大常委会副秘书长、全国人大法律委员会副主任委员乔晓阳为代表的另一种观点，认为根据《行政强制法》第二条第二款的规定，为防止证据毁损，行政机关可对公民、法人或者其他组织的财物实施暂时性控制，因此，证据登记保存是一种行政强制措施。

笔者认为，证据登记保存，在调查取证阶段，可按《行政强制法》的规定，理解为一种行政强制措施。由全国人大常委会法制工作委员会行政法室编著，中国法制出版社出版的《〈中华人民共和国行政强制法〉解读》这一权威读本，也明确提出，将《行政处罚法》第三十七条规定的"登记保存"归入到"其他行政强制措施"种类中。因此，《交通行政处罚程序规定》里所列"证据登记保存清单"这一文书，应当改为"《证据登记保存强制措施决定书》"，并按照《行政强制法》第十八条的规定实施该强制措施。对于该行政强制措施的后续处理，应当按照《行政处罚法》的特殊规定，在7日内做出解除该强制措施或者没收财物等处理决定，而不能适用《行政强制法》里规定的30日的期限。

（原载于《中国公路》2012年第11期；该文另以《公路行政强制详解》为题，载于《中国高速公路》2012年第6期。作者：范金国）

微评论

《行政强制法》是一部内容博大精深的法律，值得各地公路人学好、用好、用足、用活，让它真正成为公路行政强制的行为准则。

“担责”的法律之问

北京暴雨过后不久，开始有律师在互联网发表言论，鼓动在暴雨中损失车辆的车主，去找公路管理部门或经营者索赔，部分公众名人转发并跟进，推动新闻媒体开始引用这些观点，核心是“高速公路经营管理单位应承担责任”——作为制造舆论的材料。

到底这些观点是否正确，笔者将从法律角度出发，逐一“解惑”。

一呼百应的“法律责任”

在关于“高速公路经营管理者应承担责任”的观点中，以法律法规为由的主要有以下几类：

公路设计有缺陷。南岗洼深槽路段出现严重积水，必是公路设计的缺陷。由于公路存在缺陷，造成人身财产损失，公路经营管理者应承担责任。

积水没车还放行。在积水已经没车的情况下，收费公路应当关闭，不应当继续让车辆进入高速公路。

暴雨预警不重视。在相关部门已经发出暴雨预警后，公路经营管理者未引起高度重视，对出现险情后的相关应急处置不力。

遇险公路管理者不救援。当车辆出现险情时，公路经营管理单位未紧急出动对水淹车辆进行救援。

合同关系决定责任所在。尽管暴雨是不可抗力，但是车行高速公路上，与公路经营管理者形成合同关系，公路应保证安全畅通，既然没保证车辆的安全畅通，那么公路经营管理者就是违反了合同的约定，应当承担违约责任。

公路设计有缺陷？

公路从勘察到设计，再到建设、施工，再到交工竣工验收，最后到交付使用，有着严格的法定程序和要求。从法律上说，只有公路的设计违反国家强制性规范，才可以认定是存在缺陷的。如果公路是严格按照基本建设程序进行建设，通过了竣工验收，交付了使用，我们可以认定该公路是符合当时允许的设计规范的。即使不符合当时的设计规范，相信设计所依据的规范也不是强制性的，或者该设计方案必然有其存在的合理性，否则，实在没有什么理由可以让设计单位和设计人员公然违反法律法规规定，去设计一个外行人都可以轻易判断存在缺陷的产品。

如果因为公路出现积水就认为公路必然存在公路设计的缺陷，这是并不理性的。暴雨之所以成灾，就是因为雨的强度大，导致正常情况下排水能力不够，导致受淹成灾。公路也就是附着于土地表面的一普通构筑物——当房子都被淹没的时候，公路同样不能幸免。我们能说，暴雨导致房子受淹，就是因为房子设计存在缺陷吗？

此次事件发生的路段并不是大雨小雨逢雨就淹，而是高速公路建成通车以来的第一次。当天安门都被网友恶搞成龙宫的时候，我们能说，高速公路出现的积水是设计缺陷吗？

积水淹车要封路？

当积水没车且影响到交通安全的时候，笔者也认为采取必要的交通管制措施，确保交通安全，是很有必要的。但是，把这个账算到高速公路经营管理单位头上，确实没有法律依据。

关闭收费站、封闭高速公路，显然是交通管制行为。交通管制的主体是公安机关交通管理部门，《道路交通安全法》第四十条规定，遇有自然灾害、恶劣气象条件或者重大交通事故等严重影响交通安全的情形，采取其他措施难以保证交通安全时，公安机关交通管理部门可以实行交通管制。显然，对于封闭高速公路这种交通管制措施，法律的要求是由公安机关交通管理部门来决定是否适用，并且要求是少用慎用的，只有当采取了其他措施仍难以保证交通安全时，才可以管制。在交通管制中，收费公路的经营管理者的法定义务是什么呢？是配合义务和信息发布义务。《收费公路管理条例》第三十一条第二款对此作出了明确的规定：遇有公路严重损毁、恶劣气象条件或者重大交通事故等严重影响车辆安全通行的情形时，公安机关应当根据情况，依法采取限速通行、关闭公路等交通管制措施。收费公路经营管理者应当积极配合公安机关，及时将有关交通管制的信息向通行车辆进行提示。

简言之，公路经营管理单位只有执行关闭公路的义务，没有决定关闭公路的权利。当有关闭公路法定权限的公安机关未发布交通管制措施时，公路经营管理单位擅自关闭公路，是违法行为。

暴雨预警要重视？

何为重视？何为不重视？这类词汇并非法律术语，更不是让公路经营管理者承担责任的依据。笔者在太多的官方文件中注意到，所谓重视，就是发文件、开会和领导批示等。这样文山会海中的重视，在应急中，能起到有效作用么？

笔者更倾向公路经营管理单位应当在暴雨预警发生后，按照经政府批准后实施的突发事件应急预案，严格去落实，这才是公路经营管理单位的法定义务。

遇险要救援？

一方有难八方都要支援，灾害发生时，人与人更应相互帮助，但是，这种帮助，并不一定是提供帮助者的法定义务，而仅仅是一种道德上的义务。如果高速公路经营管理者见到了车辆遇险而无动于衷，我们可以怒斥其缺乏道德，但不能要求其承担相关的法律责任。法律并没有规定公路经营管理单位对车辆和人员的法定抢险救援义务，在灾害发生时，公路经营管理单位的法定职责，应当是专注于对公路的抢险和救援，让公路尽快恢复至良好的技术状态，保障公路的完好、安全和畅通。

需要注意的是，这里公路的完好、安全和畅通，是公路自身的物理性质的完好、安全和由此引起的路网的通畅。

合同违约了？

只要进入收费公路，发生的所有的责任和后果均由公路经营管理者来承担？显然，收费公路不是万能的保险箱——合同关系不能滥用，公路经营企业在履行合同中的合同义务并不能进行无限制的放大和理解，这个合同义务，皆由法定。只有法律规定公路经营管理者应当履行的义务，才是其应当履行的合同义务。

交通安全，是人、车、路、自然、环境等系统的综合体。对人的因素、车的因素、自然的因素和环境的因素引发的交通安全问题，若以合同违约为由追究收费公路经营管理单位的责任，是没有任何法律依据的。对于若干年一遇的暴雨自然灾害，显然属于不可抗力。无论是《中华人民共和国合同法》还是《侵权责任法》，均规定可以免责。

（原载于《中国公路》2012 年第 16 期；该文同时载于《中国高速公路》2012 年第 9 期。作者：范金国）

微评论

北京暴雨灾害，让京港澳高速公路经营管理单位再次成为“全民公敌”，指责该高速公路经营管理单位的言论铺天盖地，进而引发对整个高速公路经营管理单位群体的指责——冷血收费。在大多数的指责言论中，都会出现个别法律人的身影——媒体总会引用知名或不知名的律师的观点，力图引导并帮助大众树立一个观点：经营管理单位应承担责任。其实，律师作为法律人，更需要理性思维，不能为了成为“意见领袖”而丧失这种理性。

关于节假日高速公路免费通行的思考

2012年7月24日，交通运输部、发展改革委、财政部、监察部、国务院纠风办制定的《重大节假日免收小型客车通行费实施方案》获国务院批准通过。这项争论了半年多的政策即将正式实施，对此，笔者拟从法律角度做一些思考和解读。

一、实施该项政策是否具有法律依据

国务院以批准五部委文件的方式实施重大节假日免收小型客车通行费这一政策，虽然顺应了民意，但这一行政行为显然缺少法律依据。

行政法规《收费公路管理条例》第七条已经用列举的方式明确固定了车辆免费通行的情形，其中仅授权交通运输部和省级人民政府有权批准执行抢险救灾任务的车辆免交车辆通行费。对于重要法定节假日免费通行政策，法规既未授权省级人民政府，也未授权交通运输部，更未授权发展改革委、财政部、监察部、国务院纠风办有权制定节假日免费通行政策。

显然，节假日免费通行收费公路的政策，是违反《收费公路管理条例》规定的。要想落实该政策，最重要的途径就是修订《收费公路管理条例》，扩大免费范围，或者对交通运输部及省级人民政府作扩大性授权。

根据《行政法规制定程序条例》第三十五条规定，修改行政法规的程序，适用该条例的有关规定。行政法规修改后应当及时公布新的行政法规文本。也就是说，修改行政法规，应当遵循立项、起草、审查、决定与公布等程序。未遵循法定程序的，均属违法修改行政法规的行为。

顺应民意也应注意法律法规的严肃性，应按照法定途径去修改法律和行政法规，不能通过发文件的形式随意改变行政法规的规定，否则，国务院政策违反行政法规，同样属于无效，制定无效的政策，损害的是法律的威严，是政府的形象。

二、实施该项政策对公路使用者的影响

一般而言，收费公路是为那些需要更舒适、更安全、更高效行车环境的公路使用者提供的一种选择性通行。当非收费公路拥堵或路况较差时，自觉主动选择

不拥堵的收费公路或其他公路来通行，这是驾驶者通过对效率、效益等进行权衡后的自动调节功能，收费公路就提供了这样一种选择。

本应收费通行的公路，如果免费通行，表面上看，确实达到了惠民的目的，毕竟大家本应交费通行，现在都可以免费通过，减少了自己腰包的支出，老百姓高兴。但是，当大家都可以免费通行的时候，人的趋利性决定了收费公路不再是一种选择性通行，而是必然性通行，也就是说，如果全部免费，在一条收费公路和非收费公路之间选择，由于行驶条件和环境的差异，行驶者大都会选择“免费”的收费公路，尤其是高速公路这种技术等级高、通行能力强、行车安全的收费公路。所以，免费通行，必然会产生一定的交通量转移，使得免费后的收费公路车流量增大，容易造成拥堵，发生事故的可能性也更大。

因此，收费在很多国家也是一种调节交通量、缓解拥堵的手段，节假日收费公路免费通行，相当于放弃了“收费”这种调节手段，从这个角度来说，“拥堵”是“惠民”的一个不容忽视的“副作用”。

那么可能会有人说，即使不实行节假日收费公路免费通行政策，也会存在拥堵，存在“高速公路不高速”的情形，那么在这种情况下我还要支付通行费用，不是太冤了吗？其实，我个人认为“高速公路不高速”真正的意思是：技术等级高的公路未发挥出其通行能力强的效能。

“高速公路不高速”，这句话显然是被公众误读了，认为既然是高速公路，就一定要保证其快速行驶。实际上，高速公路只是公路技术等级划分的一种，《道路交通安全法》对其设定的最高限速高于其他等级公路的限速而已。没有任何法律法规规定，高速公路一定要保证其使用者能够高速行驶。例如，《道路交通安全法》规定，夜间行驶或者在容易发生危险的路段行驶，以及遇有沙尘、冰雹、雨、雪、雾、结冰等气象条件时，车辆还应当、必须降低行驶速度。

三、实施该项政策对经营性收费公路投资者的影响

政府还贷收费公路实行免费通行，最多银行的金融风险增大一点，其管理者是无条件服从政府决策的，但是对于经营性收费公路的投资者来说则有所不同。

首先，企业取得合法的收费权，是支付了一定对价的；其次，利润的最大化，是企业永恒的追求目标；再次，收费公路在没有法律依据的情形下，被命令免费

通行，显然是一种合法的收费权被非法干预和损害；最后，由于高速公路已经基本实现了以省委单位的联网收费，政府还贷收费公路所属的收费站实行免费通行，可能受损失的更多是其他收费公路企业的利益。

《中华人民共和国宪法》规定，国家保护个体经济、私营经济等非公有制经济的合法的权利和利益；国家保护社会主义的公共财产。禁止任何组织或者个人用任何手段侵占或者破坏国家的和集体的财产。因此，无论是政府还贷收费公路，还是经营性收费公路，其合法的收费权都是受法律保护的。政府单方面作出收费公路免费通行的行政决定，显然违反了政府诚信和行政信赖保护原则，侵害了收费公路经营管理者合法的收费权。更何况，对七座以下小型客车的免费，实际上是少数先富起来的一群人的狂欢，对大多数老百姓，并未从中受益，相反要付出更大的代价。

四、对于实施这一政策的几条建议

首先，要积极修复政府依法行政的法治政府形象。可以通过修改《收费公路管理条例》的相关条款，在对政府可以决定车辆免费通行的范围中进行扩大化授权。

其次，在未修改《收费公路管理条例》前，可以在政府或政府部门与收费公路经营企业的特许经营协议或者公路收费权转让协议中，对可以决定车辆免费通行的范围进行扩大化的约定。

再次，对政府违法行政行为造成收费公路经营管理者损失的，政府应当给予赔偿。由于实行了联网收费，只要领取了通行卡的，所免通行费损失是很容易计算出来的。

最后，应当鼓励地方政府以买断高速公路收费权的方式，实现相应路段的免费通行，这对于公路经营企业和公路使用者来说，是双赢之策。如湖北汉洪高速公路途经的武汉市汉南区人民政府，出资 5 亿元购买了汉洪高速公路武汉小军山收费站至汉南纱帽收费站 15 公里路段的收费权，实现了该路段的免费通行，社会效果就很好。

（原载于中国公路学会高速公路运营管理分会《中国高速公路投资与管理》2012 年第 12 期和全国高速公路运营管理工作论文集 2012 年卷。作者：范金国）

微评论

也有专家认为，国务院出台此免费政策并不违法，理由是《公路法》第六十八条规定，收费公路的具体管理办法，由国务院依照本法制定。法律授权国务院对收费公路的具体管理制定办法，因此，国务院有权制定重大节假日免费通行的政策。笔者认为，国务院已经通过制定行政法规的形式，对收费公路的具体管理办法进行了规定。即使国务院有权另行制定相应政策，也不能与已经出台的行政法规相抵触，否则，仍是违法。

依法收费的真正“大考”

编前语

首次在全国范围内实施的节假日收费公路免费通行政策刚刚经历了“大考”。在行业内外，关于这项政策的争议仍在继续，但无论怎样，政策既然已经出台，必然要坚定不移地贯彻实施。因此，继续谈论收费公路经营管理者受到多大损失，或者收费公路经营管理者让利多少给社会，意义不大。对于收费公路经营管理者来说，如何在法律的框架内实现公路通行费的正常收取，才是真正需要关心的问题。结合近些年湖北省高速公路在收费方面存在的一些症结，本文提出了一些建议，供各地参考。

让无能为力成为过去

《收费公路管理条例》实施前，全国各地对机动车辆行驶收费公路，结合当地实际情况，作出了不同的规定。

2001 年 7 月 27 日，湖北省人民政府关于印发《湖北省规范收费公路通行费收费秩序暂行规定》的通知（鄂政发[2001]42 号）中明确规定，下列机动车辆行驶收费公路，免征车辆通行费：悬挂军队、武警专用号牌的车辆，法院、检察院、公安、国家安全、司法机关悬挂“警”字号牌的警备车辆，国家安全机关配有特别通行标志的车辆，设有固定装置的消防车、医院救护车，在每年的主汛期，正在执行防汛抢险救灾任务或持有省防汛抗旱指挥部与省交通厅联合核发的“防汛指挥车”或“防汛专用车”牌证的机动车辆，持有“湖北省重要公务用车通行证”的机动车辆。

然而，2004 年 11 月 1 日《收费公路管理条例》实施后，该政策仍在湖北省继续使用，与《收费公路管理条例》的规定存在矛盾。直到 2009 年 5 月 8 日，湖北省人民政府办公厅印发了《关于加强全省公路车辆通行费征收管理工作的通知》（鄂政办发[2009]52 号），明确规定：除《收费公路管理条例》明确规定的通行费减免范围以及国家七部委确定的“五纵两横”通道上行驶的整车合法装载鲜活农产品运输车辆，可以享受“绿色通道”减免优惠政策外，凡通行我省收费公路的其他车辆，必须按规定缴纳车辆通行费。任何单位和部门不得出台车辆通行费减免政策，严禁擅自提高收费标准或另行加收其他费用，切实做到“应征不漏、应免不征”，才纠正了已经过时且违法的政策。

新政策虽然纠正了过时的旧政策，但由于当地司法机关的强势，旧政策仍在被迫实施。目前，湖北省对不属于《收费公路管理条例》规定的免费车辆如法院、检察院、国家安全机关、司法行政机关的警备车辆仍给予免费通行的待遇，对医院救护车及持有“湖北省重要公务用车通行证”的机动车辆也免费。

不仅如此，由于地方人大、政府及交通运输主管部门随意出台地方性法规和政策，导致收费公路经营者左右为难。

例如地方性法规《湖北省实施〈中华人民共和国献血法〉办法》第十一条规定，“采血、供血车按特种车辆的有关规定免交公路通行费”。

湖北省人民政府在《关于加快全省邮政通信事业发展的意见》（鄂政发[2008]9号）中也明确，交通运输部门对带有“中国邮政”标志及在册车辆牌照号的邮运专用车辆免办公路运输营运证，通过湖北省收费公路收费站时，减半征收车辆通行费，优先予以通行。2008 年 3 月，原湖北省交通厅专门发文落实了该违法的政策，并创造性自行制作了“湖北省邮政专用车辆通行证”。

2008 年 4 月，原湖北省交通厅再次下文，以“根据省政府 2007 年第 101 次专题会议纪要”为由，明确规定“对我省各血站符合下列条件的采血车、送血车，在通行我省收费公路收费站时免征车辆通行费”。

2010 年 9 月，湖北省人民政府办公厅发文要求协助中国地震局地震测量队伍做好地震监测工作，明确要求：2010—2015 年期间，准许测量人员和车辆免费通过高等级公路、桥梁、隧道、铁路、哨卡和重要工程设施等地段。

对于这些地方“土政策”，湖北高速公路经营管理单位并不是不知道，2000 年 3 月 15 日通过的《中华人民共和国立法法》第七十九条明确规定：法律的效力高于行政法规、地方性法规、规章。行政法规的效力高于地方性法规、规章。根据《收费公路管理条例》规定，采血、供血车、邮政车、地震勘查车辆均不属于免费车辆，地方性法规、地方政府政策和交通运输主管部门的政策，均与上位法规定相冲突导致无效。然而无能为力的他们，只能被迫执行。

针对于此，笔者建议，清理并废止违法的收费政策和文件，修订违法的地方性法规及规章，以确保《收费公路管理条例》的实施。

在2004年11月1日《收费公路管理条例》正式实施以前，各地方性法规或地方人民政府制定的减免通行费政策在没有法律和行政法规规定前提下，是可行的。但是2004年11月1日《收费公路管理条例》正式实施后，应当对所有地方性法规或政策进行清理，不得与上位法相冲突。

《收费公路管理条例》第七条、第十六条已经明确规定了收费公路的经营管理者有经依法批准向通行收费公路的车辆收取车辆通行费的权利，同时规定了法定的免费通行范围。除法定的减免车辆之外，任何地方性法规、部门规章、地方政府规章都不能制定违反该行政法规规定的减免通行费的车辆范围。高速公路经营管理者除了《收费公路管理条例》规定的可以减免通行费的车辆外，对其他车辆一律应理直气壮收取车辆通行费。交通运输主管部门应保证自己不出台类似违法政策，同时应积极主动向出台违法政策的机关宣传收费法律法规、多沟通，避免类似违法政策出台。

对邮政车辆、采血、献血车、地震勘查车的日常通行高速公路，应取消其免费通行政策，鼓励这些车辆通过办理ETC或者事前事后缴纳通行费等方式，为这些车辆的优先通行创造条件。

对法院、检察院、国家安全机关及司法行政机关警备车，应依法收取其通行费，不能“欺软怕硬”，实行省内外差异化收费。必要时，做好这些特权车辆冲岗等证据的收集工作，送交其上级机关或人大、纪检部门，或者邀请人大部门对《收费管理条例》的执行情况进行检查，要求这些司法机关予以配合。相信对司法机关的车辆收费，也能在一定程度上有效改善当前高速公路经营管理单位在涉路诉讼案件中的不利局面。

“绿色通道”应实至名归

2006年7月17日，交通部、公安部等7部委印发了《关于进一步完善“五纵二横”鲜活农产品流通绿色通道网络实现省际互通的通知》(交公路发[2006]373号)，规定：凡享受鲜活农产品运输“绿色通道”政策的货运车辆，凡明显违法装载、拒绝通过指定车道，或拒不接受查验的车辆，不享受“绿色通道”优惠政策。只有合法运输业户才能享受“绿色通道”的便利畅通和优良服务，超限超载等违法运输业户不仅不能享受优惠政策，而且将受到严厉处罚。

但是在收费实践中，收费查验人员更注重对货物的查验，对是否违法装载、是否拒绝通过指定的车道、是否超限、是否超载等不能享受优惠政策的行为予以了忽视，增加了查验负担，放纵了大量不应免费的车辆。

笔者建议，把绿色通道车辆免费政策用足用活。根据我国的绿色通道收费政策，并不是只要装载鲜活农产品的车辆就免费，免费是有条件的：凡明显违法装载的，不享受；凡拒绝通过指定车道或绿色通道专用通道的，不享受；凡拒不接受查验的，不享受；凡超载的，不享受；凡超限的，不享受；凡从事其他违法运输行为的，不享受。

因此，收费公路经营管理单位应当组织对超载、超限相关知识的学习，对《道路运输条例》和《道路交通安全管理法》进行系统学习和梳理，掌握其他违法运输行为的种类，敦促绿色通道车辆守法运输经营——这比耗费大量人力物力和财力，去查验货物甚至引进专业内窥仪器设备进行查验，要简单得多。

建立“黑名单”的必要性

《收费公路管理条例》第三十三条明确规定，收费公路经营管理者对依法应当交纳而拒交、逃交、少交车辆通行费的车辆，有权拒绝其通行，并要求其补交应交纳的车辆通行费。行政法规授权收费公路经营管理者拒绝通行权，但是湖北高速公路的经营管理单位仅对冲岗车辆实行“黑名单”制度，拒绝其再次通行，对大量拒交、逃交、少交通行费车辆，没有纳入“黑名单”，从客观上纵容了这些车辆。

如果对一些航空公司利用“黑名单”制度来限制客户的行为还存在法律意义上的合理性的质疑，那么对高速公路经营管理单位的“黑名单”制度，则毋庸置疑，拒绝通行权，是法规赋予的权利。

京藏高速公路大堵车的事件告诉我们，尽管高速公路收费不菲，但是大货车驾驶员宁愿在高速上堵着，也不愿意行驶免费的普通公路，因为关于“高速公路上不得拦截正在行驶的车辆”的法律规定，将高速公路变成了行政管理的真空地带。大多货车不希望被高速公路拒绝。对于客运车辆来说，如果被拒绝在高速公路上行驶，将被迫改变其被许可的经营线路，这个行为将会因道路运输管理部门的严格管理，使其失去合法运营的空间，将迫使其依法接受处理。

拒绝通行权，不能仅限于冲岗车辆——有些冲岗车辆若是套牌车或是无牌车，也无法正确行使拒绝通行权。笔者建议，凡是被证据记录存在拒交、少交、逃交通行费行为的，均应当拒绝其再次行驶高速公路。

偷逃通行费该怎么管

《湖北省高速公路管理条例》第四十五条规定了少交、逃交和拒交通行费的行政责任，即违反本条例规定，少交、逃交、拒交高速公路车辆通行费的，高速公路经营管理者有权拒绝其通行，并要求其补交应交车辆通行费，省高速公路管理机构可处以本省路网最远站至本站全程通行费2倍的罚款。

可是，湖北省高管局尚未建立收费管理执法队伍，稽查人员尚无交通行政执法证件，相关行政处罚知识没有进行系统培训，行政处罚文书和银行、财政罚没票据等基础工作也未进行完善，直接影响了通行费违法行为的行政查处工作开展，使地方性法规的授权管理流于一纸空文。

对于拒交、少交、逃交通行费的行为，不少地方性法规都作出了实施行政处罚的规定。对通行费征收行为的行政管理，是公路行政管理的重要组成部分。因此笔者认为，公路管理机构要行使公路通行费管理的行政管理职责，应当组建专业的执法队伍，进行系统的岗前培训，取得交通行政执法证件，依法履行法定职责。对于执法证上的执法类别，很多人认为交通运输部尚未规定通行费执法这一类别，笔者认为，该执法类别可以确定为公路路政管理——这里的公路路政管理是广义的概念，即公路行政管理，这包含了对公路通行费征收秩序的行政管理。

对拒交、少交、逃交通行费的违法行为有效实施行政管理，让违法者不仅承担经营管理单位要求的补交应交纳的通行费的民事责任外，还需要承担相应的行政责任，加大其违法成本，促使其不再从事该违法行为。

另一方面，在云南、浙江、江苏等省公安、法院、检察院已经联合打击偷逃通行费数年后，在河南“天价通行费”最终以诈骗罪一锤定音后，湖北对偷逃通行费刑事打击仍处于空白，以致倒卡逃费这种低级逃费伎俩和手段也被演绎得有恃无恐：进口持卡的是小车，出口持卡的是大货车。这种有恃无恐，就是对缺乏刑事打击的有力嘲讽和挑衅。

人最宝贵的是自由和健康。剥夺人的人身自由，是刑事责任的重要功能。骗逃通行费的行为，包括倒卡逃费、假军警车逃费、假绿通车逃费等，司法实践表明，均构成诈骗罪或合同诈骗罪。

高速公路经营管理单位应当大力宣传骗逃通行费被追究刑事责任的案例，达到震慑犯罪行为的目的。同时从追究骗逃通行费违法者刑事责任入手，争取出台和云南、浙江、江苏等省类似的司法文件，为快速、准确对骗逃通行费行为实施打击，创造良好的法制环境。并且，树立正确的证据收集意识，掌握相应的证据收集技巧和方法，加强收费设施科技含量的投入，才能为公安机关打击逃费行为取得合法的证据，更便于打击违法行为。

对高速公路拒交、少交、逃交通行费的行为实施行政管理的公路管理机构，应掌握必要的刑法学知识，在查处的案件中，对涉嫌构成犯罪的，应按国务院《行政执法机关移送涉嫌犯罪案件的规定》（中华人民共和国国务院令第 310 号）、国务院法制办等部门《关于加强行政执法与刑事司法衔接工作的意见》，及时移送司法机关，追究其刑事责任。

多渠道遏制车辆冲岗

由于倒卡的需要或者对收费法律的蔑视等因素，车辆冲岗现象在湖北部分收费站经常上演，在收费公路经营管理单位报警并蹲点守候时，这些车辆又藏起来。警察一旦离开，这些车又开始活动，和警察及收费公路经营管理人员玩起“躲猫猫”，导致对这些冲岗车辆打击不力，收费秩序日益恶化。

笔者认为，要遏制车辆冲岗，应加大对冲岗车辆的打击和技术防范。

车辆在收费场所冲岗逃费或从事其他违法行为，显然属于扰乱收费公路经营管理秩序的行为，依法由公安机关予以处理，因此，高速公路经营管理者应加强与辖区公安机关的联系，通过制定相应打击逃费的奖励政策，争取公安机关的支持和配合。

在技术手段上，可以通过安装液压立柱挡车器应对冲岗逃费等不法行为。当然，高速公路经营管理单位应当在接近收费站的适当距离以及收费通道上，安装提示牌，提醒驾驶员冲岗逃费的后果，以防范相关法律风险。

（原载于《中国公路》2012 年第 20 期。作者：范金国）

微评论

在法律的框架内进行通行费的挖潜增收，实现依法挖潜，依法增收，比逆着舆论和民意去谈免费政策，更有实践意义。

路政执法问答录

正值春暖花开之际，湖北省交通运输厅高速公路路政执法总队汉十支队展开第一季度路政执法检查，迎检的第七大队大队长工建发现检查组多了张新面孔。

这位“新人”来自湖北首义律师事务所。检查组领导向大家介绍，这次邀请公路交通方面的法律专家参与检查，就是要听取大家在平时工作中遇到的疑惑，用专业的眼光来发现大家执法中存在的问题，并有针对性地给出解决方案。

在审查路赔案件卷宗时，律师范金国提出了建议：在今后执法中，特别需要对证据的调查收集问题做进一步改进和完善，比如完善驾驶员的身份信息资料、车辆登记车主的信息资料和车辆保险信息资料——这有利于高速公路经营管理者通过法律手段，来解决现有路政执法手段无法解决的路赔案件。

尽管只有短短两天，7个大队的热烈反应让专家也有些吃不消了：“提问很简短，但回答起来不是一两句话可以说清的，嗓子都疼了……”

交流带来了双赢，现整理了部分精彩问答，以飨读者。

问：我们管理高速公路路段中省界是一隧道，隧道内一半是湖北行政区域，一半是陕西行政区域，如何更有效管理？

答：高速公路隧道的管理有别于一般高速公路的管理，如《湖北省高速公路管理条例》中对高速公路隧道的管理进行特别要求：高速公路经营管理者应当保证高速公路隧道照明、通风、消防、监控等设施的正常使用，不得随意停止使用，不得影响车辆安全通行。同一条隧道内如果由不同的路政机构适用不同管理规定进行管理，很不便利高速公路发挥其正常的使用效益。交通部《路政管理规定》规定，对管辖发生争议的，报请共同的上一级人民政府交通运输主管部门或者其设置的公路管理机构指定管辖。因此，建议由湖北省交通运输厅和陕西省交通运输厅就该隧道的管辖向交通运输部报请指定由其中一省管辖。

问：上跨高速公路公路桥梁由谁养护和管理并承担相应责任？

答：《湖北省高速公路管理条例》中明确规定，上跨高速公路的公路桥梁、下穿高速公路的道路、收费站连接线，应当在高速公路建成后移交给当地公路部门养护管理。对现有高速公路上的上跨高速公路公路桥梁，应当及时进行移交，通过办理相关移交手续移交给地方公路部门养护管理后，管理和养护职责才发生转移。在移交之前，仍由高速公路管理机构负责养护和管理，同时承担因养护和管理瑕疵带来的相关责任。

问：高速公路沿线有的广告牌在高速公路建成通车前就树立起来了，有的广告牌以前设立时并不违法，原高管条例规定的建筑控制区是 30 米，现高管条例规定的建筑控制区是 50 米，我们怎么管？

答：对现有广告牌的管理上，我认为，它设立时只要没有违法，那么现在就不能去拆了它，如果要拆，应当给予补偿。《中华人民共和国道路交通安全法》第二十八条明确规定，道路两侧设置的广告牌，应当与交通设施保持必要的距离，不得妨碍安全视距，不得影响通行。因此，对这些广告牌，如果确实存在影响交通安全的隐患，可以发函通报给公安机关交通安全管理部门或者安全生产监督管理部门，由这些部门依法进行管理。

问：我们经常在巡查中发现有人在高速公路边坡上或者匝道绿化带内放牧的情况，牛羊的主人在附近，询问的时候却说不是他的牛羊，我们该怎么有效处理？如果牛羊跑到高速公路上导致交通事故，我们是否要承担相应责任？

答：在高速公路用地内放牧，不仅是民事侵权行为，是损害路产、侵害路权的行为，更是严重的妨碍高速公路交通安全的行为，如果牛羊冲到高速公路上去，放牧行为就是一种危害公共安全的行为。路政人员看到这种违法行为的时候，应依法予以制止，或查清牛羊主人，同时应电话告知公安机关交通管理部门接警处警机关某某路段有严重影响交通安全的违法行为发生，让他们迅速前来处理，公安机关接警的电话录音能证明我们已经履行自己法定职责。路政人员制止违法行为的时候，还应及时查看或通知养护部门查看牛羊进入的通道，及时修补隔离栅，如果因为隔离栅未及时修补导致牛羊进入并导致交通事故，高速公路经营管理机构在当前司法认知条件下，会被判承担责任。牛羊失控即将或可能冲上高速公路的，路政人员同样还可以通知当地公安机关或武警部门前来对其击毙，这和疯狗在街上随时可能咬人，公安、武警可以对其进行击毙，从而防止危害公共安全的后果发生是一个道理。我相信，击毙一两只牛羊后，应该不会再有人到高速公路用地范围内放牧。路政部门该做的事情都做了，就不应承担任何责任了。

问：我们的公路监督检查车辆是否具有优先通行权？交警部门仍对我们车辆当社会车辆进行管理，我们该怎么应对？

答：《中华人民共和国道路交通安全法》规定，警车、消防车、救护车、工程救险车执行紧急任务时，可以使用警报器、标志灯具；在确保安全的前提下，不受行驶路线、行驶方向、行驶速度和信号灯的限制，其他车辆和行人应当让行，这就是我们常说的车辆优先通行权。公路监督检查专用车辆，不属于《中华人民共和国道路交通安全法》中规定的警车、消防车、救护车、工程救险车的范围，该法并未明确规定公路监督检查车辆享有优先通行权，因此不享有上述四类车辆在通行规则上的类似优先通行权。但是，湖北省的《湖北省高速公路管理条例》规定："高速公路监督检查车辆在高速公路上依法执行抢险、救灾等紧急公务时，需要采取紧急通行措施的，应当确保交通安全"，也就是说，在法律、行政法规没有规定的前提下，地方性法规有权赋予高速公路监督检查车辆采取紧急通行措施的权利。湖北省的高速公路监督检查车辆是具有优先通行权的。

如果公安机关交警部门对我们执行紧急公务的公路监督检查车辆进行超速等方面的处罚，我们应向他们宣传法律法规，去函向他们讲明我们的意见，让他们自行纠正错误做法。如果他们坚持处罚，我们应公事公办，依法提起行政复议或者行政诉讼，相信一次的败诉结果会让他们纠正日后所有的类似错误。

问：我们巡查中发现高速公路上的行人后，应怎么处理？我们怎么避免此类风险？

答：行人上高速公路，显然是一种妨碍交通安全的行为，我们应当电话通知公安机关交通管理部门接警处警部门前来处理，或者控制行人直至交付处警的公安机关交通管理部门处理。在交付前，建议要对其进行询问，询问过程要进行录像取证。询问内容主要是查清身份，问明从何处进入高速公路的。如果是从高速公路出入口、收费站进入高速公路的，高速公路经营管理者应当加强对出入口的管理；如果是翻越隔离栅进入的、破坏隔离栅进入的、从行驶中的车辆直接进入高速公路的，发生本人伤亡或造成其他交通事故的一切后果，应当由违法行为人本人承担全部责任，录像的证据可以帮公路管理部门免责；如果是从已经破损的隔离栅进入的，要赶快通知养护部门去修复，避免因此承担法律责任。

问：高速公路上结冰导致发生了交通事故后，司乘人员都责怪为什么道路结冰了还让他们上来通行，似乎想要我们承担责任，我们怎么回答他们？

答：高速公路上结冰了车辆还能不能走，属于交通管制的内容，交通管制不是我们高速公路管理机构能决定的，我们没有封闭交通的权利。《道路交通安全法》及《收费公路管理条例》都明确规定，封闭交通是公安机关交通管理部门的职责，公路部门只有配合实施交通管制、发布相关管制信息的义务。遇特殊气象条件下的行车，驾驶员自己也应降低速度，保持车距，开启灯光，及时驶离。同时我们也应当严格按照行业规范的要求，及时履行相关养护义务，维护道路的正常使用。所以，碰到司乘人员的责问，我们的回答有三点：一是交警部门没通知封路，是交警同意让你们上高速的；二是遵守道路交通安全法律法规，确保安全原则下通行高速公路是每个驾驶员的法定义务；三是我们正在进行除冰作业。

问：一些事故中，车毁人亡的，或者车辆价值已经远远低于高速公路路产损失费用的，当事人不来接受处理，我们怎么追回类似损失？

答：损坏我们高速公路路产，并不全是肇事者的事，不是说肇事者都不在了，或者损坏路产的车子都废了，就找不着主来赔偿了。路产损失的赔偿案起诉到法院，就是财产损害赔偿纠纷案件，是侵权案件。赔偿义务人并非只有驾驶员，车主也是赔偿义务人，保险公司也应在保险责任范围内承担法定的保险责任。

因此，碰到车毁人亡等情形，我们可以通知高速公路经营管理者按法定途径向法定车主、驾驶员和保险公司主张赔偿权利。这个索赔是简单的，我们可以委托律师向赔偿义务人发出律师函进行诉前沟通，也可以直接向侵权行为地法院提起诉讼。这要求我们注意三点：一是我们路政机构在调查取证中要认真细致，收集的证据要确凿充分，确保为通过法律途径来解决创造良好条件；二是诉讼要在侵权事件发生两年之内提出，否则对方会以超过诉讼时效为由进行抗辩；三是对拒绝接受处理而暂扣且相对人打算放弃车辆所有权或拒绝接受处理的，或者交警部门即将放行车辆的，应及时告知高速公路经营管理者以其名义向人民法院申请诉前财产保全，由人民法院对车辆予以查封、扣押，以减少暂扣车辆及路产索赔率等方面的法律风险。

问：对高速公路附近村民屡次破坏高速公路隔离栅的行为，我们如何进行防范因隔离栅缺损引发的相关诉讼风险？

答：故意破坏高速公路隔离栅的行为是破坏交通设施、危害公共交通安全行为，如果因隔离栅毁损导致人畜上了高速公路，引发了交通事故，造成人身财产损害，当前司法认知条件下，大多都会判决高速公路经营管理者承担道路管理瑕疵责任。但是，如果有证据证明直接侵权人，即是谁破坏的高速公路隔离栅，高速公路经营管理者是有权向其进行追偿的，如果直接破坏隔离栅的人就是受害者，可以免除对该受害者的赔偿责任。对于明知是高速公路附近村民故意、长期、屡次破坏某一处高速公路隔离栅的现象，我们要分析是不是确实设计存在缺陷，是不是要增加人行通道或上跨天桥，以人为本，及时采取补救措施；要加大宣传力度，对附近每个可能存在破坏隔离栅的村民发放宣传单并进行送达的签字，宣传及送达过程要录像；和公安机关加强配合，对发现人为损害隔离栅的，要以破坏公共安全或者破坏交通设施为由，严厉打击，并进行舆论宣传，做到打击一个，教育一片；要在这些重点地段树立警示标志对企图破坏隔离栅的村民进行告知，尽可能免责；加大科技投入力度，增加高速公路监控设施进行监控，为防止人为损害或者为抓获违法人、确定直接侵权人提供证据支持。

问：当前高速公路城市化街道化现象比较严重，有的地方政府为了节省土地资源，在高速公路建筑控制区范围内规划开发区或工业园，把高速公路包围在里面了。有的是在高速公路开通前就已经规划好工业园并已经办理了土地征收手续，现在要开工建设了，我们怎么管?

答：高速公路建筑控制区内除了高速公路防护和养护需要外，禁止修建任何建筑物和地面构筑物，关于建筑控制区法律制度的立法本意是为了减少高速公路上车辆通行对周围环境影响，减少周围环境对高速公路安全及车辆安全通行的影响，为高速公路将来的扩建预留土地，美化高速公路路容路貌等。因此，任何地方人民政府和相关部门在履行职责时，同时必须遵守这个法律制度。如果规划部门规划的时候，不考虑到高速公路建筑控制区，显然是违法行为，可以向其上级主管部门或监察机关反映，纠正其错误行为。如果在高速公路开通前已经办理了规划和土地征收等手续，在建筑控制区内继续从事建筑物或地面构筑物建设，同样是违法，这时我们可向当地人民政府反映，建议在高速公路控制区范围内以栽植防护林或设立广告设施为主，毕竟在高速公路控制区范围内相邻关系处理不好，彼此影响都很大，如工业园如果发生爆炸，对高速公路及行车安全都会有重大影响；同理，如果高速公路上发生危化品泄漏或者爆炸，对工业园破坏也将很大。高速公路行车噪声和尾气污染、车辆震动都会破坏良好的工业园环境。如果当地人民政府坚持要在控制区范围内搞开发，建议向当地党委、人大反映，纠正其违法行为；实在不能控制，建议由上级机关和当地人民政府召开协调会，明确各自责任，并制作会议纪要，这也是在严格执法和保自己饭碗、发展经济之间一个折中办法。

问：现在常常有老百姓或其他单位在高速公路建筑控制区内违法建房，我们管理时矛盾过于尖锐，管理难度很大，有没有什么更好的办法可以进行管理?

答：我们发现违法建房的违法行为了，肯定要依法进行管理，比如要责令其限期拆除，可以按《路政管理规定》中规定的强制执行程序去强制拆除。但是，在矛盾比较尖锐的情况下，我们可以尽可能采取其他的合法手段去管理，回避这些矛盾，只要能实现我们的管理目标就行了。比如老百姓建房，应当经过土地部门和城建、规划部门的相应审批。如果在建筑控制区内建房经过了这些部门的审批，显然其审批是违法审批，属于“乱作为”；如果没有经过这些部门的审批，显然是这些部门没有履行职责进行管理，属于“不作为”，无论是“乱作为”，还是“不作为”，都是违法的，其行为应该得到纠正。我们可以以公民个人或单位名义向这些部门或其上级部门或相关地方人民政府、监察机关反映，责成这些部门依法履行职责，他们的“不作为”或“乱作为”行为纠正了，我们对建筑控制区的管理目标就实现了。

问：有些车辆装载不规范，明显可能出现货物飘散、脱落，如果放这样的车进入高速公路，货物脱落形成障碍物，我们高速公路部门可能要惹上诉讼；如果不放这样的车进入，我们可能被投诉。请问对这样的车辆，我们有权拒绝其通行吗?

答：高速公路上遗洒、飘散载运物，是严重影响高速公路交通安全的行为。在发现可能存在遗洒、飘散载运物的车辆进入高速公路时，必须采取相应措施进行管理。在经营性高速公路入口，公路经营管理者有权拒绝其通行，毕竟当前司法实践普遍认为经营性高速公路使用者与经营管理者是一种合同关系，既然是合同关系，经营管理者对不符合安全条件的车辆可以拒绝达成这个公路有偿使用合同，可以理直气壮拒绝其通行。在政府还贷高速公路入口，我个人认为，公路经营管理者无权拒绝通行，因为这时候公路经营管理者有对车辆提供普遍服务的义务。《道路交通安全法》明确规定，机动车载物不得遗洒、飘散载运物。所以，经营管理者可以通知公安机关交通管理部门接警处警部门，通报他们对其进行处理，如果公安机关交通管理部门拒绝进行处理，发生交通事故的后果和责任将由其承担。经营管理者还应告知驾驶员改正违法装载使符合安全条件后再驶入高速公路，同时做好告知驾驶员、车辆信息及运载货物、装载情况的取证（拍照、摄像），如果驾驶员拒不改正并致使交通事故发生的，所有后果由驾驶员承担。以上处理方式，经营性高速公路经营管理者也可以采用。在做好了该做的一切后，高速公路经营管理者是可以免责的。

问：遇到恶劣天气情况下，高速公路实行了封路的交通管制措施，但是这时候如有特殊情况如运送病人救治的急救车，执意要通过高速公路，公路经营管理者如何应对？是同意上高速，还是不同意上高速？

答：既然是恶劣天气，且公安机关交通管理部门已经采取了封闭了高速公路的措施，封闭高速公路的目的就是保证高速公路上的行车安全，高速公路经营管理者显然不能让任何车辆继续进入高速公路，否则，进入高速公路的车辆的安全是得不到保障的，如果发生交通事故，高速公路经营管理者必会承担相应责任。但是，对于特殊情况下，确需行驶高速公路的，高速公路经营管理者应当以人为本，及时将情况通报给公安机关交通管理部门，由公安机关交通管理部门采取警车带路的方式，引导和护送急救车通行高速公路。如果公安机关交通管理部门拒绝护送的，高速公路经营管理者应当做好解释工作，引导急救车绕行，不能指示公路监督检查车辆护送行驶高速公路。

（原载于《中国公路》2010年第8期。作者：谢丁 张羽）

微评论

湖北省汉十高速公路基层路政执法人员的这些问题，很多至今仍然是广大高速公路基层路政执法人员共同关心的问题。这里将此文选编于此，希望这些问题的解答，能对基层路政执法人员提高在法律框架内解决问题的能力有所帮助。

我们为什么说“不”

——关于最高人民法院征求司法解释意见中涉路条款的业内讨论

2012年3月21日，围绕《关于审理道路交通事故赔偿案件适用法律若干问题的解释》(以下简称《解释》)，最高人民法院正式对外公布征求意见稿，邀请社会各界提出具体修改建议并说明理由。该解释根据《中华人民共和国侵权责任法》、《道路交通安全法》、《中华人民共和国保险法》、《中华人民共和国合同法》、《中华人民共和国民事诉讼法》等法律的规定，结合民事审判实践制定，其中三条涉及公路部门的司法解释引发业内关注，大家从法理、管理、行业发展的角度，展开广泛而深入的探讨。

第二十五条 机动车在高速公路行驶过程中发生交通事故，高速公路管理单位未尽到安全防护、警示等管理义务，赔偿权利人请求其承担相应的赔偿责任的，人民法院应予支持。

行人、非机动车驾驶人进入高速公路引发交通事故，造成自身损害的，高速公路管理单位已尽到安全防护、警示等管理义务，赔偿权利人请求其承担责任的，人民法院不予支持。

围绕“高速公路管理单位”这一概念，中路社区（http://bbs.9811.com.cn/）的网友“要转参公”提出疑问：“高速公路管理单位”是否包括高速公路交警单位、高速公路路政单位、高速公路经营单位？

在回复中，网友“朝气蓬勃”认为高速公路交警单位和高速公路路政单位属于行政机构，《解释》征求意见稿调整民事法律关系，不会把交警、路政牵涉进来。至于交警与路政的责任问题，看是否违背行政管理职权，若追究责任，属于国家赔偿。最高院的司法解释只是对适用法律做出解释，不能创设新的权利义务，也无权在民事责任上把交警、路政牵涉进来。而高速公路经营单位属于服务机构，处于民事主体平等地位，肯定受调整。至于非高速公路的公路管理机构，目前体制上政企不分，且道班体制上虽属于事业地位，但工作职责有清障义务，把道班列入民事主体是合适的。网友“祁泉”则认为，高速公路的交警部门肯定不会涉及民事纠纷中去，但是公路管理机构未必能幸免——在公路管理、公路经营集于一体时，比如湖南省高速公路的投资管理模式，高速公路的道路管理机构就有被拖入民事诉讼的可能性，并且是举证责任倒置。

显然，《解释》若不明确责任划分，“高速公路管理单位”的表述必然存在歧义，为将来案件审理埋下隐患。湖北兴路律师事务所主任范金国认为，高速公路管理单位既包括行政管理单位（包括高速公路管理机构和公安机关交通管理部门），也包括高速公路的经营管理单位，它们都有对高速公路进行管理的义务。不同的是，行政管理单位承担责任的方式是国家赔偿中的行政赔偿，经营管理单位才是承担民事赔偿责任的主体。因此，如果要求承担侵权民事责任，应使用《收费公路管理条例》中统一的称谓——“高速公路经营管理者”，或“高速公路经营管理单位”，更为妥当。

多加留意不难发现，在近几年的涉路法律案件中，高速公路经营管理者的安全防护、警示等管理义务，常被扩大化解释，这有违司法公正原则。不少网友认为，这些管理义务应该由法律规定，而不应随意解释，建议在“管理义务”前加上“法定”二字。其实，要求常年 24 小时做到对高速公路及附属设施进行“人墙式”监控，或随时修复人为损害的设施，对于任何单位和个人都是不可能的。行人、非机动车驾驶人可能破坏高速公路防护设施进入高速公路，或者强行翻越隔离栅及护栏进入高速公路的故意行为，将这些行为的举证责任加于高速公路经营管理者，显失公允。因此，归责原则应当确定为“过错责任”，即应当将举证责任分配给行人或非机动车驾驶人方，由其来举证证明高速公路经营管理者未合理尽到安全防护和警示等法定管理义务。

其实，关于行人、非机动车驾驶人进入高速公路的行为，《道路交通安全法》早已明确：“行人不得跨越道路隔离设施”、“行人、非机动车……不得进入高速公路”。也就是说，行人、非机动车驾驶人若是完全民事行为能力人，在明知高速公路不得进入的情况下，仍进入高速公路，在这种明知故犯的情况下，导致交通事故发生，根据 2010 年 7 月 1 日起施行的《侵权责任法》的规定：“损害是因受害人故意造成的，行为人不承担责任”，受害人或其监护人应依法承担相应责任。因此即使是高速公路经营管理单位未尽到管理义务，若该管理义务与事故发生没有因果关系，要高速公路经营管理者承担赔偿责任，也是不符合侵权责任理论的。

同时，对于“行人、非机动车驾驶人进入高速公路的”行为，《道路交通安全法》也早有明确规定：由公安机关交通管理部门行使行政管理职权。对行政管理机构提起的赔偿诉讼，根据《中华人民共和国行政诉讼法》(以下简称《行政诉讼法》)的规定，应当适用行政诉讼程序。实践中，高速公路管理机构与高速公路交通安全管理机构履行的管理职责，均是行政管理职责。公路管理机构履行的是行政管理职责的法律依据，是《道路交通安全法》第五条第二款和《公路安全保护条例》第三条第三款及第五条，公安机关交通管理部门履行的是行政管理职责的法律依据是《道路交通安全法》第五条第一款，对行政管理机构提起的赔偿诉讼，根据《行政诉讼法》的规定，应当适用行政诉讼程序，纳入国家赔偿体系。否则，即使作出民事赔偿的判决，也因行政管理机构的经费来源体制，特别是经费纳入政府财政预算的，因实行国库集中支付、会计集中核算，行政管理机构可能根本没有单位账户。例如北京市路政局、广州市公路局，都已成为行政机关，同时取消了财务账号，进入政府大财务，广州市公路局发生的赔偿案件，导致无法执行已经是司法教训。北京交通管理干部学院教授、交通运输部法律专家委员会委员张柱庭就此指出，《解释》与公路行政管理体制改革存在脱节的情况：一方面，公路管理机构已经被《中华人民共和国行政处罚法》、《行政许可法》、《行政强制法》规定为行政机关，已经被改革为由中央财政转移支付的经费保障机制，开始承担行政责任，而另一方面，司法审判却始终按民事道路交通事故的主体去对待，导致民事诉讼与实体行政的脱节，这样最终导致人民法院判决无法执行，损害人民法院的权威。

他进一步指出，《解释》的上位法是《中华人民共和国侵权责任法》第六章机动车交通事故部分以及《道路交通安全法》第七十五条、第七十六条中的相关内容，而《解释》已经扩大和超出了这些法律条文的范围，属于新创设法律条文。根据《最高人民法院关于司法解释工作的规定》第三条：“司法解释应当根据法律和有关立法精神，结合审判工作实际需要制定”的规定，司法解释应当根据法律和有关立法精神，不应扩大和超出法律范围。

基于以上理由，范金国建议将第一款修改为“机动车在高速公路行驶过程中发生交通事故，高速公路经营管理单位未尽到安全防护、警示等法定管理义务且该义务与交通事故有因果关系，赔偿权利人请求其承担相应的赔偿责任的，人民法院应予支持”。并将第二款修改为“行人、非机动车驾驶人进入高速公路引发交通事故，造成自身损害的，由受害人或其监护人承担相应责任。不能举证证明高速公路经营管理单位未合理尽到安全防护、警示等法定管理义务，赔偿权利人请求其承担责任的，人民法院不予支持”。他还建议，增加第三款“赔偿权利人请求高速公路管理机构及高速公路交通安全管理机构承担责任的，人民法院应告知其提起行政诉讼。赔偿权利人坚持提起民事诉讼的，人民法院驳回其起诉”。

第二十六条 在公共道路上堆放、倾倒、遗洒妨碍通行的物品造成交通事故致人损害，赔偿权利人请求行为人承担赔偿责任的，人民法院应予支持；公共道路的管理者不能证明自己没有过错的，应当承担相应的赔偿责任。

这些年来，关于路面遗洒物导致公路部门承担全部和部分法律责任的案件屡见不鲜，并且从过去的高速公路，波及普通干线及农村公路。

张柱庭认为，《行政强制法》第五十二条规定，“需要立即清除道路、河道、航道或者公共场所的遗洒物、障碍物或者污染物，当事人不能清除的，行政机关可以决定立即实施代履行；当事人不在场的，行政机关应当在事后立即通知当事人，并依法作出处理”中，已经明确公路管理机构清除遗洒物、障碍物或者污染物的行为是具体行政行为，《解释》将其列为民事程序下的赔偿，显然与上位法不相符。

同时，“公共道路的管理者”的表述同样因为不准确，容易造成歧义。“公共道路的管理者”既包括对公共道路这一“物”的物权管理者，也包括对公共道路实施的行政管理者。公共道路的管理者并不完全是赔偿责任主体，如根据国务院《关于改革道路交通管理体制的通知》（国发[1986]94 号）的分工，道路障碍物的管理主体应当是公安机关交通管理部门，让公安机关交通管理部门承担相应的民事赔偿责任，显然不妥。

有网友提出，对公共道路的行政管理者提起的赔偿诉讼，根据《行政诉讼法》的规定，应当适用行政诉讼程序，纳入国家赔偿体系。否则，即使作出民事赔偿的判决，也因行政管理机构的经费来源性质，特别是经费纳入政府财政预算的，容易导致人民法院作出的判决无法执行。

《公路安全保护条例》第四十三条第三款明确指出，车辆装载物掉落、遗洒、飘散后，车辆驾驶人、押运人员未及时采取措施处理，造成他人人身、财产损害的，道路运输企业、车辆驾驶人应当依法承担赔偿责任，这时候让公路的管理者承担赔偿责任，这会让行政法规成为一纸空文，最高人民法院的司法解释应当尊重行政法规的规定。

因此，这条解释建议修改为：在公共道路上堆放、倾倒、遗洒妨碍通行的物品造成交通事故致人损害，赔偿权利人请求行为人承担赔偿责任的，人民法院应予支持；公共道路的管理者不能证明自己没有过错的，应当承担相应的赔偿责任。法律、法规另有规定的除外。并加上第二款：公共道路的管理者履行的是行政管理职能，赔偿权利人请求其承担责任的，人民法院应告知其提起行政诉讼。赔偿权利人坚持提起民事诉讼的，人民法院驳回其起诉。

第二十七条 道路存在设计、施工缺陷且该缺陷构成交通事故发生的原因之一，赔偿权利人请求建设单位与设计单位或施工单位根据道路缺陷与损害后果的原因力比例承担连带责任的，人民法院应予支持。

首先，追究缺陷的主体是谁？

设计、施工被发觉可能存在缺陷，一般源于重、特大事故的发生，需要按照规定程序来认定处理。张柱庭认为，对于公路设计、施工的缺陷的鉴定及认定，是行政部门职权，属于行政权。而《解释》将这些权限赋予给各级法院，事实上是将公路设计缺陷、施工缺陷的鉴定及认定归于审判权。众所周知，在宪法中，国家机关设置需遵循一项基本原则——审判权可以监督行政权，但不能替代行政权。因此，《解释》将可能导致违宪。

政府批建的道路工程，其设计与施工的各个阶段，都有相应的专业技术标准、监督与验收程序。因此，在设计行政许可中，设计缺陷已经转为行政审批的责任，同理，施工缺陷也在竣工验收后转为行政审批的责任，这两者的缺陷所引发的诉讼，自然应当归于行政赔偿，属于国家赔偿。要求身为业主和出资人的建设单位，与设计、施工单位一起按原因力（指在导致受害人同一损害后果的数个原因中，各原因对于该损害后果的发生或扩大所发挥的作用力）承担连带民事责任，显然将混淆行政和民事法律关系，导致行政和民事法律关系混乱。

进一步追问：什么叫缺陷？

有观点认为，公路是一种供消费的产品，产品存在缺陷，理应召回——关于产品缺陷的责任认定，依据是《中华人民共和国侵权责任法》(以下简称《侵权责任法》)。但按照《中华人民共和国产品质量法》的规定，生产销售出来的东西，才是产品，才有可能存在产品缺陷，公路由政府提供，本身具有的公益性，并非通常意义上的一次性消费品。因此，不存在召回一说。

在某些山区，过去没有路的时候，自然没有车祸，路一通，就有交通事故了，而且路修得越宽，路面越平整，能跑的车越多，速度也越快，事故比例“水涨船高”——这种说法并非空穴来风。根据统计，高速行驶的车辆，本身就具有一定风险性，绝大部分交通事故，原因源于驾驶者。

交通事故原因确实可以概括为人、车、路三要素，其中人的原因，列为机动车交通事故赔偿，车的原因列为产品责任的赔偿，路的原因列为国家赔偿。因此交通事故民事赔偿的构成要素中已经排除了车和路，将车的原因导致事故与《侵权责任法》中产品责任保持一致，但路的原因与交通事故并列，显然是违反机动车交通事故的科学原理。

更为特殊的是，从我国公路发展的实际情况来看，公路在安全方面所要应对的情况十分复杂。据了解，截至 2011 年底，我国公路总里程约 410 万公里，包括等级公路和等级外公路，其中等级公路占 84%，尚有 16%共计约 65 万公里的公路属于等级外公路。所谓等级外公路是指没有明确的设计、施工等建设规范和标准，这些路是历史原因形成的道路，如大家熟悉的红旗渠，也是老百姓日常通行必需的道路，但是，受地方经济发展水平限制，修建时国家和地方政府还没有足够能力避免缺陷。因此，要求等外级公路不存在设计缺陷是不现实的，况且本无标准，又何谈认定为“存在缺陷”。

因此，从根本上来说，道路安全没有绝对的标准，即便是高速公路安全水平极高的德国，直到近几年，仍在不断改善本国道路安全设施。随着经济发展，公众对道路安全的需求不断提升，因此安全标准也在不断调整，但公路安全的发展水平与社会发展水平密切相关，我国现阶段的地区经济差异，决定了不可能以相同的道路安全标准实现“大一统”。

我国当前还有众多贫困县，国家正在加大实施“‘十二五’扶贫开发规划”，致力于解决贫困地区的通路、通水、通电问题——通路是基础和前提。除了有 65 万公里的等外级公路之外，全国尚有众多乡镇和建制村不通公路。鉴于这种现状，交通运输部门当前仍致力于实施“先通达、再畅通攻坚建设活动”。所谓“通达”，是指在没有路的地方先把路修出来，能通车就行，低于等外级公路的建设标准，进而等经济发展更进一步，才能把路建设得更好一点。显然，该条司法解释与我国当前的经济社会发展水平，尤其是公路建设发展水平严重脱节，也与我国当前的公路管理体制存在矛盾。

而且，这条司法解释预设了一个前提，就是公路的管理者（包括设计、施工者等）有赔偿能力。但实际上，我国农村公路的巨大建设成就，主要是充分调动了农民的积极性，采取国家补助一点，地方配套一点，更多的修路资金是农村农民通过自筹、集资而来。村道的建设没有法定标准，只有“路面宽度不低于 3.5 米”这样的指导性标准，更不用说设计与施工标准了。在村道建设过程中，当时的政策口号是“有钱出钱，无钱出力”，修建工作也是当地村委会组织本村的村民实施。如果本条司法解释实施，村委会——这些村道公路在法律层面上的主体——将面临巨大的诉讼风险。

范金国律师建议删除该条司法解释，他从诉讼风险的角度进行分析，当前大量等外公路，特别是农村公路并未严格按照工程建设程序进行，如果要求建设单位严格按标准和规范来进行，可能会导致为了防止诉讼风险，修路不如不修路的后果，那些没有通达的乡、村可能因此更修不起路，甚至连想也不想了。

但鉴于该规定在最高院审理人身损害赔偿适用法律问题的司法解释里，已有类似规定，他推测高院删除此条的可能性不大。为防范此类风险，他建议交通运输部在制定和发布的一些行业标准或规范里，明确为推荐性标准，或者直接表述为哪些公路是可以参照执行的，不做强制要求。

后记

至发稿时，司法解释征求意见的截止时间已过，但讨论远未结束。

征求意见稿公示时间为一个月，引发行业关注的程度，基本还停留在部分法律专家层面，众多一线公路部门的法务工作者与法律顾问还未参与到讨论中，行业及社会媒体的关注度则更低。但实际情况是，各地公路部门每年因涉路案件被判做出的经济赔偿，数额巨大，甚至让社会公众认为“找公路局好赔钱”——这显然有损行业的健康发展，值得公路部门警醒。解铃还需系铃人，要防范法律风险，就必须在法律本身上下工夫。

不久前，交通运输部公路局发出《关于请就制定公路保护司法解释研提意见的函》(交公便字[2012]47 号)，围绕审理盗窃、破坏公路交通设施、偷逃车辆通行费等案件适用法律若干问题的司法解释，向各地公路部门征求建议、意见及典型案例。这无疑是一个良好契机！各地公路部门应当迅速行动起来，关注与自身息息相关的公路法律问题，这不仅有助于提升公路部门的服务水平，对于推动整个行业的法治进程，更大有裨益。

（原载于《中国公路》2012 年第 9 期。作者：谢丁）

微评论

公路行业，不仅需要爱路如己持之以恒的法律工作者，更需要充满热情与毅力、持续关注公路法制发展的新闻工作者。作为一名公路专业律师，笔者真诚向《中国公路》杂志及有责任感的记者、编辑们表达敬意，感谢其对中国公路法制进程的长期关注和呼号。

第二编

就 事 论 法

一起路政案始末

2000 年 11 月 27 日，随着湖北省荆门市中级人民法院“驳回上诉，维持原判”的庄严宣判，荆门市第一起公路路政行政诉讼案经过复议、一审、二审阶段，最终以路政执法部门的胜诉画上了句号。

违章建设引来官司

2000 年 2 月 20 日，湖北省荆门市所辖钟祥市的路政执法人员在路政巡查时发现，盘石岭林场职工余某在皂当公路 K79+800 米处，距公路边沟外缘 2 米处改建房屋，路政执法人员当场进行制止，但余某不听。2000 年 5 月 7 日，路政部门决定立案进行查处。经勘验、询问调查，路政执法调查人员认定：余某所属房屋在省道 15 米的建筑控制区范围内，属于违法建筑，应当予以拆除。经劝说当事人自行拆除无效后，调查人员提出按法律程序予以强制拆除的处理意见。5 月 11 日，路政执法人员对余某下达了《交通违法行为通知书》，限期 3 天内自行拆除，同时告知了余某申辩、听证的权利。余某在规定的期限内没有提出申辩和听证的要求。5 月 16 日，路政执法人员下达了《交通行政处罚决定书》，责令当事人立即拆除违法建筑，同时告知了当事人复议和诉讼的权利。

当事人不服复议结果

5 月 26 日，余某向钟祥市人民政府申请行政复议，要求撤销处罚决定，同时在给予补偿和生活安置的条件下，同意拆除建筑物。其理由是：第一，几次盖房子都是通过林场领导的同意之后盖的，履行了合法程序，不能被认定为违章建筑；第二，在原有基础上进行维修，不是改扩建；第三，处罚决定书适用的法律条款为《公路法》和《湖北省公路路政管理条例》的相关条款，法律无溯及力，故适用法律有误；第四，依照《湖北省公路路政管理条例》第二十三条规定，交通运输部门应当给予适当补偿。

同日，钟祥市人民政府法制办公室通知原钟祥市交通局进行复议答复。5 月 29 日，钟祥市路政执法部门代表原钟祥市交通局进行了复议答复。答复称：申请人余某提出的通过领导同意就是履行了法律程序的言论是不懂法律法规的表现，处罚决定依据的是法律法规；申请人对违法建筑进行改扩建，依据交通部[91]交函工字 767 号文件《交通部关于路政管理若干问题的复函》关于“修建”一词的解释包括“新建、改建、重修、翻建”的规定，应当认定为新的违法建筑；申请人一直未停止进行改扩建，包括 2000 年 2 月还在进行改扩建，故不存在适用法律法规不当问题，违法建筑应当无条件拆除，不存在补偿之说。

6 月 7 日，钟祥市人民政府作出了行政复议决定书，认为：申请人余某于 1987 年、1990 年、1996 年、2000 年先后数次在皂当公路建筑控制区范围内违法建房和扩建维修，申请人应当无条件拆除；路政执法部门依照公路管理法律法规作出的处罚决定认定事实清楚，证据确凿，适用法律正确，程序合法，处罚适当。决定：维持路政执法人员下达的处罚决定书。

第三人加入一审

6 月 30 日，余某又以同样的理由向钟祥市人民法院提起了行政诉讼，要求人民法院撤销路政执法部门下达的行政处罚决定书，追加盘石岭林场为第三人，要求被告和第三人给予经济补偿。

8 月 11 日，钟祥市人民法院开庭公开审理本案，并进行了庭辩。9 月 8 日，钟祥市人民法院经审理，认为：原告在皂当公路路旁所建的 127 平方米房屋，违反了公路管理法律法规，被告依据公路管理法律法规对原告进行处罚，适用法律正确，程序合法，作出的处罚决定应当依法维持。原告要求被告给予经济补偿无法律依据。原告要求第三人给予经济补偿不属于行政案件受理范围。法院一审判决：维持路政执法部门的行政处罚决定，驳回原告要求被告及第三人给予经济补偿的诉讼请求。

公路部门在终审获胜

9 月 27 日，余某不服一审判决，向荆门市中级人民法院提起上诉，要求撤销一审判决及路政部门下达的《交通行政处罚决定书》，要求被上诉人承担经济补偿责任。荆门市中级人民法院开庭公开审理了此案，认为：原钟祥市交通局有权对违反《公路法》的行为进行处罚，该局路政人员处罚行为证据充分，程序合法。上诉人余某未经交通运输主管部门批准，在皂当公路 K79+800 米处距公路边沟仅

2 米处建房，其行为违反了《公路法》第五十六条规定，且上诉人最近翻修房屋是在 2000 年 2 月至 3 月，因此适用《公路法》进行处罚并无不当。《公路法》是 1998 年 1 月 1 日正式实施的，因而上诉人认为对其处罚适用法律错误的理由是不成立的。上诉人要求被上诉人对其进行补偿，无法律依据。原审法院认定事实清楚，审判程序合法，适用法律正确。遂作出驳回上诉，维持原判的终审判决。

钟祥市路政执法人员办理的这起路政处罚案的最终胜诉，在当地广大群众中引起强烈反响，起到了打击一个、教育一片、影响一方的宣传效果，极大地树立了公路管理法律法规的权威性。该案目前已进入执行程序。

编后

有了《公路法》就有了解决路政纠纷的有力武器。公路事业的大发展，必将给沿线群众带来更大更多的经济利益，同时，“靠路吃路”的情况也会不断增加。要维护路产路权不受侵害，如何用好法律武器，已成为摆在路政部门面前的严肃课题。打铁必须自身硬，只有我们自己不折不扣地执行法律法规，对执法的有关环节做到心中有数，同时在纠纷面前头脑冷静，不动粗，不蛮干，细致扎实地做好调研工作，认定事实准确无误，路政执法必将立于不败之地。

严格按程序执法，是行政执法的重要环节，也是执法人员素质的体现。平时我们见到的许多路政纠纷，明明是路政部门有理，但由于处理程序不当或不能及时拿出有利于自己的证据，最终不是无功而返，就是损兵折将，工作陷入被动。钟祥市路政执法部门赢了官司，赢在了“依法”，赢在了工作扎实。随着法制观念的深入人心，执法人员必须清楚地看到，现在许多人的法律水平已比过去大大提高，这就要求执法人员的业务水平和业务能力也必须跟着“水涨船高”，不然就会给侵害路产路权者以可乘之机。

（原载于《中国公路》2001 年第 4 期。作者：张世泽 范金国）

微评论

一起普通的公路路政违法建筑案，从立案到查处，从复议到诉讼，从一审到二审，直至终审判决，耗时近一年，更重要的是，在这段时间里，房子仍在扩建直到完毕，给执行带来很大难度。实际上，对于强制拆除违法建筑物、构筑物，

《公路法》已经授权交通运输行政主管部门行政强制执行权（2011 年，《公路安全保护条例》也授权公路管理机构行政强制执行权），交通运输行政主管部门可以直接依照《公路法》第八十一条的规定，在调查取证的基础上，依法责令限期拆除。对不履行该行政命令的，直接依行政强制程序，实施强制拆除即可。若涉及行政处罚，另外适用行政处罚程序。这样，拆除违法建筑物的路政执法行为将更为高效，执法成本也将大大降低，并且，将违法行为消除在萌芽状态，也能减少相对人的损失，实现多赢。

再看“全国第一案”

编前语

近几年来，不少地区特别是基层公路部门，面对上路执法中遇到的问题，以及越来越多涉及公路行业的法律诉讼，难以恰当地运用相关法律来有效维护行业权益。尽管《公路法》颁布实施已有10年，但任何一部法律皆非“圣贤”，需要根据社会发展和政策调整而不断加以修订。为了更好地服务于民众安全、便捷地出行，为了促进行业的健康有序发展，我们特别开辟了“就事论法”这一栏目。

编辑部将在每期杂志上刊出一个案例，邀请熟悉公路相关法律法规的专家进行分析和解答，力求提供实用性强且具备可操作性的建议，以便各地公路部门参考。同时，这也能为《公路法》的下一步修订积累有价值的依据。

作为这个栏目的开篇之作，编辑部特邀来自湖北首义律师事务所的范金国律师，对10年前发生的号称“全国高速公路侵权第一案”做出点评。

案例回放

1997年9月28日，江苏省江宁县（今南京市江宁区）东山镇副业公司一驾驶员驾驶汽车，在缴纳车辆通行费后驶入南京机场高速公路，因避让前方车辆落下的一捆塑料编织布，致使撞上护栏，造成一死三伤，车辆严重损坏。

副业公司对南京机场高速公路管理处（以下简称机场高管处）提起民事诉讼，认为其缴纳通行费用后，与机场高管处形成了合同关系，而被告没有及时清除高速公路上的障碍，未履行提供安全服务的义务，应承担违约赔偿责任。被告机场高管处辩称，自己是具有行政管理职能的事业单位，本案应适用行政诉讼，且事发当日，机场高管处巡查道路7次，已履行安全维护义务，不应对原告的损失承担责任。

该案经过一审和二审，1999年9月，南京市中级人民法院作出终审判决，判令机场高速管理处对原告使用高速公路发生车祸遭受的损失承担民事责任，赔偿原告逾14万元。该案在当年被称为“全国高速公路侵权第一案”，此案二审判决书于2000年被最高人民法院收录于当年第1期《最高人民法院公报》，因此在全国各地涉路诉讼中，被各地法院所参考，引发其后相似案件中，大多以公路部门败诉告终。

本期细说

该案涉及公路管理机构的法律地位和性质、公路通行费的性质、合同相对性等重大问题，引起理论界和实务界的极大兴趣。

10 年间，公路管理法律法规的不断健全和完善，虽然《最高人民法院公报》发布的案例对全国审判机关的审判具有很强的指导作用，但随着《收费公路管理条例》等法规和解释出台，该案判决书引用的法律依据和相关观点已经发生了重大变化，今天再次回顾和探讨此案，我们可以说，该案在同类案件中已经不再具有判例指导作用。

细说起来，理由有二:

首先是通行费收费性质的确定发生了变化。

在 2004 年《收费公路管理条例》实施前，法院依照国家计委在 1997 年 10 月 31 日给重庆市物价局的复函（计价管[1997]2070 号），即“关于公路、桥梁、隧道收取车辆通行费有关问题的复函”，认定“车辆通行费属于经营性收费，不是行政事业性收费”，从而认为:“副业公司是以高速公路管理处收费后不尽义务给其造成损失为由，要求赔偿损失的，并非对高速公路管理处代行的某种行政行为有异议而起诉原江苏省交通厅，此案显然是民事纠纷”，同时认为高速公路管理处上诉称“收取车辆通行费，是实施行政管理行为，双方之间由此形成的只能是行政关系，不是合同关系”的理由不能成立——这也无可厚非。

但 2004 年 11 月 1 日起施行《收费公路管理条例》后，把收取公路通行费的公路分为政府还贷公路和经营性公路，这使得收取的通行费的性质也不同。

对于还贷性收费公路，收取的通行费符合行政事业性收费特点，属于行政事业性收费。事实上，国家和地方也都把还贷性收费公路收费列入了行政事业性收费目录。因此，征收通行费的行为属于行政征收行为。而经营性收费公路，收取的通行费属于企业依法收取的费用，属于企业经营过程中的民事行为。

因此，法院不能再简单地以收取了通行费就认定已构成合同关系，就应当承担合同义务为由作出类似判决，毕竟所依据的文件已经被行政法规所取代，不再有效，而还贷性收费公路收取通行费行为是行政征收行为，是公路使用者应尽的义务，公路经营管理者对公路管理瑕疵承担的责任不是违反合同的违约赔偿责任，而只能是侵权赔偿责任。

第二个理由，就是公路经营管理者的合同义务基本得到明确。

过去很多学者、法官认为，公路的经营管理者与公路使用者之间就是公路服务合同关系。无论是高速公路还是普通公路，汽车交了通行费，公路经营管理者与使用者之间就达成了公路服务合同关系，公路经营管理者就要保证使用者在路上的安全。有的甚至认为，汽车交了养路费，就构成了公路服务合同关系，也要保证其在路上的安全。其实，这类观点没有正确理解汽车的缴（交）费行为与汽车在公路上行驶的关系，同时曲解了合同的相对性。

首先，缴纳汽车养路费和使用还贷性收费公路时缴纳的通行费，是公路使用者的法定义务，与公路使用者使用公路并不构成任何民事合同关系；其次，公路使用者在使用经营性收费公路时与公路的经营管理者构成的合同关系并非公路服务合同关系，仅仅是公路有偿使用合同关系；再次，在公路有偿使用合同中，要正确理解公路经营管理者的合同义务，即合同的相对性，不能把公路经营管理者的合同义务无限扩大化，否则势必造成司法混乱和行政管理秩序的混乱。

公路经营管理者的合同义务皆由法定，即其法定义务才是其合同义务。只要按照《公路法》和《收费公路管理条例》及交通运输部相关行政规章确定的义务履行，就是履行了其合同义务。具体说，按照国家交通运输主管部门规定的技术规范和操作规程对公路进行养护，保证公路经常处于良好的技术状态（见《公路法》第三十五条）和按照国家规定的标准和规范，对收费公路及沿线设施进行日常检查、维护，保证收费公路处于良好的技术状态，为通行车辆及人员提供优质服务（见《收费公路管理条例》第二十六条）。对由公安机关交通管理部门负责的交通安全和畅通问题，并非公路经营管理者的法定义务，也非其合同义务，事实上，公路经营管理者既没有承担其他部门或社会或他人侵权责任的法律依据，也没有相应的权利能力、行为能力及责任能力。

对路面洒落物、遗落物等，“及时清除”不等于“随时清除”。交通部于 2001 年 6 月 5 日下发了《关于对关于请求明确〈公路养护技术规范〉有关条款含义的紧急请示的答复》(交公便字[2011]66 号)，认为（JTJ 073—1996）《公路养护技术规范》没有也不可能要求公路经营管理者对路面杂物做到随时清除。如果公路养护单位按照规定的频率或有关工作要求做到了定期清扫保洁和对发现的杂物的清除，就不能认为其“疏于养护”，就不能认定公路经营管理者存在管理瑕疵或违反合同义务。该文件理应成为人民法院审理此类案件时，判断公路经营管理者是否存在管理瑕疵或违反合同义务的重要依据。

（原载于《中国公路》2008年第14期。作者：范金国）

微评论

此案被冠以“全国高速公路侵权第一案”，最主要的原因，是最高人民法院将该案二审判决书录入2000年第1期《最高人民法院公报》。《最高人民法院公报》所登载的案例，通常是最高人民法院所认可的案例，我国虽然不实行判例制，但是该案的指导作用是很明显的，全国各级人民法院均可放心参考，由此，全国各级人民法院均将“合同关系”作为判决公路管理机构或高速公路经营企业承担责任的重要依据。然而事实上，不断完善的法律法规，使得曾经有效的判例，时至今日不一定仍然正确。当现在的媒体和法院继续拿这一判例和“合同关系”说事的时候，此文可以告诉他们：此判例已不再具有指导作用。

法办“军车”

案例回放

2008年4月16日24点38分，河南中原高速公路股份有限公司漯河站下道驶来一辆车牌号为济K21162的B型军用自卸货车，驶入105号计重车道后，收费员接过该车驾驶员递交的通行卡，正常刷卡后信息显示：入口驻马店南，上道发卡为现金卡，超载率99.29%。

似乎一切正常，但收费员突然发现屏幕显示该车入口图像与实际不符，便立刻上报监控，同时通知值班站长到现场查看。值班站长对该车进行了仔细查看，经过对该车驾驶员的询问，疑点一个一个暴露：驾驶员没有穿着军装，该车超载99.29%，驾驶员拿不出任何军车证件，也没有士兵证，更找不到派车单……

难道是假军车？考虑到事情的严重性，值班站长立即将情况上报站领导。经高速交警配合多方面调查核实，确认该车为假冒军车。在证据面前，该驾驶员承认假冒军车逃漏通行费的事实，足额交纳了1.992万元通行费。

这种情况并非“前无古人后无来者”。

早在2005年，一车主将自购重型货车车身喷涂成军绿色，并通过非法渠道伪造了济K21816和济K21518两套军车执照及牌照，轮流挂在该货车上，并为其雇佣的驾驶员徐某、李某等人伪造了中国人民解放军车辆驾驶证、士兵证等证件，伪装成军用车辆，频繁在许平南高速公路行驶，从事货物运输，偷逃高速公路通行费累计6.1553元。2007年5月19日，平顶山市卫东区人民法院依法作出判决，对假军车车主张某以诈骗罪判处有期徒刑12年，并处罚金人民币30万元。

今年9月1日，湖北襄荆高速公路有限公司也追回了58万元通行费，但这与当事车辆逃缴的193.561万元仍然存有较大悬殊。2006年实行计重收费后，大货车每月过路费大增，于是有车主购买假军牌、士兵证、驾驶证等，驾驶假军车通过襄荆高速公路进行运输经营。今年5月8日，高速公路巡警对这辆军车例行检查，后移交荆门市东宝公安分局牌楼派出所调查——假军车终于“现形”。

点评

假冒军车偷逃公路通行费，涉嫌何种犯罪？当前法律界存在有 3 种意见。

第一种是构成诈骗罪。持这种观点的人认为，在收费高速公路上从事交通运输行为的每个公民，都有依法按实际运输吨位及里程足额交纳通行费的义务，利用各种手段不交或少交通行费的行为违反了收取通行费的相关法规，情节严重的就构成犯罪。该类犯罪主观方面具有非法占有的目的，客观方面通过采用假冒军车的欺骗手段，达到不交或者少交车辆通行费，获取非法利益。客体方面，假冒军车偷逃通行费不仅侵害了国家或企业的财产所有权，扰乱了收费经营管理秩序，同时也损害了军队形象，其行为符合诈骗罪的犯罪构成要件，因此构成诈骗罪。

第二种是构成合同诈骗罪。持这种观点的人认为，高速公路的使用者与高速公路的所有者是一种民事合同关系，车辆驶入高速公路之后，即与高速公路的经营管理者之间形成有偿使用高速公路的民事合同关系，公路的使用者享有安全便利高效使用高速公路通行的权利，也应当承担缴纳通行费的义务。在履行合同的过程中，以非法占有为目的，以假冒军车的方式隐瞒事实真相，骗取合同相对方的财物，侵害了公私财产所有权和市场经济秩序，符合合同诈骗罪的构成要件，因此构成的是合同诈骗罪。

第三种是不构成犯罪。持这种观点的人认为，我国刑法目前主要对偷逃国家税收的行为设置了明确罪名及刑罚，并没有对偷逃通行费的行为进行明确规定，根据“罪刑法定”原则，不构成犯罪，只能承担民事责任和行政责任。如果仅仅因为保护高速公路投资者的利益，就随意找一个罪名来处罚这种行为，显然有违“罪刑法定”原则。同时，偷逃过路费行为与诈骗罪在犯罪构成客观方面存在某些差异。诈骗罪行为人所实施的欺骗行为使他人产生错误认识，对方基于这种错误认识将被害人的财产转移给行为人或者第三者占有，行为人或者第三者获得财产。换言之，行为人通过诈骗手段骗取公私财物并占为已有，属于“增加利益”的行为，而偷逃过路费则是属于“减少支出”的行为，与主动诈取行为还是存在一定区别的。

笔者认为，假冒军车偷逃通行费，应根据高速公路性质作出不同的认定。

在经营性公路中，公路的使用者与经营管理者之间是民事合同关系，公路的使用者有诚信履行合同的法定义务。如果公路的使用者在合同的履行中，以非法占有应当支付给合同相对方对价为目的，使用假冒军车等手段，隐瞒其合同履行中应当如实支付的对价事实，不仅侵犯了合同相对方的财产权，同时也严重侵害了合同法所保护公平交易、诚实信用的原则，扰乱社会主义市场秩序，应当以合同诈骗罪定罪处罚。

在政府还贷公路中，公路的使用者与经营管理者之间不构成合同关系。假冒军车逃费，不符合合同诈骗罪的构成要件，不构成合同诈骗罪。那么，究竟构成何罪呢？对此，最高人民法院《关于审理非法生产、买卖武装部队车辆号牌等刑事案件具体应用法律若干问题的解释》中明确规定，“使用伪造、变造、盗窃的武装部队车辆号牌，骗免养路费、通行费等各种规费，数额较大的，依照刑法第二百六十六条的规定定罪处罚”，即依照诈骗罪进行处罚。

链 接

其实在《关于继续深入开展打击盗用、伪造军车号牌专项斗争的通知》(政保发[2007]2 号)中，早已明确了要把打击大吨位假冒军车作为专项斗争的重点。根据军队有关文件规定，非军队装备的 10 吨(不含)以上大吨位运输车不得使用军车号牌。公安机关和交通运输部门对悬挂军车号牌载重量超过 10 吨(不含)的大吨位运输车(军队装备的坦克等履带式重装备运输车辆除外)，特别是集装箱车和货柜车，一律滞留车辆，通知当地警备部门和指定单位军交运输部门，查清号牌真伪、车辆来源。属假冒军车的，由公安机关和交通运输部门依法处理，并追缴其欠缴的各种规费；属军队内部车辆的，移交当地警备部门和指定单位军交运输部门处理。

(原载于《中国公路》2008 年第 18 期。作者：范金国 杨胜利)

微评论

2011 年，被媒体炒得沸沸扬扬的河南“天价”通行费逃费案，随着宣判结果的作出，最后得以盖棺定论：利用假军车逃费，就是诈骗罪。

行政执法必备两大意识

导语

公路行政部门在做出具体行政行为前，必须查清事实——也就是证据，用来证明案件事实的材料。一旦做出的具体行政行为认定的事实主要证据不足，就意味着该具体行政行为缺乏事实基础，属于违法的具体行政行为。

同时，在行政执法中，公路行政部门认定的事实无论多么清楚、证据多么充分确凿、适用法律多么正确，只要你的执法程序有问题，一切工作都是白费。

“民不与官斗”、“胳膊拧不过大腿”，这一观念正随着越来越多的公民通过司法途径来保护自身权益而逐渐改变。面对这一新形势，公路部门应该认识到，依法行政是现代法治的核心，随着依法治国进程的加快和人民群众法律意识的提高，行政纠纷案件将逐年增多。由于公路执法队伍普遍存在先天不足，后天失调问题，执法人员文化素质无法有效提高，对公路管理法律法规大多知其然不知其所以然。因此，必须充分认识到依法行政的重大意义，把依法行政真正落实到公路行业管理活动的各个方面、各个环节。

拉锯官司缘何而起

2004年9月27日，山东省高唐县驾驶员李甲驾驶一辆无号牌的8吨吊车上路行驶，途中被高唐公路局养路费征稽员查扣，并被责令补缴了6月至9月养路费3520元。该车车主、李甲之父李乙认为公路局的行政行为侵犯了其合法权益，向高唐县人民法院提起行政诉讼，由此引发了其与公路局长达3年的行政诉讼拉锯官司。

在第一场诉讼中，双方争议焦点是李乙是否具备原告主体资格。高唐公路局认为，其未对李乙实施扣押吊车及责令其缴费的行为，双方之间不存在任何法律关系，原告依法不具有诉讼主体资格；公路局只是对李甲依法征收了养路费，李甲是成年人，有完全行为能力，如对征收行为不服，依法应以个人名义提起诉讼；即便李甲与原告系父子关系，也未成家，也不能证明案中吊车所有权就属于原告，原告依法不具有诉讼主体资格。以此为依据，高唐公路局虽然在答辩期限内提交了征收养路费的证据和依据，但在庭审中以原告不具备原告主体资格为由拒绝出示。

法院审理认为，原告李乙提交的“山东省汽车养路费临时缴讫证”上显示缴费人为李甲，但李甲是原告之长子，且未婚，系家庭成员，且李甲也称车辆是其父所购买，所有权归属原告。被告虽否认原告的主体资格，但并未提供证据予以反驳，因此可以认定原告对案中车辆拥有所有权。原告李乙认为被告的行政行为侵犯了其合法权益，依法提起诉讼，依法具有原告的主体资格。被告采取了强行扣押原告车辆的强制措施，并依此强迫原告缴纳了养路费。因此，被告实施了行政强制和行政征收两种行为。被告虽在法定期限内提交了证据、依据，但拒绝在法庭上出示，应视为其扣押车辆、征收养路费的行为没有证据和依据，违反法律规定，依法应予撤销，收取的费用应依法予以返还。据此作出判决：被告高唐公路局扣押原告李乙车辆的行为违法；撤销被告高唐公路局向原告李乙征收 2004 年 6 月至 9 月养路费的行政行为；被告高唐公路局退还原告李乙补缴的 2004 年 6 月至 9 月养路费 3520 元。

高唐公路局不服判决，向聊城市中级人民法院提起上诉。2005 年 4 月 22 日，聊城市中级人民法院经审理认为，上诉人上诉理由不成立，驳回上诉，维持原判。

故事还没完。2005 年 7 月 16 日，李乙的无牌吊车在行驶途中再次被高唐公路局养路费征稽人员查扣。征收员向其出示了《违反养路费征收规定处理决定书》，并做出了责令补缴养路费 880 元及 1%滞纳金、处以 1760 元罚款的决定。李乙不服，于 7 月 27 日再次向高唐县法院提起行政诉讼，要求撤销《违反养路费征收规定处理决定书》、返还车辆并赔偿损失。

在这起诉讼中，公路局主张根据有关法律、法规和规章的规定，两原告应当先向上一级公路主管部门申请复议，对复议不服，才能对人民法院提起诉讼。法院经审理认为：《中华人民共和国行政诉讼法》第三十七条及《中华人民共和国行政复议法》第十六条均规定，法律、法规规定应当先向行政机关申请复议，对复议不服，再向人民法院提起诉讼的，依照法律、法规的规定。但是《中华人民共和国公路管理条例》第三十六条仅规定，当事人对公路主管部门给予的处罚不服的，可以向上级公路主管部门提出申诉；对上级公路主管部门的处理决定不服的，可以在接到处理决定书之日起十五日内向人民法院起诉。因此，是否先向上级公路主管部门提起申诉，属于当事人可以选择的权利，该条未限制当事人直接提起行政诉讼的权利，构不成复议前置。原告可以直接向人民法院提起诉讼。针对原告提出的“公路局提供的询问笔录是伪造，执法人员违反法定程序，是超越执法范围执法”。法院经审理认为：公路局提供的询问笔录，内容可与证人出庭证言相互印证，基本真实，制作形式基本合法，是有效证据。公路局根据原告的车辆类型，按照省级政府及有关部门确定的征收标准，征收当月公路养路费及滞纳金，证据充分，依据明确，程序基本合法,维持公路局对原告征收公路养路费 880 元及 1%滞纳金的行政行为；对原告拒不缴纳公路养路费的行为做出处罚时，应当首先履行必要的“告知当事人陈述、申辩和要求听证权利”法定程序，然后才能视情况做出相应的处罚措施。针对公路局并未予以告知，其对原告罚款及暂扣车辆的行为应予撤销。

李乙不服一审判决，于 2006 年 2 月向聊城市中院提起上诉。李诉称：其吊车属特种车辆，从不上路行驶，主要用于工程施工，而且长期闲置，无缴纳养路费的义务；公路局扣押其车辆长达 4 个月，致使其与业务单位签订的施工协议无法履行，造成了巨大的经济损失，请求赔偿。聊城市中院经合议庭评议，认为：《公路养路费征收管理规定》第四条规定，凡有车单位和个人必须按规定缴纳养路费；第二十二条规定，对无牌照行驶的车辆，一律追缴全额养路费和每逾期 1 日收取应缴额 1%的滞纳金，并处以不超过缴费额两倍的罚款。《山东省公路养路费征收管理规定》第二十一条规定，对无养路费证、无号牌、无行车证的，征稽机关可视情况暂扣车辆，追缴全额养路费和每逾期 1 日处应缴额 1%的滞纳金，并处以应缴费额两倍的罚款。李乙所有的无牌照吊车应依法缴纳养路费。公路局决定责令其补缴全额养路费和每逾期 1 日 1%的滞纳金符合上述规定。关于公路局是否超标准征收的问题，山东省人民政府 1992 年 9 月 7 日《山东省公路养路费征收管理规定》第十条规定，不能载客、载货的特种车辆按其自重吨位按月费额减征 50%。上诉人李乙的吊车吨位为 8 吨，为不能载客载货的特种车辆，依上述规定按其自重吨位，应缴纳一个月养路费等共计 880 元。公路局责令其补缴一个月的养路费 880 元，并未违反上述规定的征收标准。上诉人提交的诉状称其被扣车辆长期闲置，并未使用，又要求赔偿经济损失，自相矛盾。

据此，2006 年 2 月 17 日聊城市中级人民法院作出终审判决，驳回上诉，维持原判。

抓牢执法两大意识

“以事实为基础，以法律为准绳”，这是行政机关在执法中应当遵循的一项基本原则。这一基本原则包含了两大意识，一是证据意识，二是程序意识。前者必须充分，后者必须合法，这在上文陈述的案例中显得尤为突出。

首先，行政机关在做出具体行政行为前，必须查清事实——也就是证据，用来证明案件事实的材料。一旦行政机关做出的具体行政行为认定的事实主要证据不足，就意味着该具体行政行为缺乏事实基础，属于违法具体行政行为。根据《行政诉讼法》第五十四条第二项的规定，人民法院对主要证据不足的具体行政行为，应当判决予以撤销。因此，具体行政行为的主要证据是否确凿和充分，是人民法院判断具体行政行为是否合法的要件之一。

调查取证是实施具体行政行为中最为关键的一个环节。行政诉讼中确定的举证原则，是由行政机关对自己的行政行为的合法性进行举证。因此，证据是否确凿充分，是行政机关能否做出相应行政行为的关键因素。法院对行政处罚行政行为的审查，也要看证据是否真实、合法、充分及有效。

行政机关调查取证的目的就是查清案件事实，证明违法人实施了违法行为，并造成违法后果的这一过程。因此，行政机关在调查取证中，要时刻有证据意识，时刻要问自己，我们收集的证据，是确凿、充分、合法、有效的吗？能证明违法行为及违法后果吗？

在第一起诉讼中，公路局对驾驶员李甲征收了养路费，而车辆所有权人却是李甲父亲。根据《公路管理条例》及《公路养路费征收管理规定》，养路费应当由拥有车辆的单位和个人缴纳，即由车主进行缴纳。公路局在调查取证中，没有调查清楚李甲驾驶的车辆的车主，缺少违法主体的认定证据，其对驾驶员征收养路费的行政行为显然不合法。吊车所有权是否属于原告的举证责任是公路局，而非原告。公路局查扣了原告所有的吊车，原告认为公路局行政行为侵害了其合法权益，是有权提起行政诉讼的。

再来说说程序合法问题。行政执法程序是行政机关在实施行政执法行为过程中依法所必须遵循的方式和步骤，并非可有可无。这些法定程序都由法律规范所预先设定，行政机关违反这种程序而实施的具体行政行为，就是无效的。行政执法程序直接关系到行政执法行为的合法性和有效性，行政诉讼法要求具体行政行为的程序必须合法，明确地把违反法定程序列入行政诉讼的可诉范围，并规定具体行政行为违反法定程序的，人民法院应判决撤销或部分撤销。

行政执法中，公路人应树立程序重于实体的意识。法官审查具体行政行为的合法性，首先就是在程序上找问题。法官不是实体法专家，不会首先在实体问题上过多判断，只要程序上有问题就够了，在程序没问题时，再看实体上是否合法。因此在行政执法中，行政机关认定的事实无论多么清楚，证据多么充分确凿，适用法律多么正确，只要你的执法程序有问题，一切工作都是白费。

在第二起诉讼中，法院撤销了公路局对原告的罚款及暂扣车辆的行政行为，主要是因为公路局在对原告拒不缴纳公路养路费的行为做出处罚时，没有告知当事人陈述、申辩和听证、复议、诉讼等相关权利，程序违法，因此行政行为被撤销。这也再次证明了执法过程中程序合法的重要性和必要性，值得基层公路执法部门注意。

（原载于《中国公路》2008 年第 19 期。作者：范金国 闫宗鹏）

微评论

伴随我国“费改税”政策的推行，征收车辆养路费——作为行政征收的一种，这项具体行政行为已经成为历史。然而在公路行政执法中，证据意识和程序意识仍坚如磐石。这提醒我们，任何行政行为都应当经得起司法审查，务必做到证据充分、程序合法，二者缺一不可。

劳动关系还是劳务关系

我国的劳动立法不断加强，对劳动者的保护也日益强化。现实情况下，在新的劳动法律框架之下如何去确定和维持一种既合法又合意的劳动用工关系？如何将原来长期存在于养护和服务工作中的非全日制劳动或者劳务包干继续维持下去？这些看似小问题的公路清扫保洁用工性质，如果研究和处理得不好，将极大增加高速公路运营管理成本、经营管理风险和行业形象与声誉等问题。劳动用工的改革是公路管理者在新形势之下一个难于面对，但又必须逾越的门槛。迈过之后，公路事业才能实现质的飞跃。

又见劳动纠纷

2008 年 7 月 28 日，广西桂柳高速公路管理处下属单位的覃某等四名清洁工一纸诉状，将桂柳高速公路管理处告上了柳州市劳动争议仲裁委员会，请求仲裁庭裁决确认申请人覃某等四人与被申请人存在事实上的劳动关系，并要求按《中华人民共和国劳动合同法》(以下简称《劳动合同法》)的规定支付申请人从事路面清扫工作期间的节假日加班费、最低工资差额及未签订书面劳动合同而事实上存在劳动关系时段内的双倍月工资，以及有关赔偿金等。

2007 年 3 月 2 日，湖北省武汉市东西湖区某村村民付某承包了湖北京珠高速公路某 3 公里路段的清扫保洁任务。2007 年 3 月 28 日，付某在清扫保洁中，被机动车撞伤，机动车逃逸。经鉴定，付某伤残九级。湖北京珠高速公路管理处在主动垫付医疗费、护理费等相关损失 3.6788 万元后，另支付了补偿费 6000 元。后付某开始要求湖北京珠高速公路管理处给予其工伤待遇，2008 年 9 月 8 日，付某向湖北省劳动争议仲裁委员会提起劳动仲裁申请，请求确认与湖北京珠高速公路管理处之间的劳动关系。

劳动关系？劳务关系？

在劳动关系中，劳动者除了获得工资报酬外，还有社会保险及其他福利等待遇，更有劳动法律法规等国家力量强大的干预。如《中华人民共和国劳动法》对用人单位的义务、工作条件、劳动保护、最低工资、合同解除等都做出了规定，而劳务关系中，提供劳务方一般只获得劳动报酬，国家干预也比较少。正是基于利益的争取，《劳动合同法》实施后，高速公路上开始涌现越来越多的类似案例。

上述两个案例中，高速公路清扫工（保洁员）与高速公路管理处之间的纠纷所争议的焦点，就是判断其与用工单位之间的关系究竟属于劳动关系还是劳务关系。

劳动关系是劳动者在运用劳动能力实现社会劳动过程中与用人单位之间产生的社会关系。劳务关系是两个或两个以上的平等主体之间因提供劳务而形成的一种经济关系。正因为劳动合同和劳务合同都是两个主体之间形成的以劳动为载体的关系，所以，当劳务关系的一方是用人单位，另一方为自然人时候，与劳动关系非常相似，常会被认为是劳动关系。

相对于劳动关系来说，劳务关系具有以下重要特征，可以作为判断劳动关系和劳务关系的依据：

一是主体上的不稳定性、广泛性和平等性。劳务关系主体可以是法人之间的关系，也可以是自然人之间的关系，也可以是法人和自然人之间的关系。而劳动关系的主体是确定的，只能是用人单位和劳动者。

二是表现形式上的多样性。劳务关系表现的劳务合同形式很多，如运输合同就是劳务侧重于劳务行为的过程，承揽合同就是劳务侧重于劳务行为所完成的成果。而劳动关系表现的形式则只是劳动合同。

三是用工双方地位的平等性。劳务关系双方是一种平等主体之间的关系。双方没有管理与被管理、支配与被支配的权利和义务，没有组织上的从属关系。而劳动关系中的劳动者与用人单位不仅存在财产上的关系，还存在行政上的隶属关系，接受用人单位的管理，遵守用人单位的规章制度，从事用人单位分配的工作和服从用人单位的人事安排。

四是目的的特殊性。劳务关系中，劳务合同是以提供劳务为目的。而劳动关系中，劳动合同是以劳动者成为用人单位的内部成员为目的，劳动合同签订后，劳动者需要加入用人单位。

五是风险承担的自我型。劳务关系中，劳务提供者一般利用自己的生产资料进行劳务活动，自行承担风险。而劳动关系中，劳动者一般利用用人单位提供的生产资料，在用人单位的组织和指挥下从事劳动，劳动风险由用人单位来承担。

劳动争议化解有道

在与自然人签订劳动合同时，要严格遵守劳动法律法规，保障劳动者的合法权益，这是避免和防范劳动争议的根本办法。

尽可能与非自然人签订合同，该合同因不具备劳动合同的主体特征，不可能被认定为劳动合同，劳动争议风险将根本不存在。如可将清扫保洁劳务交专业保洁服务公司或公路沿线村集体组织承揽；或将高速公路清扫保洁劳务作为养护工程的组成部分，发包给具备养护资质的养护公司；或使用劳务派遣单位派遣人员从事清扫保洁劳务。

在与自然人签订劳务合同时，合同要尽可能凸显劳务合同的特征，如在劳动工具的提供上，要求劳务提供者自行提供工具；不能要求劳务提供者遵守本单位规章制度；争端的解决不能约定进行劳动仲裁等。

结合高速公路的保洁作业的高风险性，无论是劳务关系还是劳动关系，从人本主义出发，都要尽可能通过商业保险的方式，来减少和避免作业者的人身损害后果。

在公路日常养护的清扫和保洁中，要尽力提升机械化作业水平，尽量减少人工保洁作业，提高养护生产技术管理与服务水平。

（原载于《中国公路》2008 年第 20 期。作者：范金国 韦增鸿 吴昱）

微评论

是劳动关系还是劳务关系？这个问题，对于用人单位或者用工单位来说，关键点在于是否“依法”。是劳动关系的，要依法为劳动者办理社会保险，签订好劳动合同，实现用规章制度管人；是劳务关系的，要签订好雇佣合同，用合同管人；是项目承包的，要签订好承揽合同，用合同规范平等民事主体之间的关系。总之，依法办事，才能建立和谐的劳动关系、雇佣关系与合作关系。

当法律遭遇冰雪

编前语

2008年的那场雪灾留给国人的记忆深刻，仿佛就在昨天，但因这场自然灾害而起的涉路案件，却鲜为人知。又到一年春运时，本文回顾湖北省黄黄高速公路的一个案例，希望能对公路部门冬季的工作有所启示。

无辜的不仅是冰雪

2008年1月30日晚上9点多，驾驶员刁某驾驶轿车前往黄石市。途中因车速过快，导致车辆方向失控，撞上黄黄高速公路中心隔离带及路右侧护栏后，横停在应急车道内，惨剧接连发生：后面的货车避让不及，与刁某的小车相撞，其后的小客车撞上货车尾部，两分钟后，路过此地的大客车也没能幸免。短短几分钟内，6人死亡，2人受伤。

事故发生后，在交警部门调解未果的情况下，与此案有关联的17名当事人认为高速公路方有责任，将黄黄高速公路经营单位等公路部门告上法庭。

鄂州市鄂城区人民法院经审理认定，事故发生在冰雪灾害气候条件下，各事故车辆速度均超过每小时30公里的限制。由于超速导致方向失灵，造成了事故发生，因此路面冰雪不是交通事故的责任原因。被告黄黄高速公路在抗冰雪灾害中积极进行道路养护，尽到了道路安全保障义务，因此并无过错，且不应承担民事赔偿责任。法院判决：道路方无责。

如何抗辩

此类案件属于自然因素对公路的影响而引发的案件，可以说，是公路管理瑕疵侵权案件中的新例。公路部门在此类案件中当上被告，无非也是适用两种法律关系：一是合同关系，即公路的使用者以支付了通行费后，公路机构应当保证其安全通行为由，认为公路机构违反了合同约定，应当承担合同违约责任及赔偿责任。另一是侵权关系，即公路的使用者认为公路机构在公路的管理中存在过错，与事故有因果关系，应承担侵权赔偿责任。

无论是哪种法律关系，公路机构的主要抗辩理由都是对管理中的无过错进行举证。只要举证证明没有过错，按合同关系来说，则是没有违反合同的义务；按侵权关系来说，则因无过错而可以免责。

公路机构对自身无过错的具体举证内容主要有：一是公路机构已经按照相关养护技术规范的要求，对冰雪及时进行了处理；二是公路机构已经按照公安机关交通管理部门的要求，及时履行了封闭公路或对有关交通管制信息进行告知和提示的义务。

本案中，黄黄高速公路部门已经按照规范对公路上的冰雪进行了处理。2008年春节前夕，为了确保春运期间车辆及乘客能尽快返家，湖北并没有简单封闭高速公路了事，而是采取限速通行的交通管制措施，疏导滞留车辆。黄黄高速公路部门也及时进行了信息提示，因此，不存在任何过错，不应承担任何赔偿责任。该交通事故的发生完全是相关责任人无视冰雪恶劣气象条件下限速 30 公里的规定和信息提示，超速行驶造成的，赔偿责任应当由相关责任人承担。

防范诉讼风险

一是严格按照养护技术规范对冰雪及时进行处理，保障公路畅通。《收费公路管理条例》明确规定，收费公路经营管理者应当按照国家规定的标准和规范，对收费公路及沿线设施进行日常检查、维护，保证收费公路处于良好的技术状态，为通行车辆及人员提供优质服务。根据交通部（JTJ 073.2—2001）《公路沥青路面养护技术规范》规定，当降雪影响正常通行时，应组织人员与机械清除路面积雪，对重要道路要争取地方政府组织沿线人员、设备除雪，在冬季降雪或下雨后，路面出现结冰时，应在桥面、陡坡、急弯、桥头引道撒铺一层防滑料。在环保允许情况下，也可撒布融雪材料（氯化钙、氯化钠等）。根据交通部（JTJ 073.1—2001）《公路水泥混凝土路面养护技术规范》规定，冰雪地区路段水泥混凝土路面冬季养护的重点是除雪、除冰和防滑；作业的重点是桥面、坡道、弯道、垭口及其他严重危害行车安全的路段。除雪作业以清除新雪为主。化雪时应及时清除雪水和薄冰。除冰困难的路段应以防滑措施为主，除冰为辅。

在采取撒盐、撒融雪剂等融雪材料对公路冰雪进行处理的情形下，要注意积雪和排水的处理，尽可能修建独立的公路排水系统，引集公路上的污水进行集中处理后再行排放，减少公路上含化学物质超标的雪水对公路外界的影响，避免新的侵权纠纷的发生。

二是严格按照相关法规的规定，及时履行信息提示义务。《收费公路管理条例》第三十一条第二款规定："遇有公路严重损毁、恶劣气象条件或者重大交通事故等严重影响车辆安全通行的情形时，公安机关应当根据情况，依法采取限速通行、关闭公路等交通管制措施。收费公路经营管理者应当积极配合公安机关，及时将有关交通管制的信息向通行车辆进行提示"。《道路交通安全法实施条例》第八十一条规定："机动车在高速公路上行驶，遇有雾、雨、雪、沙尘、冰雹等低能见度气象条件时，应当遵守下列规定……遇有前款规定情形时，高速公路管理部门应当通过显示屏等方式发布速度限制、保持车距等提示信息"。因此，在冰雪恶劣气象条件下，公路机构的法定义务是对公安机关的配合义务及信息的提示义务。只要履行好这些义务，就可以证明管理中没有过错。

链　接

交通部关于对陕西省交通厅《关于紧急请示明确〈公路水泥混凝土路面养护技术规范〉有关条款含义的函》的复函(交公便字［2005］97号)

一、《公路水泥混凝土路面养护技术规范》(JTJ 073.1—2001，以下简称《规范》)第6.5.1条规定"冰雪地区路段水泥混凝土路面冬季养护的重点是除雪、除冰、防滑；作业的重点是桥面、坡道、弯道、垭口及其他严重危害行车安全的路段"。该条款是公路冬季养护工作的总体要求，其中"桥面、坡道、弯道、垭口及其他严重危害行车安全的路段"的认定标准，目前国内外均没有量化指标。我国通常把超过《公路工程技术标准》所规定的最大纵坡和小于《公路工程技术标准》所规定的极限最小半径路段看成是严重危害行车安全的坡道、弯道路段。不同技术等级公路的最大纵坡和极限最小半径与其所处地形和计算行车速度相关，对于计算行车速度为30公里/时的山岭重丘三级公路，最大纵坡为8%，极限最小半径为30米。

二、《规范》第6.5.3规定"除雪作业以清除新雪为主。化雪时应及时清除雪水和薄冰。除冰困难的路段应以防滑措施为主，除冰为辅"。该条款提出了清除公路上冰雪时的养护作业内容和要求。其含义是：冬季公路养护是对宜除雪的应除雪，对宜除冰的应除冰，对不宜除雪和除冰的应采取防滑措施。其中的"及时"不等于"随时"，《规范》没有也不可能要求对路面冰雪随时清除。因此，公路养护单位如果采取了撒盐融雪、撒砂防滑等养护措施，应当认为尽到了养护责任，不能认定其疏于养护。

（原载于《中国公路》2009 年第 2 期。作者：范金国）

微评论

2008 年，低温雨雪灾害肆虐我国南方地区，引发公路管理机构和公路经营企业的思考：面对这类恶劣自然条件，如何做好道路交通事故防范，并做好相关法律风险防范？其实，依法做好法律法规规定该做的事，勤勉地履行应尽的法定义务，承担相应的法定责任，这便是法律风险防范的根本所在。

超限超载大不同

编前语

超限与超载几乎就是货物运输中的一对孪生兄弟，“长相”十分相似，“性格”也相近，但许多人并不知道，其实“管教”它们的“父母官”，分别是交通部门和公安部门——倘若不仔细区分，很容易惹出麻烦。发生在湖北省京珠高速公路管理处（以下简称京珠管理处）的两个案件提示我们：我们交通部门在治理超限超载工作中，不要忽略了超载和超限的本质区别，不要越位去管理超载。公安机关也应加强对超载的管理，不能缺位。对治理超载和超限两种违法行为积极、准确地宣传，无疑是避免类似诉讼案件或赢得类似案件的诉讼最有效的办法。

两则追尾案例

案例 1：2007 年 9 月 16 日凌晨 2 点左右，孝感市宏威高速公路清障施救有限公司职员驾驶鄂 A-0S490 号轻型巡逻货车在京珠高速公路湖北孝感路段，发现吕某挂靠在洛阳市第二汽运公司经营的豫 C-76666 号大货车(装载货物超长、超重)，正在慢速车道上以每小时 40 多公里速度行驶，宏威公司巡逻车超车后要大货车靠边停车，并开车至大货车前方三四十米处以低速行驶。吕某从大货车上跳下并上前到巡逻车前询问时，黄某驾驶鄂 A-85118 号自卸货车直接撞上慢车道低速行驶的豫 C-76666 号大货车，造成黄某当场死亡、两车受损的交通事故。公安交管部门认定：黄某驾驶车辆未保持安全距离，负事故主要责任；大货车驾驶员曹某驾驶车辆运载超限不可解体的物品，影响交通安全，未按公安机关交通管理部门指定的时间、路线、速度行驶，未悬挂明显标志，且在高速公路上行驶时车速低于每小时 60 公里，负事故的次要责任。

2007 年 9 月 27 日，黄某近亲属以京珠管理处“没有履行好管理义务，允许超长超重车辆进入京珠高速公路行驶，造成了交通安全隐患，应承担赔偿责任”为由，将京珠管理处及洛阳第二汽运公司、吕某、宏威清障公司、相关保险公司告上法庭，要求各被告连带赔偿其损失 27.5805 万元。

经过孝感市孝南区人民法院的三次开庭审理，2008 年 8 月 7 日，法院作出判决，认为京珠管理处是对收费公路及沿线设施进行日常检查、维护的收费单位，无权阻止装载超长货物的车辆进入高速公路，且原告提供的证据不足以证明京珠管理处在该交通事故中存在过错，故驳回原告对京珠管理处的诉讼请求。

案例 2：2008 年 5 月 8 日，胡某等五人驾驶和乘坐湘 A-Q1427 号轿车从岳阳回长沙，在京珠高速公路湖南段 K166+200 米时，因堵车，停靠在应急车道。陈某驾驶皖 K-A6526 号重型半挂车（该车通行费票据上显示总重超限 20%）因与前车距离过近，刹车不及，追尾撞上湘 A-Q1427 号小车，把小车前推与前车挤压，造成小车上四人死亡一人重伤的特大交通事故。公安交管部门认定：陈某未与前车保持足以采取紧急制动措施的安全距离，负事故全部责任。

2008 年 7 月 15 日，五受害人家属认为：京珠管理处违反《道路交通安全法》关于“严禁超载”的规定及交通部《关于车辆超限超载治理工作中规范收费罚款等有关问题的通知》(交公路发[2004]334 号)第四条“对于超过超限超载认定标准的车辆，必须按照《关于在全国开展车辆超限超载治理工作的实施方案》的要求进行卸载，消除违法行为，不得计重收费后放行”之规定，违反强制性法律规定，管理错误，对陈某的严重超载车辆，在进入湖南京珠段前予以计重收费后发卡放行，对事故后果负有直接责任。故将京珠管理处与肇事司机陈某、车辆挂靠公司及相关保险公司一并告上法庭，总共请求赔偿额 123 万余元。

2008 年 11 月 13 日，湖南省长沙县人民法院作出判决：京珠管理处虽然收取了车辆通行费，其属于政府还贷公路，其收取的费用作为行政事业性收费全额上缴财政，不是经营性的收费，因而不能将其收费作为承担此次事故的理由。虽然，京珠高速公路，作为收费公路京珠管理处对路产负有管理职责，但本次事故的主要原因是被告人陈某在驾驶机动车时，没有与同向行驶的前方汽车保持足以采取紧急制动措施的安全距离而导致，因而，湖北京珠对该事故不存在过错，不应当承担事故的过错赔偿责任。故驳回附带民事诉讼原告人对京珠管理处提起赔偿的诉讼请求。

正确识别超限与超载

《道路交通安全法》第四十八条规定：“机动车载物应当符合核定的载质量，严禁超载”。即：机动车载物超过行车证上载明的由公安机关核定的载质量，为超载。超载的危害是影响机动车的制动等安全性能，对交通安全造成威胁。根据《道路交通安全法》第九十二条的规定，对超载的违法行为的管理主体是公安机关交通管理部门职责。

所谓超限，是指车辆装载后，总质量或轴载质量或长宽高超过国家规定的限定标准或公路桥梁的限定标准。如果超过国家限定标准或公路桥梁的限定标准，则会对公路路产造成损害。根据《公路法》相关规定，对超限违法行为的管理主体是交通行政主管部门或法律法规授权的公路管理机构或交通行政主管部门依法委托的公路管理机构。

超载的车辆不一定超限，超限的车辆不一定超载，但是鉴于大多数超限车辆同时也超载，具有交通安全危害性，且大多数超载车辆同时也超限，具有损害公路路产危害性。因此，从 2004 年起，交通、公安等相关职能部门在国家统一部署下，联合开展了车辆超限超载治理工作，并由交通部、公安部等七部委共同印发了《关于在全国开展车辆超限超载治理工作的实施方案》。

在第一个案例中，豫 C-76666 号大货车虽然是超限车辆（超长、超高），但是其超长超高的违法行为给公路路产并没有造成任何影响，否则，交通运输主管部门或公路管理机构有权追究其违法超限运输的行政责任和民事责任。其超长超高的行为对交通安全存在影响的，应由公安机关交通管理部门进行管理，按公安机关交通管理部门指定的时间、路线、速度行驶，并悬挂明显标志。大货车的超限行为是否具有交通安全的危害性以及具有的交通安全危害性与后车发生追尾事故是否存在因果关系，需要证据来证实。本案中，原告显然没有举证证明这种危害性及因果关系，因此，驳回对公路管理机构的诉讼请求是理所当然。

在第二个案例中，原告显然是混淆了超限与超载的关系，肇事者陈某驾驶的车辆虽然超限，但是其超限违法行为与交通事故是没有因果关系的。该车即使超载，没有任何法律法规规定公路管理机构有禁止超载车进入高速公路的权利，也没有任何法律法规规定公路管理机构有禁止超载车进入高速公路的义务。公路经营管理单位在收取通行费后，没有权利，也没有义务对任何车辆的行车证进行检查、对其装载货物质量进行调查从而判断是否超过行车证载明的载重标准、是否是超载车辆。

交通部、公安部等七部委在《关于在全国开展车辆超限超载治理工作的实施方案》中明确规定："各级交通、公安部门要按照'加强配合、各司其职'的原则，共同开展车辆超限超载治理工作"。交通部《关于车辆超限超载治理工作中规范收费罚款等有关问题的通知》(交公路发[2004]334号)正是交通部对职责范围内的超限治理中的收费罚款有关问题作出的一个通知。

该文件虽然规定了“对于超过超限超载认定标准的车辆，必须按照《关于在全国开展车辆超限超载治理工作的实施方案》的要求进行卸载，消除违法行为，不得计重收费后放行”，但是该文件并不能成为认定公路管理机构有过错的依据：首先，该文件规定的政策执行期间明确仅仅适用于全国集中治理超限超载活动的集中治理阶段，根据该文件依据的《治理方案》，集中治理阶段为2004年6月1日起到2005年5月31日止。其次，交通部发此文，是在职责范围内治理超限，目标是保障公路路产自身的安全。对影响交通安全的超载行为的治理，交通运输部门无权进行管理，应由公安机关进行处理。最后，《收费公路管理条例》也明确规定，发现车辆超载时，收费公路经营管理者应当及时报告公安机关，由公安机关依法予以处理。因此，公路经营管理者无权也无义务去消除影响交通安全的超载违法行为，无权扣留车辆、阻止车辆继续行驶，仅仅在发现车辆超载时负有及时报告公安机关处理的报告义务。

（原载于《中国公路》2009年第4期。作者：范金国 吴昱）

微评论

关于超载与超限，两者的区别，不仅公众知之甚少，许多公路行业的领导干部，甚至路政员都对其认识模糊不清。实际上，“超限毁路坏桥，超载毁人害己”这句话，就明确地指明了两者的区别所在，理应成为家喻户晓的公益广告词。而对于这两者，公安机关交通管理部门应当在收费公路的入口进行查处，防止超载车辆进入收费公路，公路交通部门也应当依法查处违法超限行为，切实履行好保护公路、桥梁、隧道等公路路产自身完好、安全。

要命稻草

——从辜某赔偿案看《道路交通安全法》第一百零四条

导语

5 年前的夏天，湖北村民辜某被堆积在国道边的稻草堆夺去了生命，却将当地交通运输部门推上了被告席。两个多月前，这起官司终于有了判决结果，但一审败诉的当地交通运输部门并不服判决，原因何在？

2004 年 5 月 1 日，《道路交通安全法》正式实施。在实施的过程中，该法第一百零四条关于对道路障碍物管理方的责任划分及承担“赔偿责任”主体的界定，引发公众和媒体关注，并产生广泛讨论和争议。

从文字字面上来看，该条款规定交通运输主管部门应当行使对道路障碍物管理（含对影响交通安全活动的管理）的“责令停止违法行为、恢复原状、罚款”的法定职责，如不正确行使该职责，致使通行的人员、车辆及其他财产遭受损失的，则承担“赔偿责任”。在司法实践中，出现了公安机关用此条款推卸其对障碍物管理的责任，也有人民法院依照该条款的表面意思来判定公路管理机构承担责任。因此，正确辨析和理解该条款对于区分交通运输主管部门和公安交管部门职责、明确障碍物的管理主体，避免公路管理机构管理责任无限扩大化，有重要意义。

案情回顾

2005 年 9 月 5 日入夜，湖北省罗田县村民辜某驾驶两轮摩托车，在国道 318 线罗田新桥至团风途中，突遇两侧堆积的大量稻草堆，由于避让不及，摩托车发生侧翻，辜某当场死亡。

次年 1 月，辜某的家属将原团风县交通局告上法庭。湖北省团风县人民法院经过审理，认为根据《道路交通安全法》第一百零四条和《公路法》第八条的规定，道路的维护和管理是交通行政主管部门的法定职责，原团风县交通局应当依法履行其在本行政区域内的道路维护和管理工作。本案中的事故现场存在的路面堆放稻草，影响交通，属于交通运输管理部门的管理瑕疵。依照《最高人民法院关于审理人身损害赔偿案件适用法律若干问题的解释》第十六条的规定，在被告无证据证明其无过错的情况下，道路的管理人即原团风县交通局应承担赔偿责任。2008年12月14日，团风县人民法院据此作出判决：辜某的人身损害损失，由原团风县交通局赔偿50%，计47444.25元。

原团风县交通局对判决不服，向湖北省黄冈市中级人民法院提起上诉，该案至今仍在审理中。

详解法条

结合上述案例，《道路交通安全法》第一百零四条可以拆分成若干逐一解读。

“未经批准”，是指未按照有关法律、法规的规定，经有关道路主管部门及有关公安机关的批准。根据《公路法》及《城市道路管理条例》规定，因特殊需要，进行挖掘、占用公路、城市道路活动前，应当事先征得交通运输主管部门、城市建设主管部门的同意，影响交通安全的，还须征得有关公安机关的同意。

“未经批准，擅自挖掘道路、占用道路施工或者从事其他影响道路交通安全活动的”，指的是“未经道路主管部门批准，擅自挖掘道路、占用道路施工的，及未经公安交管部门批准，挖掘道路、占用道路时影响交通安全的或从事其他影响道路交通安全的情形”。理由是：挖掘、占用公路必然造成道路的损害，同时也可能会影响道路交通安全。《公路法》及《城市道路管理条例》规定，仅仅因特殊需要，经道路主管部门许可，才可以挖掘道路、占用道路施工。影响交通安全的，还需要公安交管部门批准。除特殊需要挖掘道路、占用道路施工的以外，道路主管部门不得批准，故对于从事其他影响道路交通安全活动的，不可能由道路主管部门来批准，也只能由公安交管部门来批准。

“由道路主管部门责令停止违法行为，并恢复原状，可以依法给予罚款”。这里道路主管部门仅仅是对未经其批准，擅自挖掘道路、占用道路施工的违法行为做出相应的具体行政行为。“责令停止违法行为”，指道路主管部门责令违法行为人立即停止其侵犯道路路产路权的活动，是一种行政命令。“并恢复原状”，是指道路主管部门责令违法行为人停止违法行为的同时，责令违法行为人采取有效措施排除对道路路产路权侵犯带来的影响，至少恢复到原来状态，这也是一种行政命令，并非法律赋予道路主管部门强制恢复原状（强制清除）的行政强制措施权。“可以依法给予罚款”，是法律赋予道路主管部门对此违法行为的行政处罚权。

“致使通行的人员、车辆及其他财产遭受损失的，依法承担赔偿责任”。这里规定的“致使通行的人员、车辆及其他财产遭受损失”，是指交通违法行为人的违法行为给通行的人员、车辆造成人身伤害或者财产损失，并非是指道路主管部门的行政管理行为给通行的人员、车辆造成人身伤害或者财产损失。

“有前款行为，影响道路交通安全活动的，公安机关交通管理部门可以责令停止违法行为，迅速恢复交通。”这句应当理解为：挖掘道路、占用道路时影响交通安全的或从事其他影响道路交通安全的，如未经公安交管部门批准，公安交管部门也有权责令行为人停止违法行为，迅速恢复交通。其中，“责令停止违法行为”是一种行政命令，“迅速恢复交通”不是行政命令，而是法律赋予公安交管部门的行政强制措施权，即强制恢复原有交通安全状态的行政权。

商榷之处

显然，从立法角度来说，《道路交通安全法》第一百零四条不够严谨，对道路主管部门和公安交管部门在对挖掘公路、占用公路施工及从事其他影响道路交通安全行为的管理职责、管理权利等方面的表述含混笼统，措辞不严谨，歧义众多，容易造成混淆，形成权责不分、谁都不能管、谁都不愿意管的局面。

原条款为：

“未经批准，擅自挖掘道路、占用道路施工或者从事其他影响道路交通安全活动的，由道路主管部门责令停止违法行为，并恢复原状，可以依法给予罚款；致使通行的人员、车辆及其他财产遭受损失的，依法承担赔偿责任。

有前款行为，影响道路交通安全活动的，公安机关交通管理部门可以责令停止违法行为，迅速恢复交通。”

建议修订为：

“未经道路主管部门批准，擅自挖掘道路、占用道路施工的，由道路主管部门责令停止违法行为并责令恢复原状，可以依法给予罚款。

挖掘道路、占用道路施工，影响交通安全的或从事其他影响道路交通安全的活动的，应当取得公安机关交通管理部门批准。未经批准的，公安机关交通管理部门应当责令停止违法行为，并应当采取强制清除、强制恢复措施，尽快恢复交通，保障道路交通安全。

致使通行的人员、车辆及其他财产遭受损失的，由行为人承担赔偿责任。”

如果进行如上修订，明确责任归属，许多问题将迎刃而解。

（原载于《中国公路》2009 年第 5 期。作者：范金国）

微评论

对法律进行修改，很难；对与人民群众生命财产息息相关的法律修改，更难；对涉及部门利益、责任冲突的法律修改，且修改责任冲突条款，更是难上加难。尽管如此，我们仍希望司法实践者能正确辨清部门职责，希望各部门能依法正确履行职责，让越位、缺位、错位现象不再重演。

村道事故中的“连坐”

导语

由交通运输主管部门来行使保护“村道”的行政管理职能是不现实的，“村道”范围太广，承担责任过重，很容易因“道路管理瑕疵责任”而被追究赔偿责任。如今，村道交通事故引发公路部门败诉和“连坐”的状况频发。因此，即将出台的《公路保护条例》作为上位法，应当对此进行明确。

2008 年 6 月 30 日，湖北省南漳县武安镇望家冲村村民陈某驾驶两轮摩托车行至城关镇杨林村路段（该路是由国家和村共同投资，县交通局无偿帮助修建的村道），被拱起的水泥路面绊倒死亡。事后，其妻余某以该路属杨林村、城关镇人民政府、原县交通局投资建设、养护和管理。路面拱起，杨林村、城关镇人民政府、原县交通局没有及时处理，管理存在瑕疵为由，将杨林村、城关镇人民政府、原县交通局告上法庭，要求三被告赔偿各项经济损失 7.5966 万元及精神抚慰金 3 万元。法庭审理裁定，被告杨林村、城关镇人民政府、原南漳县交通局共同向原告余某赔偿 4.55796 万元，三被告互负连带责任。

观点争鸣

本案事故发生路段道路性质属村道，原县交通局是否应负连带赔偿责任？各方说法不一，主要有两类。

说法一：应负连带责任。

该说法认为，这条路是国家和村共同投资，原县交通局帮助修建的。政策规定，县级人民政府是农村公路建设、养护和管理的责任主体，县级交通运输主管部门是具体负责农村公路建设、养护和管理工作的责任人。

与此同时，村级道路建设、养护，投入资金少，损害发生后，靠乡（镇）人民政府、村民委员会及承担施工养护管理任务的人，难以做出赔偿或补偿。依照“以人为本”的原则，将县级交通运输主管部门纳入损害赔偿的责任范围，互负连带责任，有利受害人利益保护。

说法二：不应负连带责任。

这种说法认为，乡村道路修在乡村集体土地之上，是乡村自己的路，受益人是乡村。该村道致人损害，非受益人县交通局负连带责任，参与赔偿，不符合“谁受益，谁承担责任”的原则。

其次，原县交通局是该村道路建设的无偿帮助者、无偿援助者和协助者，发生损害，县交通局负连带责任，参与赔偿，不符合《最高人民法院关于审理人身损害赔偿案件适用法律若干问题的解释》第十三条关于为他人无偿提供劳务的帮工人，在从事帮工活动中致人损害的，由被帮工人承担赔偿责任的规定。

2005 年 2 月，国务院审议通过的《农村公路建设规划》确定的原则是“政府主导，分层负责”，在建设、养护和管理中，县级人民政府仅是行政责任主体，县交通运输主管部门只负责编制计划，筹集资金，质量监督，协调乡镇人民政府做好其设施保护工作，不是全部责任主体。具体实施过程中发生的损害，其县交通运输主管部门负连带责任，不符合“分层负责”的原则。

乡村道路建设、养护、管理致人损害，县交通运输主管部门负连带民事责任，参与赔偿，等于国家承揽了应由乡村和村民承担的建设、养护和管理的责任和义务。其连带行为，不仅与《公路法》第七条“任何单位和个人都有爱护公路、公路用地及公路附属设施义务”的规定相悖。更重要的是，将助长乡（镇）、村组和村民建设、养护、管理乡村道路的依赖思想，削弱乡（镇）、村组和村民对本乡、本村道路建设、养护和管理的自觉性、主动性和责任感，不利于农村公路事业的发展和安全畅通。

笔者观点

笔者认为，本案中，湖北的交通运输主管部门被判承担连带赔偿责任，是承担的对村道的管理瑕疵责任，法院判决并无不妥。

当前一系列农村公路管理的法规和政策中，已经明确农村公路包括了村道，且交通运输主管部门已经被赋予对农村公路建设、养护和管理的职责。如国务院办公厅《关于印发农村公路管理养护体制改革方案的通知》(国办发[2005]49 号)中明确提出：“县级人民政府是本地区农村公路管理养护的责任主体，其交通运输主管部门具体负责管理养护工作。县级人民政府交通运输主管部门所属的公路管理机构具体承担农村公路的日常管理和养护工作，拟订公路养护建议计划并按照批准的计划组织实施，组织养护工程的招投标和发包工作，对养护质量进行检查验收，负责公路路政管理和路权路产保护”。交通运输部制定下发的《农村公路养护管理暂行办法》中也明确规定：“地方人民政府及其交通运输主管部门和公路管理机构的职责按国务院办公厅《农村公路管理养护体制改革方案》执行。地方各级交通运输主管部门和公路管理机构要结合当地实际，建立健全各项管理制度，加强路政管理队伍建设，提高路政管理人员执法水平，严格管理，维护好路产路权，保障农村公路畅通。村道的路政管理由县级交通运输主管部门和公路管理机构参照《路政管理规定》执行”。该案发生地湖北省的地方性法规《湖北省农村公路条例》中也规定：“县级人民政府是农村公路建设、养护和管理的责任主体，其交通运输主管部门具体负责农村公路建设、养护和管理工作”。在地方性法规和相关政策中，县交通运输主管部门是村道的管理主体，对村道负有管理职责，应承担因管理不善导致的侵权责任。

防范策略

首先应正确辨识村道管理瑕疵致人损害的责任主体。

村道虽然不是国家公路管理法律法规调整的公路，但是属于道路，根据《最高人民法院关于审理人身损害赔偿案件适用法律若干问题的解释》第十六条规定：道路、桥梁、隧道等人工建造的构筑物因维护、管理瑕疵致人损害的，适用民法通则第一百二十六条的规定，由所有人或者管理人承担赔偿责任，但能够证明自己没有过错的除外。因此，村道因维护、管理瑕疵致人损害的，其所有人或管理人是赔偿责任主体。

村道的所有人和管理人应当是村民委员会。“村道”的建设中使用的是村集体所有的土地，无须对所占土地征收为国有；“村道”是村集体所有的财产，村集体经济组织拥有对“村道”的占有、使用、收益和处分的权利；《物权法》规定：“农民集体所有的不动产和动产，属于本集体成员集体所有。属于村农民集体所有的，由村集体经济组织或者村民委员会代表集体行使所有权”。

《中华人民共和国村民委员会组织法》规定：“涉及村民利益的下列事项，村民委员会必须提请村民会议讨论决定，方可办理：（四）村办学校、村建道路等村公益事业的经费筹集方案；（五）村集体经济项目的立项、承包方案及村公益事业的建设承包方案；”对“村道”，应当由村委会按照国家关于村镇规划标准进行规划，并按照村民自愿民主决策，一事一议的方式，自主安排建设、养护和管理。

其次，通过立法让“村道”回归其本质属性。

“村道”作为村集体经济组织使用的构筑物和村集体所有的财产，由《中华人民共和国村民委员会组织法》、《物权法》和《村庄和集镇规划建设管理条例》、GB 50188《村镇规划标准》等相关法律法规和标准来调整。对集体财产的养护，依法应由其所有人实施，交通运输主管部门和公路管理机构无义务去负责和具体实施。对集体财产的保护，应当按照民法中对物权的保护的规定来进行。即：“公民、法人由于过错侵害国家的、集体的财产，侵害他人财产、人身的，应当承担民事责任”。损害了“村道”完好的，由村集体依法主张消除影响、恢复原状或者赔偿的民事权利。对故意损毁村道的，依法由公安机关依法追究其故意损毁公私财物的行政责任，情节和后果严重，触犯刑法的，由司法机关依法追究其刑事责任。

改变这一状况，笔者认为，交通运输部门下发的政策性文件和立法中，一定要正确辨析“村道”的法律性质，让其回归到村集体经济组织所有的财产这一属性，由村集体经济组织或基层乡镇人民政府实施养护和管理。期待即将出台的《公路保护条例》作为上位法，能对此进行明确。

（原载于《中国公路》2009年第9期。作者：范金国 朱媛）

微评论

村道的管理和养护主体是乡级人民政府，所有国务院关于村道的政策性文件，交通运输部关于村道的规章、政策性文件以及各地方关于村道的地方性法规、地方政府规章、地方性政策文件中，与行政法规规定不一致的内容，都违反了上位法规定，将失去法律效力——《公路安全保护条例》的明确规定，使村道事故中的“连坐”现象成为历史——这实在令人欣喜！

排水沟引发的赔偿案

案例回放

2006年8月27日下午3时许，湖北省武汉市蔡甸区大集镇居民李某在单位饮酒后骑自行车回家，在行至蔡甸区大集街大集至黄虎公路（一农村公路）杨家众段涵洞（与京珠高速公路立交的涵洞）外约12米处时，跌进路边约1米深的排水沟中受伤。

2006年11月26日，李某将湖北省京珠高速公路管理处和蔡甸区大集街办以及蔡甸区公路局告至蔡甸区人民法院，认为三被告未履行管理职责，违反法律法规和规章的规定，侵犯了其合法权益，请求赔偿33.216869万元。

蔡甸区人民法院一审认定事故发生地点的涵洞及排水沟是京珠高速公路附属设施，管理者为湖北省京珠高速公路管理处，由于该处疏于管理，致使原来就有的排水沟盖板被盗，存有安全隐患，造成原告李某受伤，应承担主要责任。李某酒后骑车，承担相应的民事责任。蔡甸区公路局不是事故路段的管理者，不承担责任。涵洞及排水沟是京珠高速公路管理处修建，未向大集街办移交，大集街办不承担责任。一审判决湖北省京珠高速公路管理处承担70%责任，共承担人身损害赔偿费、精神抚慰金、诉讼费共23.991069万元。

湖北省京珠高速公路管理处不服一审判决，以一审认定护理费缺乏事实依据、不符合法律规定；以三七开划分责任比例不当、大集街办不承担责任有悖法律规定为由，向武汉市中级人民法院提起上诉。2007年6月20日，武汉市中级人民法院作出了驳回上诉、维持原审的终审判决。

2009年2月23日，湖北省京珠高速公路管理处向湖北省高级人民法院申请了再审。2009年4月24日，湖北省高级人民法院裁定认为：该事故并非发生在京珠高速公路管理处管理的京珠高速公路上，对于该事发公路的管理和维护义务主体问题，原一审、二审法院在未查清相关事实的情况下，认定“事发道路及路边排水沟属于京珠高速公路的附属设施”这一基本事实，缺乏证据证明，故裁定本案由湖北省高级人民法院提审。提审期间，出于人道主义，湖北省京珠高速公路管理处与李某达成了调解协议。至此，该案结案。

排水沟由谁管

在湖北省武汉市两级人民法院的判决中，都认定："湖北省京珠高速公路管理处所修建的大集至黄虎杨家众涵洞及排水沟系京珠高速公路的附属设施，其管理者应当为湖北省京珠高速公路管理处"，"湖北省京珠高速公路管理处建设涵洞排水沟后未向被告武汉市蔡甸区人民政府大集街办移交"。两级法院的如此认定是没有任何事实依据的。

排水设施是一构筑物，是《物权法》调整的"物"的范畴，属于不动产。对不动产所有权权属认定，要看是否取得所依附的土地的使用权。因此，判断京珠高速公路管理处是否是该排水设施的所有权人，就要看京珠高速公路管理处对该排水设施所依附土地是否具有使用权。《物权法》规定："建设用地使用权人建造的建筑物、构筑物及其附属设施的所有权属于建设用地使用权人"。这一规定可以看出，建设用地使用权人在其依法取得的土地上建造的建筑物、构筑物及其附属设施的所有权依法推定归属于建设用地使用权人。如果他人在建设用地使用权人享有合法权利的土地上擅自建造建筑物或者构筑物，则属于侵权行为，建设用地使用权人有权要求拆除，他人无权取得其违法建造的建筑物或构筑物的所有权。京珠高速公路管理处在修建该高速公路时，并没有征用该排水设施所在的土地，无权在不具有土地所有权的土地上修建构筑物。所以，事实上修建的排水设施这一构筑物，很显然是在土地使用权人允许或者合同约定的情况下为土地使用权人修建。该构筑物的所有权依法应当由原土地使用权人所有。

该路段路面及边沟所有权和管理权仍属于修建立交桥之前的所有者和管理者，所有权和管理权从来就没有发生过转移。高速公路管理部门修建上跨立交，对上跨的高速公路部分，属于高速公路部门的路产，高速公路下跨的路段，仍然是原所有者所有，由原管理者管理，高速公路部门并没有征用，修建前，也没有办理过移交给高速公路部门的所谓转移。因此，不存在修建后移交的问题。

高速公路修建时，建设者无偿义务修建的该排水沟事实上就是该农村公路的公路边沟，是防止高速公路上及涵洞排泄的水流破坏农村公路、而用来保护农村公路的，应该是该农村公路的附属设施。两级人民法院的"谁修建的就是谁的，就由谁进行管理"是没有任何法律依据的。按这个推理，高速公路修建时义务帮很多沿线农户开挖过鱼塘，修建过很多简易便道，这些设施是否也要进行移交呢？如果没有移交手续，是不是就都归高速公路部门所有，并由其来管理、收益、处分呢？显然这是没有任何道理的。

排水沟必须加盖板？

公路边沟作为公路的附属设施，作为排水专用的构筑物，在以公路管理机构未对边沟加盖盖板为由要求管理机构承担管理瑕疵责任的案件（又称物件致人损害侵权或构筑物致人损害特殊侵权案件）中，公路管理机构在对边沟的管理上是否存在瑕疵，主要看是否有对边沟加盖盖板的义务。如果没有加盖盖板的义务，则不存在管理瑕疵，不应承担任何责任。

交通部行业标准（JTJ 018—1997）《公路排水设计规范》规定：边沟可采用三角形、蝶形、梯形和矩形横断面，按公路等级、所需排泄的设计流量、设置位置和土质或岩质选定。高速公路及一级公路，宜采用三角形或蝶形边沟；受条件限制而需要采用矩形横断面时，应在顶面加盖带槽孔的混凝土盖板。二级及二级以下公路，可采用梯形横断面；岩石挖方路段，可采用矩形横断面，其内侧坡面用浆砌片石砌筑以保持直立。矩形和梯形边沟的底宽和深度不应小于 0.4 米。挖方路段边沟的外侧坡面与路堑下部坡面的坡度一致。

以往的设计，各级公路的边沟都习惯采用梯形（土质）和矩形（岩质）横断面。对于高速公路和一级公路，在行驶车辆偏离出路基时，梯形和矩形边沟容易造成较大的安全事故，宜于采用浅三角形或蝶形横断面；而在流量大、过水断面相应较大时，为减少开挖量，故规定采用设带槽孔盖板的矩形横断面。

在对公路排水设计上，目前并没有国家标准，只能按照行业标准执行，这也是国家法律即《中华人民共和国标准化法》的授权。根据（JTJ 018—1997）《公路排水设计规范》这一标准，很显然，需要加盖盖板的公路，仅仅限于高速公路及一级公路，且是因受条件限制而需要采用矩形横断面边沟时，才有加盖盖板的义务。其他等级公路及其他条件下的公路边沟，并没有加盖盖板的义务。

本案中退一步说，即使该公路排水沟是高速公路的附属设施，是归湖北省京珠高速公路管理处进行管理，但仍不能改变它只是这段技术等级为三级或四级公路的边沟的性质。显然，湖北京珠高速公路管理处对修建高速公路时是否对该公路排水沟加盖盖板、是否对盖板进行管理、是否对被盗走的盖板进行恢复都不违反国家标准。对不需要加盖盖板的公路排水沟，任何公路管理机构都不存在管理瑕疵，不承担管理瑕疵责任。

意义非凡的终审

应当胜诉的案子败诉了，并是在武汉市中级人民法院形成的终审判决，这个终审判决结果对湖北省京珠高速公路管理处的影响是较大的。虽然这是一个个案，但是在武汉辖区是带有判例性质了，具有既判力（终局判决一旦获得确定，该判决针对请求所作出的判断就成为规制双方当事人今后法律关系的规范，当双方当事人对同一事项再度发生争执时，就不允许当事人提出与此相矛盾的主张，而且当事人不能对该判断进行争议，法院也不能作出与之相矛盾或抵触的判断，不允许对该判断再起争执的效力就是既判力），意味着该处要承担起对京珠高速公路武汉市辖区内所有类似有关的所谓“附属设施”进行维护和养护、管理的义务，并承担由此带来的巨大的责任。

绝不能让这样的判决书成为具有既判力的文书。鉴于此，湖北省京珠高速公路管理处申请人民检察院对该案提请抗诉，但是检察院没有受理，1 年的再审申请期限也随之滑过。山穷水尽疑无路，该案似已无翻身可能，湖北省京珠高速公路管理处似乎就要接受对辖区所有通道中没有办理“移交”的附属设施进行管养的现实了。

柳暗花明又一村。2008 年 4 月 1 日，修订后的《中华人民共和国民事诉讼法》实施，修订后的《中华人民共和国民事诉讼法》把再审申请期限修改为 2 年。2009 年 2 月，湖北省京珠高速公路管理处向湖北省高级人民法院申请再审。经过细致审理，湖北省高级人民法院认为原生效判决确定的事实缺乏证据证明，彻底否定了原审法院“谁修建的就应由谁管理”的错误的观点，因此裁定提审。提审过程中，通过调解方式结案，彻底否定了原武汉市中级人民法院的生效判决的既判力。

至此，类似下穿通道所带来的“莫须有”的管理责任，湖北省京珠高速公路管理处将可以合法“省心”。

（原载于《中国公路》2009 年第 11 期。作者：范金国）

微评论

湖北省在2009年6月1日起施行的《湖北省高速公路管理条例》中明确规定，上跨高速公路的公路桥梁、下穿高速公路的道路、收费站连接线，应当在高速公路建成后移交给当地公路部门养护管理。该地方性法规对高速公路与普通公路管理机构之间的相关构筑物的管理权进行了明确，即建成后应当移交，移交前，谁建谁管；移交后，谁接管谁管。这无疑提供了最简单的解决办法：建成后，办理好移交手续，或者签订合同，明确管理责任即可。

"倒卡逃费"的法办依据

倒卡逃费究竟属于什么样的违法犯罪行为？如果追究了驾驶员刑事责任，那么可能会出现逃费车主无力补缴通行费的情形，损失依旧无法弥补。高速公路经营管理者如何才能追回通行费损失？

另外，收费站不具备执法权，是否有权滞留有逃费嫌疑的车辆？如果无权滞留车辆，该怎么办？

蛛丝马迹

2009年3月6日，中原高速平顶山分公司下汤收费站发现有几辆许昌牌照的空货车频繁从下汤站下道，这一反常现象引起了收费站的注意。经仔细调阅资料发现这些车辆两次上、下道的间隔时间过短，如果这些车辆不走高速，时间是远远不够的，但是，如果这些车辆属于拉沙车，空车走高速又不合情理。

中原高速采用倒推的办法，看郑州、漯河以及许昌片区是否有严重超载车辆下道的信息，最终在郑州片区发现有和这些车辆相似的严重超载车下道的信息。至此，这些车辆非法倒卡行为且团伙作案的嫌疑浮出水面。

收集证据

为将这一倒卡逃费团伙一网打尽，河南中原高速下汤站迅速行动，调查收集逃费车辆的逃费证据。发现这些车辆有倒卡嫌疑后，下汤站立即调阅这些车辆的通行信息，并要求值班监控员24小时密切关注这些可疑车辆。通过对这些车辆信息的汇总分析，掌握了这些倒卡车辆的基本资料及活动规律。

从2月7日起，豫K-60166等五台车，在河南郑尧高速、南洛高速、西南绕城高速等线路上下近百余车次。从行车路线看，一般空车下站与入口图像相符，行驶时间正常。重车下道图像和上道时的图像不一致，如有的出口车头有雾灯，入口车头则没有雾灯；有的出口车头有反光标志，入口则没有反光标志，显然中途存在换卡换车牌的嫌疑，通过重车跑短途，空车跑长途，从而达到逃缴通行费的目的。

因这些车辆从下汤站下道时属正常行驶，下汤站对其治理存在一定的困难，为全面搜集证据，争取将这一倒卡团伙一网打尽，2009 年 3 月 6 日，下汤站安排专门人员在下汤西站蹲点守候，利用照相机收集这些车辆上道时的录像资料和图像资料，通过固定这些车上道是载货的，而下道则是空车的证据，证明这些车辆运输途中有倒卡逃费的违法行为。

经营管理者的困惑

虽然明知倒卡逃费行为的存在，但是对于如何处理和打击该行为，高速公路经营管理者陷入了困惑。倒卡逃费究竟属于什么样的违法犯罪行为？如果追究驾驶员刑事责任，可能会出现逃费车主无力补缴通行费的情形，损失依旧无法弥补。高速公路经营管理者如何才能追回通行费损失？

另外，收费站不具备执法权，是否有权滞留有逃费嫌疑的车辆？如果无权滞留车辆，该怎么办？

律师说法

根据《收费公路管理条例》的规定，目前我国收费高速公路的性质有两类：一类是政府还贷收费高速公路，一类是经营性收费高速公路。对于政府还贷收费高速公路来说，所收取的车辆通行费是行政事业性收费，高速公路经营管理者征收通行费的行为属于行政征收行为。对于经营性收费高速公路来说，所收取的车辆通行费是有偿使用高速公路所支付的合同对价。

分清楚不同性质的收费高速公路，对于处理拒交、逃交、少交通行费的行为有重要的意义。

对于政府还贷收费高速公路，在使用公路后，缴纳车辆通行费是高速公路使用者的法定义务，如果公路使用者拒交、逃交、少交，公路经营管理者有权依法向相对人征收逃交、少交的车辆通行费。相对人拒绝缴纳的，公路经营管理者有权直接向人民法院申请强制执行该行政征收具体行政行为。

而对于经营性收费高速公路，在有偿使用高速公路后，使用者有支付有偿使用高速公路合同对价的合同义务。若其拒交、逃交或少交，则是合同违约行为。公路经营管理者有权要求高速公路使用者继续履行缴纳对价费用的合同义务，同时可以依法追究其违约责任。

车辆通行卡是记载车辆驶入高速公路和驶出高速公路的重要凭证，如果调换通行卡，则会使高速公路经营管理者在驶入和驶出上陷入错误的认识和判断。

对于公路使用者在使用政府还贷收费高速公路的过程中，恶意倒卡逃交或少交通行费的行为，其主观上有采取诈骗方式获取非法利益的故意，侵犯的客体是国家的财物，在客观方面，恶意倒卡行为人实施了隐瞒重车行驶路途长远应依法多缴通行费的行为，通过倒卡和更换汽车牌照，使公路经营管理者陷入错误的认识，做出了倒卡行为人希望的少收其通行费的决定，因此，符合诈骗罪的特征，后果严重的，涉嫌构成诈骗罪。

同理，对于公路使用者在使用经营性收费高速公路的过程中，恶意倒卡逃交或少交通行费的行为，符合合同诈骗罪的特征，后果严重的，涉嫌构成合同诈骗罪。

高速公路经营管理者对于发现的恶意倒卡逃费的行为，应注意收集充分的证据，在有一定的证据的基础上，可以向公安机关报案，请求公安机关依法追究其诈骗行为的行政责任或刑事责任。公安机关应当依法予以受理，否则就是不作为。公安机关受理后也应当进行必要的调查取证，其调查取证的相关证据资料，同样也可以为高速公路经营管理者作为依法追缴通行费或要求支付合同对价费用及承担违约责任的证据。

公路经营管理者在收费站出入口无权滞留违法车辆，除非有法律或法规规定。但是，公路经营管理者可以采取其他方式滞留违法车辆，如全国大多数高速公路管理地方性法规都规定了对拒交、逃交、少交通行费的车辆，公路管理机构或交通运输主管部门有权采取一定的行政行为，因此，通知有权处理的机关进行处理是一种选择。其次，倒卡车辆大多数也调换了车辆牌照，而车辆牌照和卡的调换，只能在高速公路上停车进行，高速公路上随意停车并调换通行卡和牌照的行为，显然是交通违法行为；同时，随意更换车辆牌照，改变车辆真实登记信息，也是违反车辆管理的违法行为。因此，高速公路经营管理者也可以通知公安机关交通管理部门对涉嫌在高速公路上随意停车的违法行为和擅自变更车辆登记信息的行为进行查处，而公安机关交通管理部门进行查处的调查取证资料，同样可以为高速公路经营管理者所用，作为高速公路经营管理者依法追缴车辆通行费的证据。

在任何有权处理机关接到高速公路经营管理机构的报警或通知后，在依法滞留车辆期间，高速公路经营管理者可以向人民法院申请财产保全，请求人民法院对车辆实施保全，或者对保全的财物进行反担保。这样，无论违法行为人是否被追究刑事责任，都可以保证高速公路经营管理者追缴通行费的目标能够实现。

（原载于《中国公路》2009 年第 12 期。作者：范金国 杨胜利）

微评论

任何处罚，甚至追究刑事责任，都不可能杜绝车辆在通行费上打坏主意。其实,《收费公路管理条例》中，一把“尚方宝剑”依然高悬：拒绝行驶公路权。这无疑提醒了收费公路经营管理者，只要有证据证明车辆有拒交、逃交和少交车辆通行费的，将其纳入“黑名单”，拒绝其再次行驶高速公路，不再给其违法的机会，便足以遏制通行费违法行为。

此无责非彼无责

案例回放

2006 年 7 月 23 日，山东籍驾驶员刘某驾驶一货车在京珠高速公路湖北段 277 千米+400 米处，与前一重型专项作业车发生追尾交通事故，车辆翻覆。2006 年 8 月 1 日，公安交警部门认定，交通事故中，前车驾驶员负事故全责，刘某无责。

但与此同时，由于刘某的货车在翻覆过程中，直接碰撞、损毁了高速公路部分路产设施。经高速路政执法人员调查取证，刘某的货车造成各项路产设施损失达 7848 元。

事故后，路政执法人员多次与当事人刘某进行联系并进行催告，要求其尽快办理路产赔偿事宜。刘某对路产损害的事实虽无异议，但不认可由其承担路产损失赔偿责任，拒绝接受处理。在此情况下，路政执法人员依照相关地方性法规对车辆采取了强制措施。

刘某不服，以自己在交通事故中无责任，不应当由其承担高速公路路产损失赔偿责任为由，向相关部门提起信访。

律师评说

《公路法》第八十五条规定："对公路造成损害的，应当依法承担民事责任"。数台车辆发生交通事故，造成损害公路路产的后果，这些损害后果是由肇事车辆侵权所致，即公路的损害后果与这些车辆有因果关系，那么这些车辆都是公路赔偿案件的当事人，应当承担侵权民事赔偿责任。

《民法通则》第一百三十条规定："二人以上共同侵权造成他人损害的，应当承担连带责任"。因此，刘某所驾驶的货车是造成高速公路路产设施损坏的直接肇事车辆，其车辆与其他车辆发生交通事故，共同侵权造成路产损失，理应对路产损失承担连带赔偿责任，公路管理机构有权向任一侵权人主张赔偿责任。

至于刘某认为公路管理机构也应依照交警事故认定书对责任的划定，因他在本次事故中无责，故不能向其主张赔偿权，笔者认为：公路管理机构不是交通事故责任认定机构，对于交通事故车辆之间的事故责任划分，无权作出裁判，事故车辆之间的责任划分，应由交警部门认定或人民法院予以裁判。公路管理机构不可能在处理每一个路产损失案件时去等候并征询交警部门对当事人责任划分的事故认定，更何况公路管理机构作为一个单位，不是交通事故的当事人，交警部门也没义务向公路管理机构提供事故认定书。

由于人民法院随时可以变更或撤销该事故认定书，或者不予采信该事故认定书，使事故认定书处于效力待定状态，交警的事故认定书作为证据的一种，对责任的划分本身也处于不确定状态。交通事故车辆之间的内部责任划分不能对抗公路管理机构与事故车辆之间的民事赔偿关系，民事赔偿责任与交通事故当事人之间的事故责任本来就是两个概念，二者有时候并不一致。所以，公路管理机构的索赔与交通事故当事人的责任是两个法律关系。

因此，刘某应主动接受路政执法机构处理，在赔偿路产损失后，再依照事故认定的责任，依法向真正的赔偿义务人进行追偿或向保险机构申请理赔。

案外有话说

在非单方肇事交通事故中，公路管理机构一定要围绕公路路产损害的后果（损失数额）、因果关系和肇事车辆作为当事人的基本情况，做好详尽的调查取证工作。特别是要多调查收集车辆登记车主和驾驶员、甚至货物托运人、运输合同、保险单证等证据：如对车辆行驶证、驾驶员驾驶证或身份证等进行复印或者拍照后打印出来；或到公安交警部门查验、核实、调取车辆登记、交强险保险情况；到公安户籍部门核实、调取驾驶员或者个人车主的身份情况等。这些证据材料都是为通过诉讼途径进行索赔的必要证据，只有充分做好诉讼解决的准备工作，增加路产索赔能力，才能确保路产损失能得到最大限度地挽回。

如通过路政管理行政手段不能顺利处理路产索赔事宜，可以按照侵权法律关系，将相关保险公司及凡在行驶公路中有过错的且过错与公路损害后果有因果关系的单位、个人起诉到人民法院，必要的时候申请人民法院采取诉讼保全措施，也将更有利于路产损失赔偿问题的解决。

（原载于《中国公路》2009 年第 14 期。作者：范金国　潘怀）

微评论

司法实践中，因交通事故引发的路赔案件，仍被定位为机动车交通事故责任纠纷，路产损失只是交通事故中的财产损害部分，赔偿义务人仍基本以公安机关交通管理部门事故认定书中确定的责任当事人来确定。因此，公路管理机构或收费公路经营企业在当事人拒绝赔偿路产损失时，应及时向人民法院提起诉讼，通过法律途径，请求人民法院保护公路财产权益。

合同的“有效”之争

案例回放

山东某地方公路局，通过招投标方式，与一自然人签订该局管养公路某路段的小修保养协议，并签订了承包协议书，负责该局管养公路某路段的小修保养工作。

该自然人雇请的养护人员在清理公路行道树时，发生交通事故受伤，受伤的养护人员将地方公路局和雇主一起告上法庭。法院以该公路局没有审核雇主的资质，将小修保养工程发包给不具备养护工程资质的自然人，因此认定该小修保养协议是无效协议，判公路局与雇主共同承担连带责任。

小修保养是否需要资质？公路局与自然人之间的协议，真的因此就成了无效协议？

细致评述

市场准入制度是关于市场主体和交易对象进入市场的有关准则和法规，是政府对市场管理和经济发展的一种制度安排。它具体通过政府有关部门对市场主体的登记、发放许可证、执照等方式来体现。

根据《行政许可法》第十二条规定，提供公众服务并且直接关系公共利益的职业、行业，需要确定具备特殊信誉、特殊条件或者特殊技能等资格、资质的事项；企业或者其他组织的设立等，需要确定主体资格的事项，可以设定行政许可。市场的准入，应通过行政许可来设立相应的资质。而根据《行政许可法》第十四条、第十五条规定，法律、行政法规、国务院决定、地方性法规和省级人民政府可以设定行政许可事项（含临时许可事项）。《中华人民共和国公司登记管理条例》第二十二条也规定：“公司申请登记的经营范围中属于法律、行政法规或者国务院决定规定在登记前须经批准的项目的，应当在申请登记前报经国家有关部门批准，并向公司登记机关提交有关批准文件”。因此，国家部委的部门规章无权设定行政许可事项。

公路养护目前在逐步走向市场化，但是规范市场准入的，只有交通运输部印发的一个文件，即《公路养护工程市场准入暂行规定》。可以说，交通运输部对养护单位资质的规定，仅仅是为了培育我国公路养护工程市场对企业设置的资质条件，工商行政主管部门是不予认可的。只要工商部门核发的营业执照中有养护作业的经营项目，都有权从事任何养护经营活动。

正因为有权设置行政许可事项的国家法律和法规等，没有对公路养护必须具备某种资质的强制性规定，法院若以此为由，强加公路管理机构审核自然人养护资质的义务，法院的认定显然是错误的。可以想象，小修保养中的日常保洁如果也需要具备资质的单位才能来承包，是何等的荒谬。

国务院办公厅关于印发农村公路管理养护体制改革方案的通知(国办发[2005]49号)中，也明确规定：对等级较低、自然条件特殊等难以通过市场化运作进行养护作业的农村公路，可实行干线支线搭配，建设、改造和养护一体化招标，也可以采取个人（农户）分段承包等方式进行养护。因此，县道、乡道和村道是可以采取个人承包方式进行养护的。该文件从另一方面说明，交通运输部制定的公路养护市场准入规定并非强制性的。

本案中，公路局与自然人签订的小修保养协议，是平等民事主体之间的民事合同。根据《中华人民共和国合同法》的规定，合同在违反法律、行政法规的强制性规定时，合同无效。这里的法律和行政法规是狭义上的法律和行政法规，并没有任何法律和行政法规规定从事小修保养必须具备一定的资质，因此，该协议是有效的。

（原载于《中国公路》2009年第16期。作者：范金国）

微评论

公路养护市场准入问题，在2011年7月1日起实施的《公路安全保护条例》中已得到解决。该条例第四十六条规定，从事公路养护作业的单位应当具备下列资质条件：有一定数量的符合要求的技术人员；有与公路养护作业相适应的技术设备；有与公路养护作业相适应的作业经历；国务院交通运输主管部门规定的其他条件。此外，公路养护作业单位资质管理办法由国务院交通运输主管部门另行制定。根据该行政法规的规定，国务院交通运输主管部门有权实施对公路养护市场的管理，同样包括对公路养护作业单位资质的管理。

打赢“牛”官司

案例回放

2009年2月5日下午3时许，湖北京珠高速路政支队执法人员在路政巡查中，发现村民李某毁坏高速公路隔离栅，进入京珠高速公路匝道中间的绿化带里放牛，给高速公路行车安全带来严重的安全隐患，路政执法人员立即对李某的违法行为进行制止，并要求李某立即将牛牵出高速公路用地范围，李某在牵牛出去的时候摔倒，后经法医鉴定，构成十级伤残。

事情发生后，李某以“湖北省京珠高速公路管理处的管理人员巡逻发现原告在此处放牛，管理人员到达现场后，将牛强行赶走。在赶牛的过程中，由于原告的手将牛绳子牵着，牛因受到惊吓跑动时将原告带倒在地，造成原告身体受到损伤”为由，向湖北省武汉市蔡甸区人民法院提起民事诉讼，将湖北省京珠高速公路管理处告上法庭，要求对其人身损害予以赔偿。

民事诉讼还是行政诉讼？

《中华人民共和国民事诉讼法》第三条规定：“人民法院受理公民之间、法人之间、其他组织之间以及他们相互之间因财产关系和人身关系提起的民事诉讼，适用本法的规定”，简单地说，就是平等主体之间因财产关系和人身关系产生的纠纷属于民事诉讼的受案范围。《行政诉讼法》第二条规定：“公民、法人或者其他组织认为行政机关和行政机关工作人员的具体行政行为侵犯其合法权益，有权依照本法向人民法院提起诉讼”，最高人民法院关于执行《行政诉讼法》若干问题的解释对行政诉讼的受案范围又作了进一步明确，该解释第一条第一款规定，“公民、法人或者其他组织对具有国家行政职权的机关和组织及其工作人员的行政行为不服，依法提起诉讼的，属于人民法院的受案范围”。

因此，判断是民事诉讼还是行政诉讼，主要看一方对另一方实施的行为是否是具体行政行为。判断一方实施的行为是否是具体行政行为，则要看双方之间地位是否平等，即是平等主体还是管理与被管理关系。

确认是民事诉讼还是行政诉讼程序，在类似的案件中有着重要的意义。如民事诉讼中当事人有着非常宽松的起诉期限，诉讼时效一般为2年，而行政管理活动的时效性决定了行政诉讼中相对人的起诉期限相对较短，超过期限的后果是丧失起诉权，受理后发现不符合起诉条件的应驳回起诉。相对人不服复议决定的起诉期限为15日，直接对具体行政行为起诉的期限为3个月。在管辖法院上，民事侵权诉讼可以由侵权行为地或被告住所地人民法院管辖。而行政诉讼只能由被告住所地人民法院管辖。在赔偿标准上，民事侵权赔偿的赔偿项目和标准也远高于行政赔偿诉讼的项目和标准。

本案中，《湖北省高等级公路管理条例》这一当时仍属有效的地方性法规已经授权湖北京珠路政支队对在公路用地范围内放牧的违法行为进行管理，湖北省京珠高速公路管理处作为法规授权的行政执法主体，下属的公路路政执法人员对李某的违反高速公路管理法律法规的违法行为进行制止，履行的是公路路政管理职责的职务行为，与李某之间显然不是平等民事主体关系，而是管理者与被管理者关系，路政执法人员的行为不是民事侵权行为。对认为是违法行使行政管理职权造成人身损害的，根据《行政诉讼法》第十一条第(八)项规定，本案应当适用行政诉讼程序，而不应适用民事诉讼程序。

赔不赔?

《湖北省高等级公路管理条例》第十五条第（四）项明确规定，在高等级公路及其用地范围内，禁止从事种植作物、放养牲畜活动。之所以作出如此规定，不仅仅因为在高速公路及其用地范围内放养牲畜，是侵害高速公路管理机构的路权的行为，更是因为在高速公路及用地范围内放养牲畜，人和牲畜蹿上高速公路行车道的可能性大大增加，严重危害了高速公路行车安全。因此，《湖北省高等级公路管理条例》第三十一条规定："违反本条例第四条、第十五条、第十六条规定，侵占、污染、损坏高等级公路及其设施和建设用地的，由管理机构责令停止侵害、恢复原状、清除堆积物、拆除设施；造成损失的，应当负责赔偿"。湖北京珠高速路政执法人员依法责令李某停止在高速公路用地范围内放牧，是依法履行职务的行为，该行为有法可依。湖北省京珠高速路政执法人员在路政巡查中发现毁坏高速公路隔离栅进入高速公路用地范围内放牧的违法行为后，立即对违法相对人的违法行为进行制止，在李某牵牛出去时，牛突然奔走，将李某摔倒在地，湖北省京珠高速公路管理处所属执法人员并未"强行赶牛"，只是责令违法行为人将牛牵出去。在牛的管理人在现场的情况下，单纯赶牛也不符合生活常理，因此，路政执法人员执法行为并无不当。

同时，本案中，李某摔倒后果完全由其自身原因造成的。其摔倒与牛是动物易发疯的本性、李某自身身体状况及放牧的方式、李某在高速公路用地范围内违法放牧、高速公路匝道四周车辆众多的放牧环境等都有很大关系，与路政执法人员制止其违法放牧的行政管理行为并无任何因果关系。因此，让公路管理机构对李某的违法行为承担赔偿责任，是没有任何事实和法律依据的。

本案结果

笔者作为律师，代理公路部门对这起纠纷进行了应诉。在庭审中，笔者针对审理应适用的程序、管辖的法院及路政机构执法行为的合法性进行阐述后，本案主审法官反复多次登门，给公路部门做工作，公路部门最终同意给予李某人道主义帮助 3000 元。从法律角度来说，公路部门这次胜诉了，这提醒我们，类似涉路案件中若不抓住案件的要害，法院判令公路管理机构赔偿的判决，或许来得比什么都要快。

（原载于《中国公路》2009 年第 17 期。作者：范金国）

微评论

诉讼案件的现实宣传教育作用，不可小觑：原本这片高速公路互通区域一直是沿线附近村民“理所当然”的放牛场所，尽管公路管理机构多次宣传普法，收效甚微，但经历诉讼之后，这里再也没有人来放牛了。

非法厢板该谁拆

案例回放

2009 年 10 月，在当地市政府统一安排部署下，湖北省某市公路路政执法人员与公安交警、道路运输管理部门执法人员一道，在超限检测站点开展专项行动，整治超限运输车辆的非法加高厢板护栏行为。

具体做法是凡是非法加高车辆厢板护栏的超限车辆，对非法加高的部分，一律强制予以拆除并没收。此举对打击非法超限运输起到了积极作用，同时也引起车主及驾驶员的广泛质疑。

2009 年 10 月下旬，个体运输驾驶员谢某因其车辆加高厢板被强制切割并予以没收，遂以该市交通运输局为被申请人，以交通路政部门强制拆除加高厢板行为无法律依据为由，向该市市政府法制办提起了行政复议，要求确认交通路政部门强制拆除加高厢板的行为违法，并请求返还没收的加高厢板，赔偿恢复厢板的费用。

交通运输局辩称，虽然执法行为是在交通运输部门所属的超限检测站点进行，但是属于与公安交警部门的联合执法，公安交警部门在超限检测站点执法并无违法之处，切割车辆非法加高厢板的行为是公安交警部门负责实施的，交通运输部门并未实施该行为。

最后，谢某撤回了复议申请。

牵头后的风险

根据现有法律法规依据，在路面执法中能对非法改装车辆进行管理的行政主体有公安机关交通管理部门和交通运输部门道路运输管理机构。

公安部《机动车登记规定》中规定，非法加高汽车货厢厢板或护栏的行为属于擅自改变机动车外形和已登记的有关技术数据的违法行为；而根据交通部《关于进一步加强道路运输车辆改装管理工作的通知》(交公路发[2006]158 号)的规定，擅自加高、加宽、加长、拆除货厢栏板或者增加车辆外廓尺寸的行为属于非法改装道路运输车辆的违法行为。

因此，交通运输部门公路路政管理机构只有权对非法改装车辆的超限违法行为进行查处，对其非法改装车辆的行为无权查处。如果以公路路政管理机构名义牵头对此进行管理，则具体行政行为很容易因无法律依据而引发相关法律风险。

此外，工商行政管理部门对非法改装车辆的管理，主要是对非法改装企业进行的管理，即对凡是未经国家发展和改革委员会批准从事车辆改装的企业，均按《无照经营查处取缔办法》的规定，按无照经营予以查处和取缔。工商行政管理部门无权在公路上对行驶的车辆进行检查，只能通过相关部门的路面执法后提供的相关证据进行责任倒查。

细说法律依据

公安交警部门应对车辆非法改装行为依法进行查处。《道路交通安全法》第十六条规定："任何单位或者个人不得有下列行为：(一)拼装机动车或者擅自改变机动车已登记的结构、构造或者特征"。第八十七条规定："公安机关交通管理部门及其交通警察对道路交通安全违法行为，应当及时纠正"。《机动车登记规定》第四十八条规定："除本规定第十条和第十六条规定的情形外，擅自改变机动车外形和已登记的有关技术数据的，由公安机关交通管理部门责令恢复原状，并处警告或者五百元以下罚款"。

道路运输管理机构也应依法对营运车辆的非法改装行为进行查处。《中华人民共和国道路运输条例》第三十一条规定："客运经营者、货运经营者应当加强对车辆的维护和检测，确保车辆符合国家规定的技术标准；不得使用报废的、擅自改装的和其他不符合国家规定的车辆从事道路运输经营"。第七十一条第二款规定："违反本条例的规定，客运经营者、货运经营者擅自改装已取得车辆营运证的车辆的，由县级以上道路运输管理机构责令改正，处5000元以上2万元以下的罚款"。

《机动车登记规定》只赋予公安交警部门对非法改装车辆责令恢复原状和警告或500元以下罚款的行政手段，并未授权强制拆除权。但是《中华人民共和国道路交通安全法》第八十七条规定，公安机关交通管理部门及其交通警察对道路交通安全违法行为，应当及时纠正。在公安交警部门责令恢复原状而违法相对人拒不恢复时，公安交警部门应及时纠正，及时纠正包含强制恢复（亦即强制拆除非法改装的厢板护栏使恢复到原状）。因此，公安交警部门强制拆除非法改装的厢板和护栏是有法可依的。

而《中华人民共和国道路运输条例》只赋予了道路运输管理机构责令改正的行政命令权和处 5000 元至 2 万元罚款的行政处罚权，并未赋予其行政强制措施和强制执行权，因此，道路运输管理机构进行强拆非法改装的厢板和护栏没有法律依据。

没收非法财物是行政处罚的一个类别，强拆下来的厢板和护栏是一种非法财物，要没收必须也有法律依据。因此，公安交警部门和道路运输管理机构都无权没收强拆下来的厢板和护栏，应将拆下的厢板和护栏返还给违法相对人。

当然，如果加高厢板和护栏的车辆是非法拼装车辆或者是报废车辆，根据《中华人民共和国道路交通安全法》第一百条的规定，公安交警部门是有权收缴并强制报废的。

总而言之，只有公安交警部门才有权强制拆除非法加高的车辆厢板和护栏，路政管理机构无权实施该强制措施。建议进行该专项治理中，以公安交警部门的名义对此违法行为进行打击，更为妥当。

（原载于《中国公路》2009 年第 22 期。作者：范金国）

微评论

《公路安全保护条例》对从源头防治超限车辆包括非法改装车辆，作出了更加详细而明确的规定。首先是从生产和销售环节进行防范，该条例第三十条规定，车辆的外廓尺寸、轴荷和总质量应当符合国家有关车辆外廓尺寸、轴荷、质量限值等机动车安全技术标准，不符合标准的不得生产、销售。其次是从登记环节进行防范，该条例第三十一条规定，公安机关交通管理部门办理车辆登记，应当当场查验，对不符合机动车国家安全技术标准的车辆不予登记。这里，公安机关交通管理部门对车辆登记时应当“当场查验”，从形式上的审查变为实质上的审查，强化了公安机关车辆登记部门的责任。相信该条例相关规定的落实，让公安、质监、工商等部门对非法改装车辆违法行为的查处，更加明确。

岂能一封了之

导语

前段时间的漫天飞雪，不免让人回忆起 2008 年年初的那场灾难……降雪和大雾，都是封闭高速公路的直接原因。但这一行政行为事关群众生命财产安全的同时，也涉及高速公路经营管理者利益，必须谨慎行使，“一封了之”显然不是万金油。

中原的范例

2009 年 11 月 10 日晚，突如其来的大雪和冰冻席卷中原大地，包括连霍、京港澳高速公路在内的部分高速公路主线、桥梁、匝道结冰，河南省境内近千公里高速公路实行交通管制。

次日中午，连霍高速洛阳至豫皖界、京港澳高速全段等部分路段相继开通。中午过后，雪花再次飘落，河南全省高速公路于傍晚全部关闭。

高速封路后，河南省交通大动脉顿时“肠梗阻”，联合指挥中心交通求助此起彼伏。河南省交通运输厅紧急启动恶劣天气保通应急方案，要求全省高速公路所有路政、养护、征收、高速公路服务区等有关单位迅速行动起来，除备足除雪融冰设备、物资外，服务区也备齐食物、油料、水和御寒衣物，人员 24 小时待命。

路政部门与公安交警部门配合，最大限度地疏导滞留车辆，对部分路段采取警车、路政车带路、单车道通行、间断放行、控制车速等措施保证车辆安全通行，正在除雪保通作业的路段，符合条件的立即开通。

封路“两分法”

封闭高速公路的发生条件，主要可分为两种：一是因高速公路维修或改建施工的需要；二是因高速公路出现严重损毁、恶劣气象条件或者重大交通事故等严重影响车辆安全通行的情形。

对于因高速公路维修或改建施工的需要，确需封闭高速公路的情形，法律和行政法规并未明确规定应当经过哪个部门的许可。但是，收费高速公路经营管理者或施工单位应当遵守相关规定，具体是《道路交通安全法》第三十九条、《收费公路管理条例》第三十一条第一款、《道路交通安全法实施条例》第三十五条的规定。

当然，一些地方性法规对中断交通施工进行了许可的授权规定，规定由公路管理机构和公安机关交通管理部门共同进行许可。如《湖北省公路路政管理条例》第十四条规定："因改建或者养护公路影响车辆、行人通行时，施工单位应在施工现场设置明显的施工标志和安全标志，需要绕行的，还需设置绕行标志。确需中断交通进行施工的，应按公路等级，分别报经县级以上公路管理机构和公安交通管理机关同意，并向社会公告"。

而对于因高速公路出现严重损毁、恶劣气象条件或者重大交通事故等严重影响车辆安全通行，需要封闭高速公路的情形，因该种情形比较复杂，高速公路行车安全和高速公路经营管理者利益的矛盾冲突、高速公路经营管理者与公安机关交通运输主管部门的矛盾冲突都在此类封闭高速公路情形中体现得淋漓尽致。

根据《道路交通安全法》第四十条、《收费公路管理条例》第三十一条第二款等相关法律和行政法规的规定，对于此类需要封闭高速公路的情形，应由公安机关交通管理部门来决定，由高速公路经营管理者来协助实施。遇公安机关交通管理部门采取封闭高速公路的通知时，高速公路经营管理者应当积极配合公安机关，并将封闭高速公路的管制信息向通行车辆进行提示。

当然，法律法规的规定同时也从反面说明，无论何种情形，在未接到公安机关封闭高速公路的管制措施通知前，高速公路经营管理者无权擅自封闭高速公路，必须履行为合法通行者提供普遍服务的社会义务。

"不机械"带来双赢

恶劣天气引起封闭高速公路的决定权在公安机关交通管理部门。在不需要封闭高速公路的情形下强行封闭高速公路，不仅侵害高速公路经营管理者的合法利益，而且侵害了高速公路使用者的合法权益。比如，在可以采取限制通行速度就可以确保安全通行的情况下，为图省事或者担心承担相应责任，仍对高速公路一封了之；或者缺乏责任心，在封闭高速公路情形已经消失的条件下，不及时恢复高速公路的开通；甚至有的公安机关交通管理部门因部门利益或个人利益，实施报复性行政行为，擅自封闭高速公路。

封闭高速公路的行为是法律法规赋予公安机关的交通管制行为，是具体行政行为。当具体行政行为违法，或者侵害他人的合法权益时，公安机关及相关执法人员应当承担相应的法律责任。

根据《行政诉讼法》第十一条第一款第（八）项的规定和第六十七条、第六十八条的规定，对公安机关交通管理部门滥用职权侵害收费权的违法行为，高速公路经营管理者可以依法提起行政诉讼及行政赔偿诉讼。

根据《中华人民共和国行政监察法》第十六条的规定和《中华人民共和国人民警察法》第四十二条、第四十三条的规定，对公安机关及其相关人员滥用职权，随意封闭高速公路，侵害高速公路经营管理者收费权的，可以依法向行政监察机关、人民检察院以及该公安机关的上级机关进行投诉、举报。构成犯罪的，应当依法追究刑事责任。

根据《中华人民共和国刑法》第三百九十七条规定："国家机关工作人员滥用职权或者玩忽职守，致使公共财产、国家和人民利益遭受重大损失的，处三年以下有期徒刑或者拘役；情节特别严重的，处三年以上七年以下有期徒刑。本法另有规定的，依照规定。国家机关工作人员徇私舞弊，犯前款罪的，处五年以下有期徒刑或者拘役；情节特别严重的，处五年以上十年以下有期徒刑。本法另有规定的，依照规定"。

此外，根据《最高人民检察院关于渎职侵权犯罪案件立案标准的规定》，滥用职权罪是指国家机关工作人员超越职权，违法决定、处理其无权决定、处理的事项，或者违反规定处理公务，致使公共财产、国家和人民利益遭受重大损失的行为。涉嫌造成公共财产或者法人、其他组织财产直接经济损失 20 万元以上，或者直接经济损失不满 20 万元，但间接经济损失 100 万元以上的，应予立案。

因此，公安机关交通管理部门应当正确履行交通管制职责，不能随意封闭高速公路，而公路部门在确保高速公路发挥最大效益的同时，如何协调公安交警恰当地确定封闭时间和封闭方式，显得更为必要。如湖北省高速公路管理部门在 2008 年南方雪灾中，没有机械地封闭高速公路，而是采取限制车速、执法车辆领路控制车速等方式，在疏导交通方面赢得了社会舆论的支持。

《湖北省高速公路管理条例》第四十一条对此做法从立法上进行了明确，并对封闭高速公路做出了严格的限制性规定：因严重自然灾害、恶劣气候或者重特大交通事故等特殊情形影响车辆正常通行的，省公安机关高速公路交通安全管理机构和省高速公路管理机构应当及时相互通报路况信息，采取限制车速、间断放行等措施对车辆进行疏导。采取措施后仍难以保证交通安全确需封闭高速公路的，省公安机关高速公路交通安全管理机构应当征求省高速公路管理机构意见后实施，并及时向社会公告。

总而言之，如何结合具体情况，制定和把握确需封闭高速公路的标准，是合理解决高速公路封闭问题的关键。

（原载于《中国公路》2009年第23期。作者：范金国）

微评论

借用“中路社区”中网友“家家”对此文的跟帖，作为对此文的点评：“我们普通公路路窄，坡陡，弯急，我们都从来没有因下雪而封路，下雪了就全力保畅，没有一封了之，回家睡觉。高速路比我们的普通路各方面都好，在下雪时它的通行能力也一定比普通路更强，封闭显然是一种不负责任、逃避责任、至人民群众危难于不顾的行为。下雪了，不让走好一点的路，把好路封了，把车全赶到情况更糟的路上去，让行车雪上加霜，这是人性化吗？律师朋友提醒了我们如何正确看待，解决这个问题。”

荒唐的“玩忽职守”

2005年9月1日，山西省静乐县段家寨乡闹林沟村村民马某在公路上打场晒粮，被过往车辆碰撞，当场死亡。事故发生后，交通事故相关民事赔偿事宜得以妥善处理。

事情过去了4年，2009年8月26日，静乐县公路段路政大队副大队长路海源被静乐县人民检察院以涉嫌玩忽职守立案侦查。9月28日，静乐县人民检察院向静乐县人民法院提起了公诉，认为当以玩忽职守罪追究其刑事责任。

2009年11月24日，静乐县人民法院作出一审刑事判决。该院认为，路海源身为静乐县路政大队副大队长，对公路的路产、路权有管理、维护的职责，而被告人路海源不履行本人职责，对公路的路产、路权管理、维护、检查、督促、建议、制止不力，致使人民利益遭受重大损失，其行为已构成玩忽职守罪，公诉机关指控的罪名成立，但念于系初犯，且犯罪情节显著轻微，判决被告人路海源犯玩忽职守罪，免予刑事处罚。

拿着有罪判决的判决书，路海源眼含热泪，百感交集。自己真的有罪吗?

从玩忽职守说起

所谓玩忽职守，是指行为人严重不负责任，不履行或者不认真履行职责，这是一种不作为的方式。要满足玩忽职守的行为，前提是行为人必须具有法定的职责，本身就没有职责上的要求，就谈不上不履行或者不认真履行，也就谈不上玩忽职守。

刑法第三百九十七条规定的玩忽职守罪，是指国家机关工作人员由于玩忽职守，对工作严重不负责任，不履行或者不正确履行其职责，致使公共财产、国家和人民的利益遭受重大损失的行为。犯罪客体是国家机关的正常管理活动。

那么打场晒粮的管理，到底是不是路政机构的职责?

《公路法》第四十三条规定，县级以上地方人民政府交通运输主管部门应当认真履行职责，依法做好公路保护工作，并努力采用科学的管理方法和先进的技术手段，提高公路管理水平，逐步完善公路服务设施，保障公路的完好、安全和畅通。

而在该法第七十条规定中，交通运输主管部门、公路管理机构负有管理和保护公路的责任，有权检查、制止各种侵占、损坏公路、公路用地、公路附属设施及其他违反本法规定的行为。结合《公路法》的规定，根据交通部 2003 年《路政管理规定》第二条第二款对路政管理进行的定义，所谓“路政管理”，是指县级以上人民政府交通运输主管部门或者其设置的公路管理机构，为维护公路管理者、经营者、使用者的合法权益，根据《公路法》及其他有关法律、法规和规章的规定，实施保护公路、公路用地及公路附属设施(以下统称“路产”)的行政管理。

显然，根据公路法律法规立法的目的，公路路政管理的行政管理目标就是保护公路，通过保护公路，达到维护公路管理者、经营者、使用者的合法权益的目标。保护公路就是保护公路路产这一“物”的自身完好及安全并保护其不因自身完好安全性能遭到损毁引起路面不畅通情况的发生。《公路法》等相关法律法规正是围绕这一行政管理目标，赋予的公路路政管理机构的相关职责及权利。道路交通安全管理并不是公路路政管理机构的法定职责，正因为如此，《公路法》第四十五条、第四十六条等相关条款都明确规定：影响交通安全的，还须征得有关公安机关的同意。

打场晒粮的行为属于在公路上设置障碍物的行为。在公路上设置障碍物，对公路自身的完好、安全并无大的影响，但是对公路行车安全影响很大，影响的是道路交通良好的安全秩序。当该行为对公路自身的完好、安全和畅通有一定影响的时候，对打场晒粮的管理才是交通运输主管部门或公路管理机构的职责，交通运输主管部门或公路管理机构应有权依照《公路法》第四十六条和第七十七条的规定，责令停止违法行为，可以处 5000 元以下的罚款。但是，要明确：交通运输主管部门实施的管理目标，是为了保护公路这一构筑物的自身完好安全畅通。

无罪的理由

发生重大损失的结果必须与玩忽职守行为具有刑法上的因果关系，缺失二者之间的因果关系，就无法构成玩忽职守罪。

在这个案件中，重大损失的结果显然指的是违法打场晒粮的行为人马某的死亡后果。即使路海源具有“没有认真履行职责，对所辖路段监管不力”的玩忽职守的行为，该行为与马某的死亡后果也没有任何因果关系。

首先，如果路海源所在的路政管理机构没有认真履行路政管理职责，因该起打场晒粮事件导致公路路产的毁损和公路作为国有资产的国家利益的损失，构成犯罪的，自然可以追究其玩忽职守的行为。但是，这起打场晒粮事件的后果是：违法从事打场晒粮的行为人死亡。且不说行为人死亡与其自身的过错，即从事打场晒粮的违法行为有关（事故具体原因应当以交警部门的事故认定书为准），即使是与管理部门管理失职有关，也是与公安交警部门对影响道路交通安全的障碍物管理不力有关，应当追究公安交警部门的玩忽职守的法律责任。

其次，路政管理的管理目标，对道路交通安全的保障同样能起到重要的作用，但是，不能因路政管理能保障道路交通安全，就把道路交通安全保障的责任加给路政管理机构。正如此案路海源的辩护人在辩护词中所说：当然路政执法也可能会起到保护公共交通安全的效果，但这并不等同于法定职责，就好比公安机关户籍管理也会起到监管计划生育的效果，但不能说监管计划生育也是公安机关的法定职责。路政执法会起到保护交通安全的效果，交警交通安全执法也有可能会起到保护路产、路权的效果。另外禁止在公路控制区内建设、挖设管线，还可以起到防止水土流失或监管城市、村镇规划的效果，公诉人错误地理解了法条，把效果等同于职责，以致作出了错误的起诉。

路政管理不应曲解

2007 年 9 月 27 日晚，刘某驾驶三轮车行驶至湖北省省道沙渔公路时，因陈某在公路上占道晾晒稻谷，与一辆两轮摩托车相撞，造成摩托车上江某、苏某死亡。死者家属将刘某、陈某和公安县公路管理局和交警大队告上法庭。湖北省公安县人民法院一审判决，分别由刘某、陈某和原告承担 80%、10%和 10%的赔偿责任。公安县公路管理局的职责是保护公路完好、安全和畅通，使公路、公路桥梁、公路隧道的自身安全得到保护，而路障管理以及交通标志、标线等安全设施的管理不属于公路局的职责范畴，公路管理局没有消除打场晒粮和公路路障的法定义务，在本案中不承担民事赔偿责任，同时，公安县交通警察大队已提供相关证据证实，已经采取了相关措施，履行了相关职责，亦无过错责任，不承担责任。死者家属不服一审判决，提出上诉。2008 年 3 月 25 日，湖北省荆州市中级人民法院终审裁定：驳回上诉，维持原判。

当前大量的涉路案件，并非和上述案件一样得到公正审理结果，而是曲解公路路政管理职责，将大量道路交通安全管理不善的账算在公路管理机构头上，以前出现的仅仅是民事责任的承担问题，而此案则是一个信号的开始：如果不在立法上对公路路政管理职责进行更加明确的定义或解释，今后越来越多的路海源这样的路政执法人员将成为“路政管理概念”的牺牲品，届时，更多的路政管理执法人员将陷入“刑事门”，当公路路政执法人员人人自危时，势必人人远离这个岗位，公路的保护将走向无序。

要有效改变这一现象，首先，除了需要我们全体公路管理执法人员正确理解公路路政管理职责并大力向社会宣传这一职责外，要坚持不懈地把类似案件打到底，必要的时候要向人大、政法委、纪检监察部门、上级检察机关和法院等机关反映，争取公正的判决，维护公路执法人员的合法权益。

其次，在公路立法上，要在《公路保护条例》中对路政管理职责进行具体和准确的定义，或者充分利用《公路管理条例》中国务院授权交通运输主管部门的法规解释权，对该条例第二十一条进行解释，明确路政管理机构职责和障碍物的管理主体等相关法律关系。

（原载于《中国公路》2009 年第 24 期。作者：范金国）

微评论

这是一个有些沉重的案例，是对我国近年来公路法制建设所暴露出的不足的一次反省。《公路安全保护条例》已经出台，该条例第十六条第二款中，进一步明确和细化了《公路法》第四十六条中的列举内容，其中将“打场晒粮”作为增加的列举事项。于是有人说，法规已经正式明确了打场晒粮归公路管理机构管了。是的，我们从来不否认公路管理机构对打场晒粮有管理权，毕竟打场晒粮行为是一种损坏、污染公路和影响公路畅通的行为。但是，我们更不能无视，打场晒粮同时是一种设置障碍物的行为，其直接危害后果是影响交通安全，因此不应忽略公安机关交通管理部门对其交通安全违法属性的管理。

不该挨的板子

媒体的责问

2010年1月14日，《法制日报》刊发了该报记者胡新桥、余飞采写的《高速公路事故频发 管理部门应否担责》一文。文中对发生在湖北境内的两起特大交通事故进行了报道，同时对高速公路经营管理部门是否应当担责进行了探讨。

2010年1月9日晚，一辆半挂货车沿湖北境内汉十(武汉—十堰)高速公路行驶，途经枣阳段张凹水库大桥时，因桥面结冰，驾驶员未降低车速，致使发生侧滑，与路肩护栏相撞后侧翻。随后而来的一辆商务车采取措施不及，撞上半挂货车车身，紧随其后的轿车也发生了追尾……该起事故造成11辆车连环追尾，7人死亡，14人受伤。2010年1月12日清晨，京珠高速湖北咸宁赤壁段发生20余车连环相撞事故，造成2人死亡、6人受伤。记者根据采访做出推测，车祸发生的原因可能是早晨雾较大，车速较快所致。

对高速公路经营管理部门应否担责的问题，法制日报社记者分别采访了某咨询公司工作人员和中南财经政法大学教授乔新生，双方对此持有不同观点。

"对此有过专门研究"的某咨询公司工作人员陈羲称："从法律角度分析，高速公路经营管理部门应当为这次特大交通事故承担刑事和民事法律责任"；"当高速公路经营管理部门的收费站职员把收费卡交给要进入高速公路的车主时，高速公路经营管理部门便与车主达成了一项协议，双方便拥有了相应的权利和义务。协议的凭证是收费卡。车主与高速公路管理部门达成协议后，高速公路经营管理部门应当履行自己的协议义务，为车主提供协议所规定和要求的产品和服务，即一条符合国家有关法律法规规定的安全的高速公路。车主的义务是严格遵守国家有关交通的法律法规，服从管理，正确驾驶和使用车辆，严禁酒后驾车"；"汉十高速公路经营管理部门没有履行自己的义务，为车主提供的是一条'雨雪结冰导致路面湿滑'的高速公路。因此，根据我国《合同法》，汉十高速公路经营管理部门应当对此次交通事故中的违约后果承担民事责任，赔偿相关损失"；"根据我国刑法规定，应当预见自己的行为可能发生危害社会的结果，因为疏忽大意而没有预见，或者已经预见而轻信能够避免，以致发生这种结果的，是过失犯罪。当气温低于零摄氏度时，高速公路路面结冰，汽车行驶有可能发生危险，这是常识。不管汉十高速公路经营管理部门是否意识到这一危险性，都已触犯了刑法，司法机关应当追究汉十高速公路的刑事责任”。

中南财经政法大学教授乔新生教授并不完全赞同上述观点。他认为，高速公路经营管理部门的确与行驶在高速公路上的车主形成了合同关系，但这仅仅是道路使用合同。对高速公路经营管理部门来说，在这份合同里没有安全义务。此外，就道路使用来说，并不适用消费者权益保护法，而在产品质量法里，也没有提及道路交通安全。

记者的探访是否全面到位？文中的观点是否客观公正？值得商榷。

适用法条的职责划分

不是所有的高速公路经营管理者与高速公路使用者都存在合同关系。根据《收费公路管理条例》的规定，对于政府还贷收费高速公路，经营管理者收取的通行费是行政事业性收费，征收通行费的行为是行政征收行为，任何使用了政府还贷收费高速公路的使用者，都应当无条件按照收费标准缴纳通行费，这是法定义务，并非合同义务。此时的收费卡作用仅仅是计量高速公路使用者使用高速公路里程，其与收费系统等终端设备配合使用，共同确定通行费应征额。

经营性收费高速公路的经营管理者与公路使用者之间可以说存在合同关系，但此合同仅仅是高速公路有偿使用合同，合同双方义务均由法定，法律并没有规定经营管理者有保障高速公路使用者安全的义务。

无论是哪种性质的高速公路，良好的道路交通秩序需要驾驶员的遵纪守法，需要车辆的安全，也需要道路的良好状态。高速公路经营管理者不可能阻止雨雪雾等自然现象发生和气温下降结冰现象的发生。发生雨雪雾或结冰现象后，高速公路经营管理者的法定义务只有两点：一是按照国家标准和规范要求，及时做好除雪除冰的工作（《收费公路管理条例》第二十六条）；二是做好信息提示工作及报告有关部门并协助疏导交通，在严重影响车辆安全通行的情形下，配合公安机关交通管理部门做好交通管制并进行信息提示（《收费公路管理条例》第三十一条）。进入高速公路并不是进入一个由经营管理者承担无限放大责任的保险箱。

上述二案例中，湖北汉十高速公路和京珠高速公路都是政府还贷性收费高速公路，与高速公路使用者不存在任何合同关系。汉十高速的案例中，发生事故时，高速公路养护车辆正在路上巡查和进行防冻防滑作业，汉十高速公路经营管理机构也没接到任何交警部门封闭高速公路或对高速公路进行限速通行的管制指令，以合同违约为由认为汉十高速公路经营管理机构承担责任，是主观臆断。京珠高速的案例中，事故原因之一是因雾天恶劣气象条件引起。雾天是否达到严重影响车辆安全通行的情形，公安机关交通管理部门依法有责任和义务进行判定并决定是否采取交通管制措施。在没有采取交通管制措施前，京珠高速公路管理机构无权封闭高速公路，不能擅自中断高速公路的普遍服务义务。

雨雪天气和大雾天气应当谨慎行车，这是一个众所周知的安全常识，《道路交通安全法》对这些情形下的驾驶员的义务作出了明确的规定：夜间行驶或者在容易发生危险的路段行驶，以及遇有沙尘、冰雹、雨、雪、雾、结冰等气象条件时，应当减低行驶速度。同车道行驶的机动车，后车应当与前车保持足以采取紧急制动措施的安全距离。判断是否雨雪天气和大雾天气等气象条件，其实无需特别提示，机动车驾驶员应自觉严格遵守法律规定。

在恶劣天气条件下，如果每一个机动车驾驶员珍惜生命，自觉遵守法律规定；如果公安机关交警部门严格履行法定义务，及时采取相应交通管制措施并通知高速公路经营管理机构配合落实，高速公路上的悲剧将不再重演。因此，真正要承担管理责任的不应是高速公路的经营管理者，而是负责交通安全并有权根据情形采取交通管制措施的公安机关交通管理部门。

势在必行的纠偏

当前不少媒体在对一些事件进行报道时，会带有主观偏向性，进行错误的舆论引导。如记者在报道中提出问题："目前，汉十高速公路连环撞车事故的责任追究、理赔工作已经开始。那么，哪些人或单位要为此事故担责？"问题提的不错，阐述却全部集中在"对高速公路应否担责说法不一"这一点上，并没有对交警部门是否应当担责进行探讨，将责任的承担主体推向高速公路经营管理机构。在采访中，记者宁愿询问一个对交通法律法规一知半解或者说一窍不通的非专业人员，也不愿倾听高速公路经营管理机构、交通运输主管部门或者交通专业律师的声音，直接将承担责任的矛头指向高速公路经营管理机构。在链接案例中，没有列举大量高速公路在类似案件中不承担责任的案例，却把 2004 年 11 月《收费公路管理条例》实施后的两个明显法律依据已发生变化的案例，特别是把十多年前南京机场高速公路的案例拿来说事，明显是进行一种错误的导向性报道。这样的错误的舆论导向，对公路事业的良性发展十分有害。

各级公路管理部门应当充分运用媒体正确的舆论导向作用，对各类胜诉的案件在社会媒体及行业媒体内进行宣传。而媒体在类似案件中进行的采访，应多倾听交通业内人士特别是交通法律专业人士的声音，尽可能树立良好的舆论环境。

（原载于《中国公路》2010 年第 1 期。作者：范金国）

微评论

借用“中路社区”中“五味子”网友的跟帖，对此文进行点评：“雨雪过后低温，路面必然会结冰，这是气象常识，作为驾驶员应该清醒地知道这一点，适当降低车速就能避免事故。责任应该在驾驶员。大雾天气能见度低，除了瞎子都应该知道，为什么还要高速行驶？谁的责任？至于合约也好，协议也好，当事人自己的责任不能都推给对方。就像人在饭馆被鱼刺卡着了不能追究饭馆的责任，只能是自己不小心造成的。”

并非万能的护栏

编前语

当前道路交通事故人身损害赔偿纠纷案件中，形成这样的怪现象，并且日趋普遍：在事故受害人应得到的赔偿难以到位时，公路管理机构被拉入诉讼中成为垫背，甚至成为原告方的一种诉讼技巧。在当今司法领域片面强调和谐司法理念、忽视“以事实为依据，以法律为准绳”基本原则的情况下，若不全力应对诉讼，则很容易被判承担责任——不利判例，显然会阻碍公路事业良性发展。然而打铁还得自身硬，公路部门除了要聘请熟悉交通领域的专业律师，更要勤勉履行我们的管理职责，加强对现有道路及设施的养护和管理，及时修复损坏的设施，使之恢复到符合规范或标准的状态——这期的案例，我们就从高速公路常见的中央隔离带的护栏说起……

案例回放

2009 年 6 月 18 日 10 时 15 分，在京珠高速公路湖北段发生一起交通事故。广东籍驾驶员林某驾驶的重型厢式货车轮胎突然爆裂，车辆向左越过中央分隔带，与对面疾驶而来的一辆小车相撞，造成小车内 5 人死亡。

2009 年 7 月 20 日，亡者的近亲属将湖北省京珠高速公路管理处列为被告，向人民法院提起民事诉讼，要求其赔偿损失总额 305 万元的 50%。其理由是“事发路段中央隔离带没有隔离墩，只是隔离栏中间栽上绿化组成隔离带，隔离带几乎没有安全阻挡能力，严重存在安全隐患，失控车容易越过隔离带，与对面行驶的车辆相撞。如果中央隔离带有隔离墩，或中央隔离带虽然没有隔离墩，但阻挡安全防护功能强，就不可能发生此安全事故”。

2009 年 12 月 22 日，武汉市蔡甸区人民法院作出一审判决：本院对其要求高速公路管理处赔偿的请求不予支持，驳回原告对湖北省京珠高速公路管理处的诉讼请求。

护栏是万能的吗？

护栏分刚性护栏（代表形式为混凝土护栏）、半刚性护栏（代表形式为波形梁护栏）、柔性护栏（代表形式为缆索护栏）。护栏是一种安全设施，但护栏本身也是一种障碍物，同样会对行车安全构成威胁，设置护栏是为了保护和降低极小概率事故的严重程度，并不能保证所有的车辆不会越出、冲断或下穿护栏。根据交通部行业标准 JTG D80—2006《高速公路交通工程及沿线设施设计通用规范》的条文说明：车辆碰撞护栏是十分复杂的过程，目前为止尚没有精确计算方法进行设计。确定护栏碰撞条件的原则是满足当前公路交通实际情况，确保 85%以上失控车辆不会越出、冲断或下穿护栏。

国家没有任何规范规定必须在半刚性护栏中间加设刚性护栏。护栏形式的选择，应针对每条高速公路的具体情况，充分比较各种护栏的性能，分析行驶安全感、压迫感、视线诱导、瞭望的舒适性，并考虑与公路周围环境的协调，结合经济性、施工条件及养护维修等因素，在综合分析的基础上确定。如果在已经使用半刚性的波形梁护栏的基础上，再在中间设置刚性的混凝土护栏，相对于使用柔性护栏或半刚性护栏来说，虽然防止车辆穿越中央分隔带的效果表面似乎好一些，但是，对单边车道内发生的碰撞护栏导致的车辆和人员的伤亡后果比例显然会大大增加，这同样会形成新的安全隐患。没有任何强制性规范规定在已经设置了波形梁护栏的基础上，还需要在波形梁护栏中间再加上一道混凝土刚性护栏。

交通事故的发生通常是人、车、路等因素共同作用的结果，中央分隔带护栏不可能阻挡所有违法驾驶员和车辆穿越中央分隔带，司乘人员模范地遵守交通规则以及公安机关交通管理部门依照法定职责加强对驾驶员、车辆的管理才是避免交通事故的根本所在。此次交通事故发生的原因，是驾驶员林某疲劳驾驶以及遇车辆爆胎险情时未按操作规范安全驾驶造成，即此次事故发生原因是由人和车的因素造成，与路是没有任何因果关系的。

有效的抗辩

此案的审理中，湖北省京珠高速公路管理处从三个方面进行了抗辩：一是事故路段中央分隔带护栏设计及施工符合国家规范，不存在任何安全隐患和质量问题，二是事故发生与高速公路安全设施没有任何的因果关系，三是京珠高速公路管理处没有任何过错。

为支持抗辩理由，湖北省京珠高速公路管理处举出了相应证据：京珠国道主干线湖北省南段项目工程质量检验评定报告、各标段单位工程评定表、公路工程质量鉴定证书、京珠国道主管线湖北省南段竣工验收鉴定书、设计单位出具的京珠高速公路湖北省南段中央分隔带护栏设置情况说明书等。这些证据证明了事故路段中央分隔带护栏的设计及施工经过了政府交通运输质量监督管理部门的质量检验评定，鉴定结果是质量为优良。经过政府交通运输行政主管部门的竣工验收，质量等级也为优良，在竣工验收合格后，方投入正式运营。通过这些证据，用以证明事故路段中央分隔带的护栏作为交通安全设施，其设计和施工是符合国家规范的。

根据最高人民法院《关于审理人身损害赔偿案件适用法律若干问题的解释》，在湖北省京珠高速公路管理处已经举证证明没有过错的情况下，湖北省京珠高速公路管理处不应承担任何道路管理瑕疵责任。同时，根据“谁主张谁举证”的举证规则，原告方仍应当就侵权行为的各要件进行举证。在原告方没有举出任何相反证据证明湖北省京珠高速公路管理处所设置的护栏不符合国家规范或存在安全隐患的过错，更没有举证证明此次交通事故与护栏设置是否有过错存在因果关系的情况下，原告方应承担举证不能的不利后果。

正基于此，原告方未提出相反的证据，即提出能反驳湖北省京珠高速公路管理处证据的情况下，法院驳回了原告方对京珠高速公路管理处诉讼请求的判决。

（原载于《中国公路》2010 年第 2 期。作者：范金国）

微评论

不仅仅是受害人会拿公路部门经过验收的护栏说事，负责交通安全的“个别部门”，也喜欢拿护栏说事。事故发生后，总是先从道路及相关附属物上找毛病，不管是否专业，也不管道路的缺陷与事故是否有因果关系，这种现象无疑值得警惕。此文为我们对类似情况的处理，提供了一个较好的抗辩范例。

阻击“稻草命案”成为判例

编者按

2009年，本刊曾刊发《要命稻草》一文，介绍了一起发生在湖北省团风县境内的公路路面堆放稻草引发的交通事故。最近，这起看似普通的人身损害赔偿案件，经过反反复复的五次判决，历时四年多，终于以交通运输部门胜诉结案。类似的案件近几年日渐频繁，判决结果却不尽相同。在当前的法治环境、舆论环境下，如何正确运用一些诉讼技巧，应对这类道路物件致人损害的侵权案件，最大限度维护公路部门的合法权益，不让该案成为此类案件的判例——这正是我们重新对这起案件进行回顾的目的。

3个法院的5次判决

2005年9月5日晚，湖北省黄冈市罗田县村民辜某驾驶两轮摩托车沿318国道行驶时，因道路两侧均有稻草堆，辜某避让不及，撞上右方稻草堆后导致摩托车侧翻，造成辜某当场死亡。

2006年1月6日，辜某的近亲属把原团风县交通局和团风县公安局交警大队告上法庭，提起民事诉讼，由于团风县人民法院以原告与团风县公安局不是平等主体间的民事关系，法庭裁定驳回起诉。

辜某的近亲属再次提起行政诉讼，指定管辖的麻城市人民法院作出行政判决，判决原团风县交通局和公安局均承担赔偿责任。

原团风县交通局和公安局均不服，提起上诉，黄冈市中级人民法院作出裁定，认为不属于行政诉讼，裁定撤销麻城市人民法院判决，驳回起诉。

辜某的近亲属再次向团风县人民法院提起民事诉讼，团风县人民法院认为：根据《道路交通安全法》第一百零四条和《公路法》第八条的规定，道路的维护和管理是交通行政主管部门的法定职责，原团风县交通局应当依法履行其在本行政区域内的道路维护和管理工作，本案中的事故现场存在的路面堆放稻草，影响交通，属于交通运输管理部门的管理瑕疵，道路的管理人即原团风县交通局应承担赔偿责任。判决：辜某的人身损害损失，由团风县交通局赔偿50%计4.744425

万元。

原团风县交通局不服判决，向黄冈市中级人民法院提起上诉。经审理和审判委员会讨论，黄冈市中级人民法院认为：根据《道路交通安全法》、《公路法》的相关规定，道路的维护和管理是交通运输行政主管部门或其设置的公路管理机构的法定职责，但其职责是保护公路完好、安全和畅通，使公路、桥梁、隧道自身安全得到保护，即保护公路的路产路权，不让公路、桥梁、隧道遭到损毁而导致通行困难或交通中断，保护路产、路权、维护道路设施的安全性能。根据《国务院关于改革道路交通管理体制的通知》(国发[1986]94 号)的相关规定，路障管理不属于交通运输行政主管部门或其设置的公路管理机构的法定职责范围，其没有消除打场晒粮和公路路障的义务。本案中的事故现场路面堆放的稻草，属于影响交通安全的障碍物，但不属于交通运输行政主管部门或公路管理机构的维护、管理职责。原团风县交通局在本案中没有过错，依法不应当承担责任。2009 年 12 月 16 日，黄冈市中级人民法院据此作出终审判决：撤销湖北省团风县人民法院民事判决，驳回被上诉人的诉讼请求。

坚持中的细节把握

对于此类案件，要树立“打持久战”的意识，聘请公路交通专业律师，从专业角度，积极应诉。事实证明，只要公路交通运输部门把诉讼坚持到底的，基本上都取得了最终的胜诉结果，或者是避免了不利的败诉结果。

其次，在案件的处理中，要树立大局观念，正确处理“舍”与“得”的辩证关系。在上述案件中，经过 4 年多的审理，反复 5 次的判决，对受害人近亲属来说，无疑是一种次生伤害，受害人近亲属为此多次到相关部门上访。若正确判决，受害人近亲属必然继续上访或采取极端做法，造成社会不稳定因素，加上人民法院系统当前倡导的“和谐司法”理念，给审理此案的人民法院造成极大压力。

笔者深刻理解和体谅人民法院和诉讼双方的苦衷，为彻底圆满解决此案，笔者提出如下解决方案：人民法院依法进行判决，驳回对受害人近亲属起诉，让原团风县交通局取得具有既判力的胜诉结果；由原团风县交通局对受害人近亲属给予一定数额的人道主义救助，化解受害人近亲属损失和心中的怨恨；由受害人近亲属书面承诺不再为此案缠诉和上访，助人民法院化解纠纷、减轻“维稳”压力。笔者的解决方案得到诉讼双方主体的配合和人民法院的同意，使该案得到圆满解决，笔者所期望的“舍”今日少许救助款，“得”日后所有类似案件不再买单的诉讼目标得以实现。

类似案件审理中，实在无法说服并赢得法官最终支持的，笔者建议一定不要让不利的判决成为生效判决。这时候可以采取调解方式结案，人民法院对通过调解结案是非常欢迎的。如果一审是判决结案，那么一定要上诉，在二审中如果不能争取胜诉判决，也要争取调解结案，只要进入二审程序一直到二审维持原判期间，原一审判决就并未生效。

诚然，以上这些小技巧也仅是权衡之计。要从根本上赢得同类案件，有待于相关法律法规的完善和明晰。这要求我们公路交通运输部门在参与公路管理的国家立法、地方立法和依法进行的法律解释中，要正确区分部门职责，尽可能对公路交通运输部门“保障公路完好安全畅通”的职责进行明释，避免造成理解歧义。不要争取所谓的障碍物强制清除权，“有权必有责”，这个权是有限的，若给了公路交通运输部门，责却是可以被社会公众和审判机关无限放大的。

挡住第一块多米诺骨牌

笔者在代理大量同类型的案件时，反复向公路交通运输部门说明，这样的案子，无论打多久，无论耗费多少人力物力财力，一定不能败诉。否则将形成“多米诺骨牌效应”，后果非常严重。反之，若取得胜诉，将为公路交通运输部门避免大量损失。

如果败诉，公路交通运输部门将为大量的随时发生的公路上的障碍物引发的交通事故买单。在物件致人损害的交通事故中，在当前舆论环境和法治环境条件下，公路交通运输部门作为执行能力较强的单位，不被告上法庭已成很稀罕的事。如果一个案子败诉了，今后同样的案件将连绵不绝，公路交通运输部门将成为法定的买单人。如果一个案子胜诉了，今后同样的案件将把公路交通运输部门排除在法定买单人之外。

其次，一个案子败诉了，将形成判例，虽然我国不实行判例制，但是生效判决在作出该判决的人民法院管辖范围是具有既判力的，不利的生效判决必然殃及同一地区的兄弟单位。相反，如果一个案子胜诉了，形成判例后，将对生效判决作出的法院管辖范围内的所有公路交通运输部门是件福音。如本期案例中，若非原团风县交通局在二审中全力以赴取得胜诉，在黄冈市中级人民法院作出不利生效判决情况下，黄冈市辖区的所有县级公路交通运输部门的类似案件，在生效判决未经法定程序撤销前，都将以不利生效判决为判决参考。毕竟同一法院对同一类型案件，不可能作出不同的或矛盾的判决。黄冈中院作出公路交通运输部门胜诉判决后，黄冈市辖区所有正在进行审理的同类案件将很容易取得胜诉，所有已经生效的基层人民法院的同类案件不利判决也均可通过提起申诉来“翻身”。

由于当前社会对公路交通运输部门的法定职责和公安机关交通管理部门的法定职责理解区别不够，对公路安全和交通安全差别理解区别不够，在相关法律法规对此规定不够明晰的情况下，人民法院的正确判决可以起到对该辖区公路交通运输部门和公安部门职责进行划分的作用。这样的判决对公路交通运输部门来说，是有百利无一弊的：公路交通运输部门不用再耗费大量人力物力财力去清障，做自己不该做的事情；公路交通部门干部职工不会因“玩忽职守”再被检察院纠缠不休，“路海源事件”（见《荒唐的“玩忽职守”》也不会重演。本期案例的审理过程中，原团风县公安局交警大队自始至终力图把清除障碍物的职责推给公路交通运输部门，并引用了备受争议的《道路交通安全法》第一百零四条。黄冈中院的终审判决认定公路交通运输部门不具备路障管理的职责，对部门职责之争画上了一个句号。

（原载于《中国公路》2010 年第 6 期。作者：范金国）

微评论

此文发表后，公路行业有些不同声音，认为这种策略是“花钱买胜诉”，不妥。的确，这顶“帽子”不太中看，也不符合我国“人民法院独立行使审判权”以及“以事实为根据、以法律为准绳”的司法原则。其实，我们更宁愿称其为诉讼中的小技巧，在当前公路系统所面临的司法环境下，笔者可以负责任地说，这类诉讼技巧仍然是保证我们公路事业往良性方向发展的一种重要策略。我们的公路管理者以及为我们公路事业服务的法律工作者，只有目光放得更长远些，统筹考虑个案的影响力，才能更好维护公路部门的合法权益。

路政电话缺位的反思

导语

车辆在公路上发生事故是难免的，其中很多事故会对公路造成损害。在车辆参加了保险的情况下，绝大多数驾驶人员都能够及时拨打“122”报警，接受交警部门的处理。但问题是当事人在拨打“122”报警的情况下，可能因为没有履行《公路法》第五十三条规定的义务，给交通运输主管部门打电话报告而因此遭到处罚。“122”电话号码全国统一，完全免费；公路管理机构却没有统一的报警电话号码，一个外地驾驶员在他地发生事故后如何向公路管理机构报告？经常有当事驾驶员因此被罚款。我们的很多交通监督的设置，是想了很多办法挖个坑让你往里面跳的。

——摘自《公民韩寒的交通问题》

在公路行业，上面算是老生常谈了，但问题始终未得到解决，一个小小的电话号码，果真具有如此重要的作用吗?

案例回放

2005 年 9 月 27 日凌晨，在湖北省沙洋县公路管理段管养的 219 省道王田桥施工路段，鄂 H-126××号货车与陕 A-A73××号大型客车发生相撞惨剧，造成三人死亡、多人受伤、两车受损的特大交通事故。

经沙洋县交警部门认定，陕 A-A73××号车因超速行驶负主要责任，王田桥施工路段的施工单位——沙洋县公路管理段下属的沙洋某养护公司被交警部门认定因标志牌设置不规范负次要责任，鄂 H-126××号货车无责任。

此后，死者近亲属、鄂 H-126××号货车车主、陕 A-A73××号大型客车车主分别将沙洋公司告上法庭，要求沙洋公司赔偿相关人身、财产损失。沙洋人民法院均判决沙洋公司承担事故总损失的 25%。

沙洋公司百思不得其解：当天施工结束，已经按照要求设置了警示标志的呀！怎么在特大交通事故现场中，标志残缺不齐，防围设施也七零八落呢？通过走访、调查，沙洋公司终于得知，该特大交通事故发生前 3 小时左右，武汉某公司所有的鄂 A-786××号车在该路段单方肇事，撞飞了沙洋公司设置的标志牌及防围设施。该车并没有报告公路管理机构，也没通知施工单位重新设置，更没有自行采取必要的安全措施，致使在后一起特大交通事故的发生中，沙洋公司被法院以标志设置不规范为由，判处承担赔偿责任。

沙洋公司认为，事故赔偿责任应当由撞飞、损坏标志牌及防围设施且没有报告公路部门的车主武汉公司来承担。于是在每个法院判决该公司承担诉讼费用及25%的赔偿责任的判决生效后，都分别将武汉公司告上法庭，要求由武汉公司来承担这些“飞来横祸”的损失。沙洋县人民法院均认定武汉公司侵权行为成立，判令武汉公司赔偿沙洋公司损失的 90%。

武汉公司不服。第一个一审判决送达后，上诉至荆门市中级人民法院，在荆门市中级人民法院调解下，武汉公司与沙洋公司达成调解协议。

第二个一审判决送达后，武汉公司再次上诉至荆门市中级人民法院。

荆门市中级人民法院做出终审裁定：驳回上诉，维持原判。武汉公司仍不服，向湖北省高级人民法院申请再审，湖北省高级人民法院认为二级法院裁判正确，裁定驳回了武汉公司的再审申请。

沙洋公司承担赔偿责任的判决下达后，2010 年 3 月，沙洋公司第三次将武汉公司告上法庭。

各方喊冤

沙洋公司认为自己很冤枉：特大交通事故发生前，沙洋公司已经按国家规定，在施工路段设置了足够的符合安全标准的警示标志牌和防围设施，其中，在武汉公司所属车辆来车方向、施工路段的前方，设置了两块施工路段安全警示标志牌，在施工路段设置了防围设施。在法院的审理中，已经提交了足够的证据，足以证明了沙洋公司已经按规定和标准设置了警示标志牌和防围设施。可是，上述安全保障设施却为武汉公司所有的车辆单方肇事所损坏（撞飞了来车方向的两块铁标志牌，又撞毁了防围设施），损坏后，武汉公司没有履行法定的停车保护现场、报告公路管理机构的义务，也没有及时通知原告即公路安全防护设施的所有者，更没有恢复原状，致使发生后一起特大交通事故。武汉公司的错，让沙洋公司来买单，沙洋公司难道不冤？

武汉公司也觉得自己很冤枉：自己所有的车辆在特大交通事故发生前数小时，确实发生了单方肇事事故，但车辆在出现事故后已向交警部门报告，尽到了相应的义务，对3个小时之后发生的交通事故没有责任。“法律只规定了发生交通事故向交警部门或公安部门报告的义务，并没有规定向沙洋公司报告的义务，而且其不可能知道沙洋公司的电话，无法告知”。沙洋公司的损失让武汉公司来承担，实在冤枉。

湖北省高级人民法院的民事裁定书对各方喊冤情况进行了辨析，湖北省高级人民法院认为：武汉公司所属的车辆在撞毁沙洋公司设置的警告标志和安全防护设施后，其有义务通知沙洋公司重新设置警告标志和安全防护设施，即使其不知道沙洋公司的电话号码，其也有义务在该路段设置警示标志提醒通行车辆，虽然其已就发生的交通事故报告交警部门，但是其并未履行因交通事故的发生而产生的附随义务，对于其后交通事故的发生具有过错。法院据此驳回了武汉公司的再审申请。

谁是真正的冤大头

公路部门的官司虽然赢了，但是一起事故引发的历时5年之久的反复大小的十多次诉讼，不仅给司法部门带来司法资源的大量消耗，更给公路管理机构（公路施工企业）带来了人力、物力、财力的损耗，给受害人近亲属带来无尽的伤痛。这引发了笔者的思考。

反思一：谁是真正的责任者？

笔者认为，造成特大交通事故发生的真正责任者，应当是武汉公司车辆发生事故后，接警处警的交警部门。

《道路交通安全法》第八十九条第三款规定：对道路交通事故造成人员伤亡和财产损失需要勘验、检查现场的，公安机关交通管理部门应当按照勘察现场工作规范进行。现场勘查完毕，应当组织清理现场，恢复交通。这里的恢复交通，就是让事故发生后的交通秩序恢复到事故发生前的安全状态，显然武汉公司车辆发生事故后，接警处警的公安交警部门没有恢复交通，他们失职了。

《道路交通安全法》第八十八条更是明确规定：机动车发生交通事故，造成道路、供电、通讯等设施损毁的，驾驶人应当报警等候处理，不得驶离，公安机关交通管理部门应当将事故有关情况通知有关部门。交警部门不愿意“恢复交通”，也应该依法通知公路管理机构或者施工单位，但是，交警部门没有通知，他们失职了。

《道路交通安全法》第三十五条也规定，道路养护施工单位在道路上进行养护、维修时，对未中断交通的施工作业道路，公安机关交通管理部门应当加强交通安全监督检查。但是就是对于摆在面前的未中断交通的施工作业路段，在发生警示标志防围设施毁损的情况下，处警交警部门视而不见，扬长而去，正是交警部门的严重失职，造成了三小时后的惨剧。

笔者希望沙洋公司或者武汉公司在承担责任后，都能向特大交通事故的真正的责任者提起行政诉讼，挽回自己因行政机关不作为带来的损失。

反思二：如何报告？

《民法通则》规定：损坏国家的、集体的财产或者他人财产的，应当恢复原状或者折价赔偿。受害人因此遭受其他重大损失的，侵害人应当赔偿损失。沙洋公司设置的警示标志牌被损害，理应得到赔偿，因此遭受了其他的损失，向武汉公司追偿也是合情合理合法。

我们这里假设：如果武汉公司损毁的不是施工警示标志牌，而是公路或公路其他附属设施，使交通安全秩序受到了严重影响。武汉公司该如何处理？

《公路法》第八十五条规定了毁损人（侵权人）应承担的民事责任，即：对公路造成损害的，应当依法承担民事责任。第五十三条规定：造成公路损坏的，责任者应当及时报告公路管理机构，并接受公路管理机构的现场调查。第八十五条第二款规定：对公路造成较大损害的车辆，必须立即停车，保护现场，报告公路管理机构，接受公路管理机构的调查、处理后方得驶离。第七十八条则规定：违反本法第五十三条规定，造成公路损坏，未报告的，由交通运输主管部门处一千元以下的罚款。

显然，造成公路损害的责任者在损害公路后，有报告公路管理机构的法定义务，但该法定报告义务行使前提是：公路管理机构有一个便于责任者报告的全国统一的电话，该电话应当24小时有人值守。这样，损害公路的责任者不必费心去记忆每一条公路每一个路段的举报、报告电话，不必担心夜间行车损害公路路产后无电话可报告而被罚款1000元。

当前，公安机关拥有全国统一的110、122，工商机关拥有全国统一的12315，价格部门统一拥有全国统一的 12358，甚至各商业银行、各大型企业都拥有全国统一的服务电话。而《公路法》已经实施12年，损害公路后责任者无法报告的尴尬一直存续至今，法律条文流于一纸空文，甚至被社会抨击为“执法陷阱”，《公路法》的权威大大受损，笔者期待，公路管理机构能早日拥有一个全国统一的报告电话，让路产受到损害时的举报有电话可用。

（原载于《中国公路》2010年第9期。作者：范金国）

微评论

有时候，一个电话可以挽救一条生命，甚至更多。然而，对于我国系统庞大的公路交通运输管理部门，却连一个全国统一的路政电话号码都没有……这一缺位至今仍没有得到解决。这是为什么？

路政车：示警灯不是摆设

案例回放

2010年9月7日，G省辖区的国家高速公路G22线上，高速公路路政执法人员强佩龙驾驶一辆公路监督检查车（以下简称路政车）和同事正常巡查。行至K1736+800米处时，发现对向车道上桥梁组合式护栏上端金属横梁有损坏。继续沿下行线前行至K1736+200米处的活动护栏，同行路政人员下车拉开活动护栏，观望对向来车后，路政车穿越活动护栏，驶入上行线车道去处理损坏护栏。这时一辆宝马车飞驰而来，撞在路政车右后侧，将路政车撞到护栏上又弹至路中，此次交通事故造成两车不同程度受损，宝马车内人员受伤。

据调查，路政车穿越活动护栏掉头行驶中，示警灯一直处于开启状态。该事故路段限速为每小时80公里，宝马车肇事前行驶时速为每小时126～128公里，宝马车驾驶员发现路政车辆穿越中央分隔带活动护栏时距离活动护栏30米。

9月26日，G省公安厅交警总队高速支队下属的某大队作出交通事故认定，认定事故形成原因是强佩龙驾驶车辆穿越中央隔离带掉头，违反了《道路交通安全法实施条例》第八十二条关于“机动车在高速公路上行驶，不得有倒车、逆行、穿越中央隔离带掉头行为”的规定，其过错行为是造成本起事故形成的直接原因，负本起事故的全部责任，宝马车驾驶员及受伤乘车人无过错行为，在本起事故中无责任。

强佩龙在规定期限内向G省公安厅交警总队高速支队提出复核申请。11月22日，该支队作出复核结论，认为其下属的大队查明的基本事实清楚，认定程序合法，责任划分得当，引用条款准确，因此维持该大队《事故认定书》对该起事故的认定。

11月24日，宝马车车主及乘坐受伤人员将路政车驾驶人员强佩龙、强佩龙所在路政大队及G省路政总队诉至人民法院，分别请求赔偿车辆维修费46.143168万元、车辆停运损失4.62万元，人身损害各项损失4.591752万元。

目前，该案件正在审理中。

质疑《事故认定书》

交通事故认定书是公安机关交通管理部门依照法律授权，根据交通事故现场勘验、检查、调查情况和有关的检验、鉴定结论等，依法作出的一种公文书。在《道路交通安全法》实施前，公安机关作出事故责任认定的行为是一个具体行政行为，具有可诉性。《道路交通安全法》实施后，根据该法第二十三条的规定，《事故认定书》的性质明确定位为"处理交通事故的证据"，司法实践中，该证据因属国家机关作出的公文书，在没有足够的相反证据足以反驳该证据情形下，该证据一般会为人民法院所采信。

此案中，交警部门作出的事故认定书认定的事故成因及适用法律依据是经受不住司法审查的。

路政车开启示警灯，穿越中央分隔带活动护栏掉头行驶去处理公务，是符合法律规定的，并不违法，没有过错。

首先，G省地方性法规《G省高速公路管理条例》中明确规定："高速公路管理和养护作业车辆、机械进行现场作业时，必须设置明显统一的标志，开启示警灯；在确保过往车辆通行的前提下，其行驶路线、方向、速度和停靠可以不受高速公路标志、标线限制，过往车辆应当注意避让"。该省地方性法规已经将高速公路管理车辆明确规定为特种车辆，作为特种车辆，只要设置有明显统一的标志，开启示警灯，在确保过往车辆通行的前提下，其行驶路线和方向是可以不受标志和标线限制、享有优先通行权的，即过往车辆应当注意避让。此案中，若过往车辆不违法超速行驶并且依法履行对特种车辆避让义务情形下，事故是完全可以避免的。

其次，中央分隔带活动护栏的设置目的，根据JTG/T D81—2006《公路交通安全设施设计细则》的规定，活动护栏是"设置在中央分隔带开口处，为方便特种车辆（如：交通事故处理车辆、急救车辆）在紧急情况下通行和一侧道路施工封闭时开启放行的活动设施"。因此，特种车辆在紧急情况下，均可通行中央分隔带活动护栏。此案中，路政车为紧急处理桥梁护栏上的缺陷，在地方性法规授权下，完全有权穿越中央分隔带活动护栏掉头行驶的。

交警部门认定此案中的宝马车驾驶员无责任，这是错误的。宝马车在行驶中超速行驶，且不对特种车辆进行避让，这两个违法行为与事故的发生具有因果关系。如果宝马车按规定的80公里限速行驶，按规定对特种车辆进行避让，在干燥路面下，30米的距离足以对车辆进行制动，足以避免事故发生。违法行为与事故发生后果存在因果关系，显然应当承担事故的责任。

交警部门适用《道路交通安全法实施条例》第八十二条第一款第（一）项规定："机动车在高速公路上行驶，不得有倒车、逆行、穿越中央分隔带掉头或者在车道内停车行为"，显然属于适用法律错误。该条款是原则性规定，根据《道路交通安全法》第五十三条规定，特种车辆显然不属于此条款规范的"机动车"，否则《道路交通安全法》第十五条、第五十三条中规定的四类有优先通行权的车辆也不能穿越中央分隔带掉头，那么中央分隔带活动护栏没有任何设计和设置的必要了。

路政车具有优先通行权，并非一定由《道路交通安全法实施条例》的上位法进行明确规定。《道路交通安全法》第十五条、第五十三条规定了警车、消防车、救护车、工程救险车具有优先通行权，但是并没有作出排他性的规定，并未禁止将路政车纳入具有优先通行权的特种车辆。在上位法没有禁止情形下，行政法规、地方性法规、地方政府规章均可对路政车是否纳入具有优先通行权的特种车辆作出规定，这样的规定并不违反上位法。

因此，笔者认为，人民法院在审理此案中，应依照事实和法律对事故责任主体及责任大小重新作出认定，而对交警部门作出的《事故认定书》这一证据不予采信。

对"优先通行权"的理解

所谓优先通行权，指的是交通参与者根据法律法规的规定所享有的优先使用道路进行交通活动的权利。其他交通参与者，应当保证有优先通行权的交通参与者的权利得到实现，如果因为侵犯对方优先通行权而造成交通事故，违法者应承担相应责任。

《道路交通安全法》第十五条规定：警车、消防车、救护车、工程救险车应当按照规定喷涂标志图案，安装警报器、标志灯具。其他机动车不得喷涂、安装、使用上述车辆专用的或者与其相类似的标志图案、警报器或者标志灯具。警车、消防车、救护车、工程救险车应当严格按照规定的用途和条件使用。公路监督检查的专用车辆，应当依照公路法的规定，设置统一的标志和示警灯。因此，公路监督检查车辆是《道路交通安全法》规定的特种车辆之一（注：也有相关部门将特种车辆解释为警车、消防车、救护车、工程救险车四类车辆，不包含公路监督检查车辆）。

在上述特种车辆中，警车、消防车、救护车、工程救险车具有道路优先通行权。优先通行权主要表现在如下通行权利：一是《道路交通安全法》第四十三条第一款第（三）项规定，同车道行驶的机动车，后车应当与前车保持足以采取紧急制动措施的安全距离。前车为执行紧急任务的警车、消防车、救护车、工程救险车的，不得超车。二是该法第五十三条规定，警车、消防车、救护车、工程救险车执行紧急任务时，可以使用警报器、标志灯具；在确保安全的前提下，不受行驶路线、行驶方向、行驶速度和信号灯的限制，其他车辆和行人应当让行。

公路监督检查专用车辆，不属于《道路交通安全法》中规定的警车、消防车、救护车、工程救险车的范围，同时该法并未明确规定公路监督检查车辆享有优先通行权，因此公路监督检查专用车辆虽然是特种车辆，但是并不享有上述四类车辆在通行规则上的类似优先通行权。

此案的反思

作为具有专用警灯和标志的特种车辆之一的公路监督检查车辆，在争取标志和示警灯的合法化问题上，并非一帆风顺。1996 年，公安部下发了《关于清理整顿警车、警灯、警报器和非法定标志牌的通知》(公通字[1996]48 号)，全国公安机关对路政机构设置了车身标志、警灯、警报器和标志牌的车辆展开了清理活动。交通部则在 1996 年 11 月 29 日发布了对湖南省交通厅《关于〈路政管理〉标牌是否属非法定标牌的请示》的复函（交函公路[1996]474 号），两个部门打起了口水仗，后经协调不了了之。

为让公路监督检查车辆统一车身标志和示警灯的安装合法化，1998 年 1 月 1 日起施行的《公路法》七十三条对此进行了明确，即："用于公路监督检查的专用车辆，应当设置统一的标志和示警灯"。交通部则于 2002 年 11 月 16 日发布了 2002 年第 6 号部令，即《公路监督检查专用车辆管理办法》，对公路监督检查专用车辆的车型、标志和示警灯进行了统一规范。但是遗憾的是，《公路法》对公路监督检查车辆设置统一的标志和示警灯的目标和作用没有进行明确。更为遗憾的是，2004 年 5 月 1 日起施行的《道路交通安全法》中对公路监督检查车辆，除只是简单对《公路法》规定的内容进行了重复表述外，并未将其纳入具有优先通行权的特种车辆。

通过法律规定公路监督检查专用车辆应统一标志和示警灯，并非只是为了作为统一部门执法形象，更非仅仅为监督检查时提供示警作用。不享有道路优先通行权，不仅仅使法律规定的设置统一的标志和示警灯沦为摆设，且不利于对公路路产的保护和对公路的其他各类行政管理，这不能不说是立法上的一大遗憾。

要改变这一现状，除了通过修改《道路交通安全法》及《公路法》增加公路监督检查车辆优先通行权规定外，还可以在行政法规和地方性法规、地方政府规章的立法中，赋予公路监督检查车辆道路优先通行权，否则仅仅对设置标志和示警灯问题，在法律已经有明确规定的情况下，再作出重复规定，没有任何法律意义。

(原载于《中国公路》2010 年第 24 期。作者：范金国)

微评论

若没有这起案件，各级交通运输主管部门和公路管理机构，或许还不知道公路监督检查车辆的优先通行权之重要性。在 2011 年的全国干线公路养护管理大检查（国检）中，明确将车辆标识是否规范以及是否持证纳入检查范围。诚然，这可以统一交通执法形象，可以防止执法车辆滥用，但如果车辆不具有优先通行权，这样的标志、示警灯也只能是一种摆设。即便停在公路上亮起当作警示，但作用与工程车的闪烁黄灯别无二致。

坠桥诉讼的法律应对

案例回放

2010年5月4日晚，车主董某聘请的驾驶员刘某驾驶货车，行至湖北省武汉市岱黄高速公路府河桥上与倪某发生纠纷。驾驶员刘某报警，并给车主打电话通报情况，请求协助。董某因故不能赶到现场，请朋友罗某前往事发地。由于府河桥是独立双桥结构，两桥路侧护栏中间的分隔带约有50厘米的空隙。罗某驾车赶到，因纠纷现场在桥的另一侧，罗某试图翻越护栏时，失足坠下身亡。

事故发生后，受害人罗某的家属将董某告上法庭，同时以府河桥中央分隔带中间应该盖板、府河桥侧路灯未开放、武汉市公路管理处和武汉华益路桥公司是岱黄高速公路路产产权人及管理人为由，将武汉市公路管理处和武汉华益路桥公司一并诉至武汉市江岸区人民法院，请求法院判令三被告共同承担各项损失的50%共计27.6433万元。

2011年1月24日，武汉市江岸区人民法院进行公开宣判。判决书中认定，死者罗某受董某委托，在从事无偿帮工活动中，遭受人身损害，董某作为被帮工人，应当承担赔偿责任。虽然府河桥中间隔离带的漏空设置并未违反国家关于桥梁设计的禁止性规定，但该漏空设置客观上存在一定的瑕疵，并且曾发生过坠落事件，未引起作为府河桥经营管理者的武汉华益路桥公司的重视，武汉华益路桥公司应承担适当的赔偿责任。罗某在封闭的高速公路上横穿机动车道，翻越中央隔离带，对事故的发生自身存在重大过错，应适当减轻董某、武汉华益路桥公司的赔偿责任。桥梁的路政管理与本案事故发生无直接因果关系，且武汉市公路管理处在事故发生时也并非府河桥的路政管理机构，故武汉市公路管理处不承担赔偿责任。法院判决，原告的损失自认承担50%，剩余的由董某承担30%，武汉华益路桥承担20%，驳回对武汉市公路管理处的诉讼请求。

媒体的误导

事件发生后，当地媒体对此案展开报道，连续进行了详细报道。如《府河大桥夺命大口何时戴上“口罩”》一文就引用华中科技大学土木学院张海龙教授的观点，认为“桥梁的设计绝对没问题，但是在安全方面是可以完善的”。对于桥梁设计，如果桥面太宽，为防止桥下地基不均匀发生沉降，所以采取“独立双桥”的设计，即大桥是分两块独立建设的，这在施工上更为方便，且有利于桥梁的长期健康，府河大桥就属于这种类型，因此两桥中间会有分隔带。这个分隔带带来的空隙是可以掩盖的，只要保证空隙的存在就可以。比如说，可以在缝隙上方覆盖混凝土垫片，再搁些泥土做成绿化带，就像给分隔带戴上了口罩，这是最简便易行的方式，除此之外，还可以在护栏两侧拉上铁丝网，封闭起来防止行人翻越。这些方法实施起来成本并不高，但却可以有效杜绝行人坠亡事故发生，有关部门应尽快进行改善。

该文同时引用武汉大学法学院教授、博士生导师李新天的观点，认为桥梁管理部门有过错。无论府河大桥是不是高速公路，一旦发生坠亡事故，公路的管理方都有责任，但视不同情况其承担的责任不一样。李新天说，即便是在全封闭式管理的高速公路，可能有驾驶员因抛锚等原因逗留桥面并在翻越护栏时坠亡，公路管理方也是有过错的，因为其应预见到这种情况的发生，应预见而未预见到或未采取防护措施，就是没有尽到安全保障义务，但责任相对较小；但如果本来是高速公路，却没有高速公路的管理，或者本非高速公路即行人本可以行走翻越，管理方却没有及时将护栏空隙这一隐患消除，无疑更要承担责任，且责任重大。

以上缺乏交通设计方和管理方观点的媒体报道，无疑是存在误导倾向的。

公路处的成功抗辩

此案中，武汉公路管理处积极进行举证，从三方面进行了有效抗辩，取得胜诉。

一是公路处不具备适格的被告主体资格。根据《湖北省高速公路管理条例》的规定和湖北省交通运输厅的文件精神，湖北省高速公路由湖北省高速公路管理机构实施统一管理，具体说，岱黄高速公路的行政管理工作由湖北省交通运输厅高速公路路政执法总队武汉高速支队进行管理。武汉市公路管理处无权对武汉市境内高速公路包括岱黄高速公路实施管理，武汉市公路管理处不具备适格的被告主体资格。

二是高速公路经营管理单位和行政管理单位不存在任何过错，不应对坠桥事件承担任何赔偿责任。事故发生地点位于武汉华益路桥公司经营管理的岱黄高速公路府河桥上，在该桥梁两路幅之间已经设置有防眩板、桥侧均设置有轮廓标的情形下，没有任何规范规定高速公路桥梁上必须设置路灯，或者设置路灯后必须夜间开放路灯。府河桥属于分路幅桥梁，高速公路经营管理单位已经在路幅两侧设置了刚性护栏，没有任何规范规定路幅之间应当加盖盖板。高速公路的行政管理单位即省高速公路路政执法总队武汉支队在对高速公路的行政管理中也不存在任何“不作为”或“乱作为”的情形。高速公路经营管理单位和行政管理单位都不存在任何过错，不应承担任何责任。原告没有举出任何证据证明高速公路经营管理单位存在过错，也没有举出任何证据证明高速公路行政管理单位行政管理中存在过错，应承担举证不能后果。

三是受害人受害后果是由其故意行为造成的，应自行承担全部责任。《道路交通安全法》第六十三条、第六十七条明确规定：行人不得跨越道路隔离设施，不得进入高速公路。作为完全民事行为能力人，同时作为一名取得机动车驾驶证的驾驶员，受害人应当熟悉法律规定，在明知高速公路禁止随意停车和下车行走情形下，在明知桥梁中间有隔离护栏且法律禁止跨越情形下，受害人仍随意在高速公路桥梁上停车，下车行走并强行翻越隔离护栏，放任损害自己的结果发生，受害人受害后果显然是受害人的故意行为造成的，应自行承担全部责任。

经营管理者的免责逻辑

如果武汉华益路桥公司从府河桥的设计和验收等方面进行举证，证明府河桥符合国家规范，不存在任何设计和管理上的瑕疵，就能免除赔偿责任。这些证据主要有桥梁的设计资料、桥梁的竣工验收资料、桥梁设计单位对中央分隔带漏空设置作出的说明等。漏空设置是为了桥梁的建设和运营需要而设置的，并非是用来翻越的，不应该成为保障不法行为的安全性的“安全隐患”。正如公路处在接受媒体采访时所言，设计单位如果没在分隔带上设计有覆盖物或其他封闭装置，管理方就无权擅自加盖任何东西，“否则出了问题谁负责？”而此案一审中，武汉华益路桥公司没有举出类似证据，直接导致一审法院得出“该漏空设置客观上是存在一定的瑕疵”的结论，从而被判承担一定责任。

笔者建议，针对一审判决，武汉华益路桥公司应当及时提起上诉，将该判决的不利影响彻底消除。否则，不能排除和阻止任何有自杀企图的人通过从府河桥上的漏空处坠落，引发类似纠纷的可能。

由于府河桥“漏空设置”事件在社会中影响较大，武汉华益路桥应顺应民意，采取相应措施，防范坠桥事件的法律风险。笔者认为，未经任何设计单位的设计，给该桥“戴口罩”是没任何必要且存在法律风险的。建议武汉华益路桥在桥梁两端设置醒目警示标志，通过“高速公路上行走、攀爬危险”等警示语，提醒过往司乘人员不得在高速公路上行走和攀爬，这也算法律之外的最佳人性化处理方式了。

(原载于《中国公路》2011 年第 4 期。作者：范金国)

微评论

公路领域的行业标准或技术规范，是否也应与时俱进，经常进行修订和完善？发生在武汉的一起坠桥案件，提醒我们：政策如果常常滞后，面对以维护民生自居的舆论压力，公路经营管理者常常难以适从。要在遵守技术规范和平息舆论之间寻找一个平衡点，实在很难！

遗洒引发的诉讼

案例回放

2010年7月6日，陕西驾驶员李成驾驶货车，行驶至二广高速公路襄荆段时，在行车道上与河南驾驶员李某驾驶货车发生追尾相撞，事故发生后，两车停在行车道上。4分钟后，湖北驾驶员张某驾驶湖北荆门某公司所有的无号牌小轿车经过事故现场，车辆与超车道上一物体相撞，小车受损，该物体为陕西车辆与河南车辆相撞后的散落物。经鉴定，小车受损金额为10.016万元，其他经济损失12.164万元。

荆门某公司认为，由于陕西车辆和河南车辆的交通违法行为致使二车相撞后，车辆零部件散落在高速公路上，形成高速公路通行安全隐患，且事故发生后，二车随车人员未依法设置安全警示标志，导致其小车撞上遗洒物受损，因此于2010年7月9日，将二车的驾驶员及车主、保险公司告上法庭。同时，荆门某公司认为，作为高速公路经营和管理的湖北襄荆高速公路有限责任公司(以下简称襄荆公司)及湖北省交通运输厅高速公路管理局(以下简称高管局)未及时清除安全隐患，保障高速公路安全畅通，也是其车辆受损原因，因此将襄荆公司及高管局一并告上法庭。

经过开庭审理，2011年1月14日，湖北省钟祥市人民法院作出一审判决，判决相关车主和驾驶员承担主要责任，相关保险公司在其相关保险责任范围内承担保险责任，小车驾驶员在夜间视线不良的情况下，仍然高速行驶，致使遇上障碍物后避免不及，车辆撞上障碍物受损，应承担次要责任。法院认为，被告襄荆公司作为襄荆高速公路的经营管理者，应当根据《公路法》的规定，按照国务院交通运输主管部门规定的技术规范和操作规程对公路进行养护，保证公路经常处于良好的技术状态，同时根据交通运输部的《公路养护技术规范》规定，各种路面应定期清扫，及时清除杂物，以保持路面和环境的清洁等规定，使道路经常处于良好的技术状态。本案中，河南和陕西车辆相撞，发生交通事故4分钟后，原告荆门某公司驾驶员驾驶的车辆受到撞击损害，无论从实际情况，还是法律规定，襄荆公司都不可能对路面进行清理，且及时并不等于随时，因此襄荆公司并无过错，其道路管理义务属于一般注意义务，应予免责。被告高管局在原告车辆受损事故中没有任何过错，不承担任何责任。故驳回了原告对襄荆公司和高管局的诉讼请求。

公路部门的抗辩

襄荆公司认为，襄荆公司作为襄荆高速公路的经营管理者，在案件中处于安全保障义务人的地位，而非《侵权责任法》第八十九条规定中的有关单位，对襄荆公司在案件中是否承担侵权责任应依照《侵权责任法》第三十七条相关规定而非按《侵权责任法》第八十九条来认定。

该公司在案件审理中，已经向法庭提交了相关证据，证明襄荆公司已经尽到安全保障义务，对事故的发生和财产损害的造成，没有过错，不承担任何责任。高速公路发生交通事故后，现场秩序维持以及现场清障施救工作应由省公安机关高速公路交通安全管理机构负责协调和处理，并非高速公路经营者的法定义务。原告在高速公路通行过程中，因第三人和自身过错造成的损失，该公司不应承担任何责任。

高管局认为，该局没有清除发生交通事故后散落物件这一安全隐患的义务，在原告车辆受损事故中，没有任何过错，不承担任何责任。理由是：根据该省地方性法规《湖北省高速公路管理条例》第三十九条规定，“车辆在高速公路上发生交通事故时，省交警高管部门和省高速公路管理机构应当立即派员赶赴现场，组织抢救伤者和保护财产。在交通事故现场的处理上，省交警高管部门负责调查事故现场，处理交通事故，维持事故现场的交通秩序并根据需要及时通知清障施救单位进行清障施救。省高速公路管理机构负责调查处理路产损失情况和相关索赔事宜”。因此，保障事故路段正常的、安全的交通秩序是省交警高管部门的职责。省高管局只负责处理路产损失情况和索赔事宜。本起事故中，高速公路路产并未受到损失，高管局也未接到任何路产损坏的报告，没有清除交通事故发生后散落物件、保障事故现场交通秩序的义务。更没有在事故刚刚发生尚未接报告情况下随时清除遗洒物件的义务，对于遗洒障碍物后三四分钟车辆就撞上来的行为，任何单位和个人不可能做到随时守候在高速公路上等候障碍物发生并去随时清除，“及时”清除障碍物并不等于“随时”清除障碍物。因此高管局对于原告车辆受损的事故发生，没有任何过错，不应承担任何责任。同时，根据《公路法》的规定，公路管理机构的职责是保护公路的路产路权，根据国务院《关于改革道路交通管理体制的通知》(国发[1986]94 号)的规定，路障管理以及交通标志、标线等安全设施的管理不属于公路管理部门的管理范畴。因此，高管局不承担任何路障管理职责及相应的责任。

聚焦新法规

2010 年 2 月 16 日通过并即将于 2011 年 7 月 1 日起实施的《公路安全保护条例》(以下简称《条例》)第四十三条对与本案类似的车辆掉落、遗洒和飘散物等情形，进行了规定。该条规定，车辆应当规范装载，装载物不得触地拖行。车辆装载物易掉落、遗洒或者飘散的，应当采取厢式密闭等有效防护措施方可在公路上行驶。在公路上行驶车辆的装载物掉落、遗洒或者飘散的，车辆驾驶人、押运人员应当及时采取措施处理；无法处理的，应当在掉落、遗洒或者飘散物来车方向适当距离外设置警示标志，并迅速报告公路管理机构或者公安机关交通管理部门。其他人员发现公路上有影响交通安全的障碍物的，也应当及时报告公路管理机构或者公安机关交通管理部门。公安机关交通管理部门应当责令改正车辆装载物掉落、遗洒、飘散等违法行为；公路管理机构、公路经营企业应当及时清除掉落、遗洒、飘散在公路上的障碍物。车辆装载物掉落、遗洒、飘散后，车辆驾驶人、押运人员未及时采取措施处理，造成他人人身、财产损害的，道路运输企业、车辆驾驶人应当依法承担赔偿责任。

这不由让人联想起十几年前的一起诉讼：1997 年 11 月 20 日，驾驶员孙某驾驶桑塔纳轿车，沿南京机场高速公路由南向北行驶，突然发现前方路中有一大块防雨布，因避让不及，车辆撞上路东护栏，致使车壳变形、发动机损坏、轮胎脱落、后备箱钢圈撞毁，导致车内人员不同程度的伤亡。南京市中级人民法院依照《公路法》第四十三条的规定，认为高速公路管理处应履行保障公路完好、安全、畅通的职责和义务，同时依照《民法通则》第四条的规定，民事活动应当遵循公平、等价有偿的原则，高速公路管理处在收取费用后不能及时清除路上障碍物，致使车辆在通过时发生事故，既是不作为的侵权行为，也是不履行保障公路安全畅通义务的违约行为，应承担赔偿责任。

和这起案件相比，湖北一案的判决结果无疑令公路人振奋。与以前的相关法律和法规相比，新的《公路安全保护条例》对发现影响交通安全的障碍物后接受报告的机关做出了规定，同时对接受报告后，公安机关、公路管理机构和公路经营企业的职责进行了规定。新法规规定，车辆驾驶员、押运人员无法处理障碍物的，以及其他人员发现障碍物的，要报告公路管理机构或者公安机关交通管理部门，公安机关交通管理部门应当责令改正车辆装载物掉落、遗洒、飘散等违法行为；公路管理机构、公路经营企业应当及时清除掉落、遗洒、飘散在公路上的障碍物。这些新规定，无疑将公路管理机构的职责进行了扩大化，同样，若未及时清除掉落、遗撒和飘散物的，也将承担相应的责任。可以预见，2011 年 7 月 1 日《公路安全保护条例》实施后，在道路障碍物引发的交通事故纠纷中，更多的公路管理机构和公路经营企业将会被告上法庭，更多的公路管理机构和公路经营企业将会因“未及时清除障碍物”而被担责。

正确理解新规定

新《条例》规定：公路上行驶车辆的装载物掉落、遗洒或者飘散的，车辆驾驶人、押运人员无法处理的，除了应当在掉落、遗洒或者飘散物来车方向适当距离外设置警示标志，还应迅速报告公路管理机构或者公安机关交通管理部门。

车辆上发生装载物掉落、遗洒或者飘散的，可能会给公路自身结构的完好、安全、畅通带来一定影响，因此，条例规定应报告公路管理机构；装载物掉落、遗洒或者飘散，必然危害道路交通安全，因此，《条例》规定，应报告公安机关。从方便报告的角度出发，加上现在全国警路基本已经建立相对稳定联系机制，所以《条例》未强制规定必须同时报告两个机构，而是将报告哪个机构的选择权交给车辆驾驶人员和押运人员。当然，如果装载物掉落、遗洒或者飘散确实损害、污染了路面，给公路路产造成了损失，就必须要报告公路管理机构，这是《公路法》第八十五条规定的法定义务。公路管理机构或者公安机关交通管理部门接到报告后，应当相互通报，并在各自法定职责内依法进行处理。

对于其他人员发现公路上有影响交通安全的障碍物的，新《条例》规定，其他人员也应当及时报告公路管理机构或者公安机关交通管理部门。我国当前道路交通安全管理主体是公安机关交通管理部门，《道路交通安全法》第五条明确规定了公安机关交通管理部门和交通、建设管理部门在道路交通管理中的职责划分，即：道路交通安全工作由公安机关交通管理部门负责；交通、建设管理部门依据各自职责，负责有关的道路交通工作。因此涉及道路交通安全的，应该由公安交管部门负责。国务院《国务院关于改革道路交通管理体制的通知》（国发[1986]94号文）第二条也规定，路障管理由公安机关负责。对公路上的影响交通安全的障碍物的管理，是公安交通管理机关的法定职责。根据《公路法》第二条的规定，交通行政主管部门对公路的维护和管理，是对公路的行政管理，包括公路的规划、建设、养护、管理、经营、使用和管理。公路的行政管理并不等同于公路交通安全的管理，因此，对于发现公路上有影响交通安全障碍物的，本条例规定应当报告公安机关。同前所述，公路上影响交通安全的障碍物，可能会给公路自身结构的完好、安全、畅通带来一定影响，同时，从方便报告角度出发，加上现在全国警路基本已经建立相对稳定联系机制，为尽快消除公路上的交通安全隐患，新条例规定也可报告公路管理机构。

接到报告后，公安机关交通管理部门应当责令改正车辆装载物掉落、遗洒、飘散等违法行为。新条例如此规定，正是基于车辆装载物掉落、遗洒、飘散违法行为对道路交通安全的违法性和公安机关对道路交通安全管理的职责和责任。要正确理解该规定，首先，这并非公安机关唯一处理方式。《道路交通安全法》第八十七条规定，公安机关交通管理部门及其交通警察对道路交通安全违法行为，应当及时纠正。第九十条规定，机动车驾驶人违反道路交通安全法律、法规关于道路通行规定的，处警告或者20元以上200元以下罚款。因此，公安机关针对此种违法情形，并非只能责令改正车辆装载违法行为，而是仍有依法进行处罚的行政处罚权，并且有及时纠正违法行为、对障碍物进行清除的强制措施权。其次，本规定也并未排除其他行政管理机关对此违法行为的行政管理权。根据《中华人民共和国道路运输条例》第七十条的规定，对货运经营者没有采取必要措施防止货物脱落、扬洒等的，县级以上道路运输管理机构也可责令改正，处1000元以上3000元以下的罚款，情节严重的，由原许可机关吊销道路运输经营许可证。另外，交通运输主管部门也可依照《公路法》第四十六条和第七十七条的规定，责令停止违法行为，并可处5000元以下罚款。

公路管理机构、公路经营企业应当及时清除掉落、遗洒、飘散在公路上的障碍物。根据《公路法》第三十五条和第六十六条的规定，公路的养护主体为公路管理机构和公路经营企业（经营性收费公路时）。清除公路上的杂物，是公路养护日常保洁的一个工作内容，因此，新条例规定，公路管理机构、公路经营企业在接到报告后，应当及时清除掉落、遗洒、飘散在公路上的障碍物。

正确理解该规定内容，要注意以下几点：一是对于掉落、遗洒和飘散在公路上的障碍物，公路管理机构、公路经营企业有强行清除的权利，而不受这些遗洒物的物权人的任何干预；二是本条例并未否定和排斥公安机关交通管理部门对障碍物的管理权和清除义务，对影响交通安全的障碍物，公安机关交通管理部门仍是管理责任主体，并有责任进行清除；三是公路管理机构和公路经营企业应及时清除掉落、遗洒和飘散在公路上的障碍物，这里的“及时”并不等于“随时”，公路是全天候提供服务的线性公共设施，要求公路管理机构和公路经营企业采取“人墙”形式对公路障碍物进行随时清除，是不符合日常生活常理的，法律法规也不会对此提出严格责任要求。公路管理机构和公路经营企业只要在接到报告后，或者在规定巡查频率中发现障碍物后的“合理时间”内进行清除，即视为履行了“及时”清除的义务。

（原载于《中国公路》2011 年第 7 期。作者：范金国）

微评论

遗洒物、飘散物等引发的道路交通安全事故，成为目前公路管理机构或公路经营企业屡屡被诉至法庭的主要原因之一。勤勉地履行法定义务，正确理解法律法规，是我们说服法官并赢得类似诉讼的最好方法。当然，《行政强制法》开始实施后，公路管理机构对障碍物的管理，逐步纳入行政诉讼范畴——这对公路管理机构来说，不失为一大利好。

路赔案件的京港澳模式

案例回放

2009年4月，驾驶员刁某驾驶车主莫某的车辆在京港澳高速公路湖北段发生交通事故，造成湖北省京珠高速公路管理处管理的高速公路路产损失逾4万元。

事故发生后，驾驶员与车主始终拒绝对路产损失进行赔偿。湖北省京珠高速公路管理处遂将此案移交其法律顾问通过法律手段解决。通过调查，法律顾问得知该肇事车辆投保了机动车辆交强险和第三者责任险，遂将刁某、莫某及车辆投保的保险公司一并诉至湖北省赤壁市人民法院。

由于刁某和莫某下落不明，法院送达法律文书无果，遂进行公告送达。公告期满，赤壁市人民法院公开进行了庭审。2011年4月11日，湖北省赤壁市人民法院作出一审判决，4万多元高速公路路产损失由保险公司在交强险财产损失赔偿限额内赔偿2000元，剩余的部分由驾驶员刁某和车主莫某共同赔偿，保险公司在第三者责任险限额范围内将保险赔偿金直接支付给湖北省京珠高速公路管理处。至此，此笔路产损失在法律的保障下得以挽回。

以法治“老赖”

当前，由于部分运输业主和驾驶员诚信缺失，加上路政执法部门对损害路产索赔行政处理手段不足，公路上发生交通事故导致的路产损害案件，路政管理机构依法下达《赔（补）偿通知书》后，赔偿责任人常置之不理。有的路产损失过大，车辆损害严重的，车主遗弃车辆，一走了之；有的依法对肇事车辆采取强制措施的，车主故意不接受处理，事后恶意上访讨要营运损失；有的因其他相关部门配合不够，擅自将肇事车辆放行，导致路政机构追索路产损失困难重重。公路管理机构和收费公路经营管理单位遇到上述情况，大多自认倒霉，作呆账处理或者销案了事。路产损失“老赖”队伍的滋生和壮大，严重损害了国家利益，影响了公路路政执法权威。

京港澳高速公路湖北段作为我国南北高速公路大动脉重要组成部分，遇到前述“老赖”情况也十分普遍。为有效扭转这种局面，在法律顾问建议下，湖北省京珠高速公路管理处依法通过法律手段来向“老赖”追讨路赔费，加大对路产损失的追索：一是改革过去路政调查取证事项，将路政调查取证重点从现场勘验路损情况扩大到对驾驶员、车主、保险等信息的调查取证，为通过法律手段索赔打下坚实基础；二是路政机构多次追索路赔、责任人置之不理超过半个月的，将案件移交给律师事务所，通过对责任人发放律师函的方式，进一步通过法律手段进行追索；三是对仍置之不理的责任人，直接委托律师事务所向相关人民法院提起诉讼进行追索。多管齐下，效果显著：律师函送达后，结案一批；法院起诉后，再主动结案一批；法院开庭后调解结案或执行判决一批。三个“一批”，使京港澳高速湖北段路产损失结案率达到100%，彻底改变了路政案件“案未结、事未了”的情形。

2010年2月，广东佛山市某电子材料公司驾驶员温某，在京港澳高速公路上发生事故，造成路产损失1540元，路政执法人员多次催缴，温某扬言坚决不交，气焰极其嚣张。法律顾问对其车主所在单位发放律师函进行沟通时，车主单位工作人员在核实律师函内容后居然对律师函进行拒收并退回，2010年11月初，湖北省京珠高速公路管理处将车主所在单位和驾驶员温某一并诉至人民法院，庭审前夕，温某迫于法律的威严，主动到人民法院缴纳了案件标的的路赔款和诉讼费。

正确看待路赔案件性质

交通部发布的《路政管理规定》规定，公民、法人或者其他组织造成路产损坏的，应向公路管理机构缴纳路产损坏赔(补)偿费。该规定对收取公路赔补偿费的程序作出了具体的规定。但是，如果当事人不履行《赔补偿通知书》上确定的缴费义务，公路管理机构并不能依《赔补偿通知书》这一文书上载明的“依法强制执行或申请人民法院强制执行”等告知事项去落实，“依法强制执行”事实上无法可依，“申请人民法院强制执行”事实上会因《赔补偿通知书》不具有强制执行力，人民法院不会予以受理。

《公路法》第八十五条明确规定“对公路造成损害的，应当依法承担民事责任”。民事责任包含返还财物、恢复原状、赔偿损失等。对造成公路损害的责任人所应承担的民事责任，与《民法通则》第一百一十七条第二款关于“损坏国家的、集体的财产或者他人的财产的，应当恢复原状或者折价赔偿”的规定是一致的。路产损失赔偿在路政管理机构按程序进行索赔无果的情形下，只能通过民事诉讼的方式解决。

《道路交通安全法》第一百一十九条第一款第（五）项规定，本法中所称“交通事故”，是指车辆在道路上因过错或者意外造成的人身伤亡或者财产损失的事件。因此，凡是公路上车辆因交通事故造成公路路产损失、诉诸人民法院的，无论是单方事故还是多方事故，均应按《道路交通安全法》规定的相关责任承担方式进行调整。根据最高人民法院《民事案件案由规定》，人民法院在审理路赔案件时，将案件案由定为机动车交通事故责任纠纷。

赔偿义务人辨析

《道路交通安全法》第七十六条对机动车交通事故责任纠纷案件中责任承担主体进行了明确规定：机动车发生交通事故造成人身伤亡、财产损失的，由保险公司在机动车第三者责任强制保险责任限额范围内予以赔偿；不足的部分，机动车之间发生交通事故的，由有过错的一方承担赔偿责任；双方都有过错的，按照各自过错的比例分担责任。

路赔案件中，公路管理机构或者公路经营企业作为财产损失受害人，即作为赔偿权利人，应当按照《道路交通安全法》及最高人民法院相关司法解释的规定，正确将相关赔偿义务人列为被告。

首先，应当将车辆投保的保险公司列入被告，请求保险公司在保险责任范围内直接向公路机构支付保险金。根据《道路交通安全法》第七十六条的规定，车辆投保交强险（机动车第三者责任强制保险）的，保险公司应在交强险财产赔付限额范围内进行无条件赔付，同时，根据《中华人民共和国保险法》第六十五条规定，保险人对责任保险的被保险人给第三者造成的损害，可以依照法律的规定或者合同的约定，直接向该第三者赔偿保险金。因此，司法实践中，应当将车辆投保第三者责任商业险的保险公司一并列为被告，直接请求赔偿保险金。

其次，应当将相关车辆所有人或使用人（驾驶员）列为被告，由其进行赔偿。肇事车辆的所有人驾驶其车辆发生交通事故造成路产损失的，因车辆所有人既是运行支配者，又是运行利益的归属者，发生交通事故造成路产损失，理所当然由其承担损害赔偿责任。

肇事车辆的所有人与使用人不是同一人时，情形比较复杂，应按不同的情形，分别确定不同的赔偿义务人。主要情形有：

1. 车辆使用人是受雇佣人或履行职务行为，造成路产损失的，根据《民法通则》和最高人民法院关于审理人身损害赔偿案件适用法律若干问题的解释的规定，应由车辆所有人承担损害赔偿责任。车辆使用人因故意或者重大过失造成路产损失的，其作为直接责任人，应与车辆所有人承担连带赔偿责任。

2. 被盗窃、抢劫、抢夺车辆发生交通事故造成路产损失的，根据最高人民法院在《关于被盗机动车肇事后由谁承担损害赔偿责任》的批复规定，使用盗窃的机动车肇事，造成被害人物质损失的，肇事人应当依法承担损害赔偿责任，被盗机动车的所有人不承担赔偿责任。

3. 分期付款购买车辆发生交通事故，造成路产损失的，根据最高人民法院《关于购买人使用分期付款购买的车辆从事运输，因交通事故造成他人财产损失，保留车辆所有权的出卖方不应承担民事责任的批复》规定，采取分期付款方式购车，出卖方在购买方付清全部车款前保留车辆所有权的，购买方以自己名义与他人订立货物运输合同并使用该车运输时，因交通事故造成他人财产损失的，出卖方不承担民事责任。即应当由购买方承担责任。

4. 车辆买卖未过户的情形下，车辆造成路产损失的，关于赔偿义务人目前仍存在不同看法。一种观点认为，车辆买卖未过户而发生交通事故的，登记车主不承担赔偿责任。另一种观点认为，车辆买卖未过户发生交通事故致人损害的，登记车主应承担赔偿责任。最高人民法院关于连环购车未办理过户手续原车主是否对机动车发生的交通事故致人损害承担责任的复函中认为，连环购车未办理过户手续，因车辆已交付，原车主既不能支配该车的运营，也不能从该车的运营中获得利益，故原车主不应对机动车发生交通事故致人损害承担责任。即应由实际支配车辆运行或者取得运行利益的买方承担损害赔偿责任。

5. 关于挂靠车辆造成路产损失的，当前司法实践中有不同看法，一种是被挂靠单位（登记车主）不承担责任；一种是被挂靠单位在获取的利益即收取的挂靠费的范围内承担有限的连带赔偿责任；一种是被挂靠单位与挂靠者承担无限连带赔偿责任。笔者认为，被挂靠单位与挂靠者之间应承担无限连带赔偿责任，主要理由是：从受害人角度看，被挂靠人是法定的责任主体；被挂靠人通过对挂靠人的选择、管理与监督，能够对机动车的运行进行控制支配；被挂靠人通过挂靠行为实际已经获取了运行利益；被挂靠人与挂靠人承担连带责任，符合权利和义务一致的原则；挂靠人和被挂靠人是一种共同侵权，按侵权法理论，也应承担连带赔偿责任。

6. 车辆在出租、出借情形下发生事故造成路产损失的，由车辆使用人承担责任，但是出租人、出借人明知使用人不具备驾驶车辆的资格或者明知出租、出借的车辆本身存在安全隐患的，出租人、出借人应与车辆使用人承担连带赔偿责任。

抓住调查取证的关键点

作为以保护路产、维护路权为主要工作职责的公路路政管理机构，在交通事故导致公路路产损害后果发生后，不能只是简单地对路产损害后果进行勘验调查取证，而是要围绕赔偿义务主体的确认、公路路产损害的后果（损失数额）的确认、因果关系的确认、赔偿义务主体过错的确认等方面，客观、公正、全面调查收集路产损失赔补偿案件相关证据材料，为赔偿权利人通过诉讼途径进行索赔准备必要的证据，增加路产索赔能力，才能确保路产损失能得到最大限度的挽回。

对于赔偿义务主体，应结合路赔案件赔偿义务人要求，进行取证。主要方法是在对证人或当事人进行询问并制作询问笔录时，对相关情形进行确认。如对车辆所有权人的取证，还应当对肇事车辆外形及牌照号、机动车行驶证进行拍摄，为防止肇事车辆是套牌车，还应对车辆发动机号或车架号（车辆识别代号）进行取证，向公安机关车辆管理部门调取车辆登记信息，通过形成的证据链，确认车辆所有权人。另外，可以从公安机关交通管理部门的事故处理卷宗材料中对赔偿责任人及保险公司的相关信息进行复制并加盖出处证明印章，作为证据使用。

而对于公路路产损害的后果的取证，路政机构应当依法进行现场勘验和调查，并绘制相应的现场图，对现场路产损坏情况进行拍摄。损害后果确定后，可以结合物价部门制定的收费标准进行确认路产损害的具体数额。司法实践中，路产损害的后果原则上由司法鉴定机构进行鉴定，这样的证据更具有科学性和合法性，更容易为人民法院所采信。

对于因果关系的取证，主要通过对证人和当事人的询问笔录等证据进行确认。司法实践中，要证明是交通事故造成的路产损失，应提交公安机关交通管理部门依法作出的事故认定书；若是车辆自燃等火灾造成路产损失，应提交公安机关消防部门依法作出的事故认定书。

（原载于《中国公路》2011 年第 13 期。作者：范金国 吴昱 刘航）

微评论

公路路产在交通事故中受到损害，路产的责任修复者无疑是交通事故中的受害者，为维护其财产权益，纳入机动车交通事故责任纠纷案件的审理，合理合法。公路管理机构应当跳出用行政手段处理民事赔偿的圈子，作为民事诉讼的原告，依法维护其合法权益。当然，作为原告，一定要注意两年的诉讼时效，否则超过时限还未起诉，一旦对方提出诉讼时效的抗辩，法院将不予支持。很多因扣车引发的信访案件，若在两年内提起民事诉讼，类似问题很容易得到解决。

少受一点“夹板气”

编前语

高速公路上行人被车撞，这已不是焦点新闻，而这类事故引发高速公路经营管理企业被法院判承担责任的案例，似乎也已司空见惯。面对受害人和肇事者的控诉，高速公路经营管理企业是否真的愿意掏钱认栽？答案显然是否定的。本文从三个类似案例出发，分析成因的同时，为公路管理部门提供可行的抗辩理由，并给予防范建议。

案例回放

案例1：

2003年7月8日15时30分，家住河南省漯河市召陵区某镇的田某和伊某夫妇之子6岁的田某，钻过京港澳高速公路某处的隔离防护铁丝网上的一个破洞，在高速公路上玩耍，被车撞身亡，该车逃逸，未被查获。高速公路该路段当时的经营管理权属某高速公路发展公司，2004年9月转移给中原高速公路公司。田某的父母将某高速公路发展公司告上法庭，要求其承担民事赔偿责任。一审法院经审理认为：高速公路隔离防护铁丝网破损，高速公路发展公司作为交通事故发生时的经营管理部门，因疏忽大意，未及时修补并提醒他人注意安全，应承担损害赔偿责任。原告作为监护人，未尽到教育及监护义务，导致6岁的儿子进入高速公路玩耍而发生交通事故，对其儿子的死亡，也有一定责任。据此，法院判决某高速公路发展公司赔偿田某夫妇经济损失及精神抚慰金共计10.56万余元。一审法院作出判决后，高速公路发展公司不服，上诉到漯河市中级人民法院。漯河市中级人民法院认为，受害者田某出事地点，是隔离防护铁丝网破损后踩踏而形成的小路，说明隔离铁丝网破损时日已久。田某作为幼儿，对高速公路可能出现的危险不能完全识别。高速公路发展公司疏于管理和监护人监护不力两个不同的原因共同导致田某进入高速公路被车撞身亡。原审判决并无不当，予以维持。

案例2：

2006年5月28日22时许，14岁的小伟随同学离开学校，前往高速公路另一侧的西庄屯村，他穿过破损的高速公路防护网，踏入京港澳高速公路，准备横穿，一辆轿车刹车不及，小伟倒在车轮之下，不幸死亡。失去独子的小伟父母就“人身损害赔偿”向法院提起诉讼，状告当事驾驶员、车主、河北省石安高速公路管理处和中国平安财产保险股份有限公司石家庄中心支公司。车主则认为，小伟作为行人，横穿高速公路是违法，他以自己的车撞坏受到损失为由，就“财产损害赔偿”状告小伟父母和河北省石安高速公路管理处，向长安区人民法院提起诉讼。法院认为，此案件车主应承担赔偿责任，最终承担40%为宜；高速公路未及时修复损坏的护网，使小伟顺利进入高速公路，承担20%责任为宜；小伟虽是未成年人，但有一定的行为能力，为发生的事故其本人也应承担一定责任。据此，法院判定，河北省石安高速公路管理处赔偿死者父母 3.3 万多元，赔偿精神损害抚恤金 5000 元。由于车主与死者父母互为执行人身损害赔偿，车主赔偿死者父母 4000 余元。中国平安财产保险股份有限公司石家庄中心支公司给付死者父母 6 万余元。

案例 3：

2009 年 4 月的一天，陈某携女儿为搭车回老家，从隔离栅缺口处走上沪蓉高速公路，不幸与轿车相撞，陈某及其女儿当场死亡。陈某家人一纸诉状，将高速公路管理公司告上法庭，要求高速公路管理公司承担 20%的赔偿责任。法院认为，被告高速公路管理公司提供的证据能够证明其尽到了巡查、维护的义务，并不存在过错。管理公司在高速公路两旁建设相应的隔离设施只能在应有的功能范围内起到防护、隔离的作用，但并不具备阻止行人擅自进入高速公路的功能，不能苛求管理公司负有绝对的阻止行人进入高速公路的义务。因此法院最终驳回了原告的诉讼请求。

为何两边都不讨好

在以上相类似的案例中，起诉高速公路经营管理单位时，受害人或肇事者所主张的理由主要有以下 4 类，这让高速公路经营管理单位两边都不讨好。

其一，高速公路经营管理者负有对高速公路两边实行全封闭管理的义务，对隔离栅出现破损的不完备及安全隐患，应及时履行法定义务进行修复予以消除。隔离栅出现的破损与行人上高速公路被撞是存在因果关系的。

其二，隔离栅出现破损若未进行及时修复，应设置相应的警示标志进行告知和提示不得进入高速公路，若未履行警示义务，存在管理上的过错。

其三，高速公路地下通道因积水等原因无法通行，行人被迫翻越高速公路通行。

其四，车辆进入高速公路，与高速公路经营管理者之间形成了合同关系，高速公路经营管理者应当保证车辆的通行安全，对于行人上高速公路发生交通事故，让车辆方承担一定的责任或者蒙受一定的损失，高速公路经营管理单位应当承担该赔偿责任。

有效的抗辩理由

1. 正确认识隔离栅的功能和作用

交通部发布的行业标准（JTJ D81—2006）《公路交通安全设施设计规范》对隔离栅的设置作出了相关规定，除特殊路段外，高速公路、需要控制出入的一级公路沿线两侧必须连续设置隔离栅，其他公路可根据需要设置。该条款是强制性条款。《公路交通安全设施设计规范》对隔离栅术语的解释是：用于阻止人、畜进入公路或沿线其他禁入区域、防止非法侵占公路用地的设施。因此，公路部门设置隔离栅的目的和作用并非完全是用来阻止人进入高速公路避免造成交通安全隐患的，而是主要用于防止非法侵占公路用地的。任何隔离栅不可能完全阻挡人、畜的进入，在隔离栅齐全且符合规范的情形的下，人同样可以翻越或破坏隔离栅进入隔离栅高速公路一侧；大型动物如虎、象、野猪等也可以破坏隔离栅直接闯入高速公路一侧。对此，交通部发布的（JTJ D80—2006）《高速公路交通工程及沿线设施设计通用规范》中明确解释：隔离栅并不能成为阻挡行人穿越公路的最终设施，模范地遵守交通规则取决于社会的文明程度和法制观念的提高。因此，隔离栅的完好与否与行人是否进入高速公路是没有必然因果关系的。

2. 即使隔离栅出现破损未及时修复，并不等于提示行人可以自由出入高速公路（仅限于完全行为民事能力人）

高速公路是个特定的危险区域，《道路交通安全法》明确规定，“行人不得进入高速公路”。法律的规定已经成为家喻户晓、妇孺皆知的基本生活常识。任何一个完全民事行为能力人都应能知晓这个人人皆知的基本常识，不可能做出“隔离栅出现破损即意味着可以自由出入高速公路”的判断，更不能因缺少下穿通道或通道无法通行而成为其穿行高速公路的合法理由。行人不得进入高速公路是法律作出的禁止性规定，与任何人不得擅自进入他人住宅同为法律做出的禁止性规定，是无需设立任何警示标志任何提示的，否则任何住宅前都要设置一个不得擅自进入的标志，不然就意味着可以随意进入他人住宅。这是与一个文明和法治的社会要求相悖的。

隔离栅出现破损，也仅仅意味着行人能够进入隔离栅高速公路一侧的护栏之外的区域，但是不意味着行人可以翻越、穿越高速公路路侧护栏或中央分隔带（含护栏）而进入高速公路。

《道路交通安全法》第六十三条明确规定“行人不得跨越道路隔离设施”。路侧护栏和中央分隔带均为道路的隔离设施，即使认定隔离栅出现毁损未及时修复是一种瑕疵，但是高速公路经营管理单位在进入高速公路的路侧、进入对向高速公路的中央分隔带上，另外设置了隔离设施，这些补充的隔离设施并不存在瑕疵，也是完全能够提示完全民事行为能力人不得翻越护栏进入高速公路的。

3. 高速公路经营管理企业履行了让公路处于良好技术状态的义务

隔离栅作为公路附属设施，随时可能因自然损耗或人为破坏出现毁损，公路管理经营者不可能 24 小时不间断组成人墙去随时发现和维修毁损的隔离栅，要求公路经营管理者随时修复毁损的隔离栅以防止行人从毁损处上高速公路是一种苛求，是不可能实现的。因此，只要公路经营管理者履行了正常的巡查管理职责，并对发现毁损的隔离栅及时进行修复，应认定已经履行了法定养护义务。

4. 高速公路经营管理者与高速公路使用者之间并不存在任何服务合同关系，两者之间只是公路有偿使用合同关系

高速公路经营管理者在履行该合同中，其合同义务皆由法定，不能随意做扩大性的解释。高速公路经营管理者只要履行了法律法规规定的相关法定义务，即为履行了其合同义务。对于因行人违法上路行为导致车辆行车处于不安全状态，高速公路经营管理者并无对行人违法行为的法定处置权，亦不可能对行人的故意违法行为进行根本防范，故责任应当由违法行为人自行承担。

5. 行人上高速公路被撞的受害后果是由其故意行为造成的，应自行承担责任

所谓受害人故意，一般指受害人明知自己的行为会发生损害自己的后果，而希望或者放任此种结果发生。《道路交通安全法》已明确规定“行人不得跨越道路隔离设施”、“行人不得进入高速公路”，行人若是完全民事行为能力人，应当熟悉这个人人皆知的基本常识。在明知高速公路不得进入和穿越的情况下，仍随意翻越高速公路的隔离栅、路侧隔离护栏和中央分隔带隔离护栏，进入高速公路，对

自己的行为会发生交通事故造成人身损害的后果是明知的。在这种明知的情况下，仍放任容易这种交通事故结果发生，受害人的受害后果则是其放任结果发生的故意行为造成的，2010 年 7 月 1 日起施行的《侵权责任法》规定：“损害是因受害人故意造成的，行为人不承担责任”。因此，应依法由行为人自行承担全部责任。若行人是无民事行为能力人或限制行为能力人，则应由其监护人承担责任；若行人是客车违法停车下客或甩客造成，则应立即转移至安全地带并立即报警处理，不能随意穿越和行走高速公路。若在下客甩客及转移过程中遭受伤害，客运车辆方应承担相应责任。

防范措施可以更细致

对于行人上高速公路被撞起诉高速公路经营管理者的案件，除了进行有效的抗辩外，一些必要的防范措施是不可少的。

要按照规定的频率进行养护巡查，勤勉履行养护义务，发现毁损的高速公路隔离设施，应当在合理的时间内及时进行修复。勤勉的维护是避免和防范此类诉讼的根本举措。

对沿线村民经常翻越的路段或行人经常出没的路段，要探析根源，进行分析和解决。需要增设人行天桥的，可增设人行天桥；下穿通道因积水或堆物占道等原因导致无法通行的，应及时进行处置，或将下穿通道移交地方公路管理机构或相关责任主体进行管理和养护；对隔离栅屡次被盗的，应及时报告公安机关查处。

经营管理单位可联系公安机关交通管理部门对高速公路沿线一定距离范围内的人民群众进行重点宣传，通过对该范围内所有的完全民事行为能力人逐一发放告知书方式，告知不得在高速公路上行走，并要求其承诺对所监护的人员进行教育和管制。宣传时由每个人签字认可，宣传过程进行拍照或摄像取证。一旦发生接受宣传的沿线人民群众穿越高速公路发生交通事故，高速公路经营管理单位可持宣传告知的证据资料进行免责抗辩。

路政巡查或高速公路经营管理者养护巡查中发现行人上高速公路的，应立即通报公安机关交通管理部门，要求其进行处置。通报原则上应利用录音电话进行通报，或者通报公安机关接警处警部门。相关的电话录音可成为公路经营管理者免除行政责任的证据，公安机关的处置也可以减少行人上路的违法行为。

高速公路经营管理者发现行人在高速公路上行走的，还应询问行人从何处上高速公路的，如果是从隔离栅破损处上，则及时去修复；如果是从服务区或收费站区上，则应加强管理，制止行人上路；如果是从客车上下车的，应及时将客车违法行为通报给道路运输管理机构和公安机关交通管理部门进行查处。

高速公路经营管理者可联合公安机关交通管理部门加大对高速公路路面监控的投入，尽可能做到随时发现行人上路随时进行制止。可以改进隔离栅的设计，在隔离栅上的适当位置直接喷绘或压制或悬挂“行人严禁进入高速公路”等宣传警示语。

（原载于《中国公路》2011 年第 15 期。作者：范金国）

微评论

在整体法治意识仍处于较低水平的社会发展阶段，行人非法进入高速公路，短时间内仍难以避免。而行人在高速公路上引发交通事故，更成为令高速公路经营管理单位长期头疼的问题。本文站在高速公路经营管理单位的角度，对如何防范和破解这一难题，从管理和法律层面进行了探讨。显然，人的生命是第一位的，防范只能治标，只有每个人都自觉守法，方能治本。

谁来保护作业现场

案例回放

2011 年 7 月 4 日凌晨 4 时许，随岳高速公路湖北省仙桃市毛嘴镇珠玑村路段，发生一起货车追尾客车事故，一辆车号为鄂 A-E3892 的大型客车，在随岳高速公路岳随向 229 千米附近违规停车下客时，被后方一辆车号为鄂 F-EA30 挂的大型货车追尾撞击，造成两车同时翻出高速公路护栏外，并起火燃烧，导致 23 人死亡、29 人不同程度受伤，其中重伤 3 人。7 月 5 日下午，事故现场勘查基本结束，湖北随岳高速公路管理处接交警部门通报，通知养护施工企业进入现场进行现场清理及路产设施抢修。现场清理中，再次发生事故，一名工人在该现场被一过往车辆撞上，送往医院抢救无效死亡。在相关部门组成调查组对第二次事故进行调查时，交警部门认为是清理和抢修现场标志不规范，路政管理机构对抢修现场监管不力所致。路政管理机构则认为清理现场是交警部门职责，对养护维修现场秩序监管是交警部门职责。调查组基本采纳了路政管理机构的观点。

路政有无责?

对于公路养护作业现场秩序的维护，管理实践中，路政管理机构都参与进行了管理，其中很多地方实行了由路政管理机构和公安管理机构共同实施监管，有的地方甚至实行养护作业联合审批制度。

认为路政管理机构有监管职责的主要理由：

交通部发布并于 2003 年 4 月 1 日起施行的《路政管理规定》总则第五条规定了路政管理的八项职责，其中第五项是：维持公路养护作业现场秩序。实践中，路政管理机构参与养护作业现场秩序维护，不仅可以有效做好养护作业现场的安保维护工作，敦促养护施工企业加强施工现场安全生产管理，维持现场正常的交通秩序，对养护施工中存在侵害第三方人身财产权益，还可以组织对双方进行调解，化解矛盾。交通运输部在 2011 年全国干线公路大检查中确定了养护作业区管理标准，即："养护作业区管理工作制度健全，监管有力，养护作业区布设规范，交通组织有序，按优、良、一般进行评分，满分 7 分"。因此，路政管理机构对养护作业现场秩序的管理和维护是有法可依并且也是为国务院交通运输主管部门所要求的。

认为路政管理机构没有监管职责的主要理由：

2004年5月1日起实施的《道路交通安全法》第三十二条第三款规定：对未中断交通的施工作业道路，公安机关交通管理部门应当加强交通安全监督检查，维护道路交通秩序。《道路交通安全法实施条例》第三十五条也规定：对未中断交通的施工作业道路，公安机关交通管理部门应当加强交通安全监督检查。发生交通阻塞时，及时做好分流、疏导，维护交通秩序。《道路交通安全法》是由全国人民代表大会常务委员会讨论通过的法律，《道路交通安全法实施条例》是国务院通过的行政法规，《路政管理规定》则是由交通部颁布的部门规章。根据《中华人民共和国立法法》第七十九条规定，法律的效力高于行政法规、地方性法规、规章，显然，《路政管理规定》的法律效力低于《道路交通安全法》、《道路交通安全法实施条例》。

另外，《路政管理规定》虽然规定了路政管理职责中有负责公路养护作业现场秩序的维护，但是当时没有任何法律法规对公路管理机构（路政管理机构）行使该职责设定行为规范和法律责任，路政管理是公路行政管理的一类，任何具体行政行为应当有法律法规依据，显然路政管理机构对公路养护作业现场秩序的维护和监管无法可依。

谁之责？

笔者认为，对于公路养护作业现场秩序的维护，其责任主体主要有以下三类：

首先是公路养护施工单位。《公路法》第三十九条第三款规定：公路养护工程施工影响车辆、行人通行时，施工单位应当依照本法第三十二条的规定办理。该法第三十二条则规定：改建公路时，施工单位应当在施工路段两端设置明显的施工标志、安全标志。需要车辆绕行的，应当在绕行路口设置标志；不能绕行的，必须修建临时道路，保证车辆和行人通行。《道路交通安全法实施条例》第三十五条也明确规定：道路养护施工单位在道路上进行养护、维修时，应当按照规定设置规范的安全警示标志和安全防护设施。道路养护施工作业车辆、机械应当安装示警灯，喷涂明显的标志图案，作业时应当开启示警灯和危险报警闪光灯。道路施工需要车辆绕行的，施工单位应当在绕行处设置标志；不能绕行的，应当修建临时通道，保证车辆和行人通行。需要封闭道路中断交通的，除紧急情况外，应当提前 5 日向社会公告。《侵权责任法》第九十一条也规定：在公共场所或者道路上挖坑、修缮安装地下设施等，没有设置明显标志和采取安全措施造成他人损害的，施工人应当承担侵权责任。因此，公路养护施工单位有责任按照法律法规的规定，采取安全防范措施，确保施工路段的通行秩序良好和安全，这是其法定义务。

其次是公安机关交通管理部门。《道路交通安全法》第三十二条第三款和《道路交通安全法实施条例》第三十五条均明确规定了公安机关交通管理部门对未中断交通的施工作业道路的交通安全监督检查及交通秩序维护的职责。

再次是公路管理机构。在《公路安全保护条例》实施前，公路管理机构对公路养护施工单位的监督管理没有法律法规授权实施行政管理，只能以平等民事主体身份，对公路养护施工单位实行合同管理。实践中，公路管理机构作为公路工程项目的发包方，与承包的公路养护施工单位签订合同中都明确养护施工现场秩序维护的相关权利与义务，有的甚至专门签订安全施工合同，公路管理机构可以根据合同约定收取一定保证金，并对养护施工单位未保证施工作业秩序的违反合同约定行为进行处罚（实质上是违约责任的承担）。

2011 年 7 月 1 日起实施的《公路安全保护条例》则授权公路管理机构的养护监管行政管理职责。该条例第四十五条规定，公路养护应当按照国务院交通运输主管部门规定的技术规范和操作规程实施作业。国务院交通运输主管部门规定的操作规程，显然包含交通部制定的行业标准（JTJ H30—2004）《公路养护安全作业规程》，该规程是为保障公路养护维修作业人员和设备的安全以及车辆的安全运行，规范养护维修工程的安全管理和作业行为而制定，养护施工单位必须遵守。违反公路养护安全作业规程的，该条例第七十条规定：由公路管理机构对公路养护作业单位责令改正，处 1 万元以上 5 万元以下的罚款；拒不改正的，吊销其资质证书。因此，可以说，公路管理机构对养护安全作业的监管职责，同时也是对公路养护作业现场保持良好的秩序是大有帮助的。

几点提示

一是公路行政管理职责不等于公路路政管理职责。公路行政管理，指公路行政管理主体对公路规划、建设、养护、路政、运营等实施的行政管理，公路路政管理只是公路行政管理中的一类。《公路安全保护条例》授权公路管理机构对公路养护的行政管理，并非公路路政管理职责，即使由公路路政管理机构来行使，也应当以公路管理机构的名义行使，同时应授权公路路政管理人员有对公路实施综合行政管理的执法门类。

二是公路路政管理机构没有对养护施工作业的审批权。根据《公路法》和《道路交通安全法》及《公路安全保护条例》的规定，公路管理机构仅仅在因工程建设需要占用、挖掘公路，或者跨越、穿越公路架设、埋设管线电缆等设施及其他涉路施工的路政审批事项，应事先取得公路管理机构的许可，通常由公路路政管理机构以公路管理机构名义具体实施。对于养护施工作业，在没有设定该许可项目的情况下，对其进行许可后方可作业，是没有法律依据的，当然地方性法规有特殊授权的除外。

三是公路管理机构对养护施工的监管与公安机关交通管理部门对养护作业现场秩序维护是有一定区别的。公路管理机构对养护的监督管理，侧重于要求养护施工作业单位遵守相关养护技术标准和规程，其管理目标是让公路处于良好的技术状态，为公路使用者提供完好、合格的公路；公安机关交通管理部门对养护施工作业现场秩序的维护侧重于交通安全管理和交通秩序的维护，其管理目标是保证施工路段交通有序、安全和畅通，为公路使用者提供一个安全、有序的交通环境。

（原载于《中国公路》2011 年第 16 期。作者：范金国 杜红霞 孙璐）

微评论

有职必有权，有权必有责。权责统一，依法做到执法有保障、有权必有责、用权受监督、违法受追究、侵权须赔偿，是国务院《全面推进依法行政实施纲要》中规定的依法行政基本要求之一。有职责无职权，职责是一句空话，有职权不履责，必将被问责。

不该流血又流泪

在路面执法过程中，路政治超人员受伤甚至牺牲的新闻并非鲜见。如何从法律层面追究肇事者的刑事责任，维护受害人的合法权益，为治超工作创造一个良好的外部环境，值得深入解析。

案例回放

2009 年 11 月 20 日，驾驶员陈某驾驶拉运石渣的货车，行驶至河北省唐山市丰润区西外环路交通运输局治超点附近，发现治超人员正对超载车辆进行检查。由于该车严重超载，驾驶员陈某决定强行通过。此时丰润区交通局治超人员示意停车检查，陈某继续前行，将公路上阻拦货车的治超员陈某撞倒，后者经送医院抢救无效死亡。

唐山市中级人民法院经审理认为，被告人陈某为逃避交通运输部门检查其超载驾车强行通过，致路政检查工作人员一人死亡，其行为已构成故意杀人罪，且情节恶劣，后果严重，依法应予惩处。被告人陈某明知驾驶的车辆严重超载，制动性能不好，为逃避检查，不顾路政执法人员的拦截，对危害结果的发生持放任态度，且致人死亡，其行为符合间接故意杀人的构成要件。鉴于被告人陈某属于间接故意杀人，案发后未逃离现场，能倒车配合抢救被害人，主观恶性不深，可酌情从轻处罚，依照《中华人民共和国刑法》第二百三十二条、第五十七条第一款的规定，认定被告人陈某犯故意杀人罪，判处无期徒刑，剥夺政治权利终身。

陈某不服提起上诉，河北省高级人民法院经审理认为，上诉人陈某作为驾驶员，明知自己从事的是高度危险性作业，明知车辆超载且制动性能不佳，为逃避检查，在已经发现被害人后仍不在有效距离内采取刹车措施，强行闯关，放任撞人后果的发生，致使路政人员死亡，其行为已构成故意杀人罪。对上诉人及其辩护人要求改判过失致人死亡罪或交通肇事罪的意见，不予采纳。2010 年 11 月 17 日，河北省高级人民法院裁定驳回上诉人陈某上诉，维持原判。

如何定罪

对于此类案件，现实中，如何追究违法驾驶员的刑事责任存在一定的争议，主要表现在以下几类：

一是认为应当认定为交通肇事罪。很多公安机关在处理类似事件时，只是由公安机关交通管理部门将其作为普通道路交通事故处理，如果造成路政员死亡的后果，且违法驾驶员负事故全部或者主要责任时，公安机关交通管理部门则以驾驶员行为违反交通运输管理法规，因而发生重大事故，致人重伤、死亡为由，追究其交通肇事罪刑事责任。根据刑法规定，犯该罪的，处三年以下有期徒刑或者拘役。

二是认为应当认定为妨害公务罪。理由是路政执法人员是依法上路对超限车辆进行检查，是执行公务的行为，违法驾驶员在明知路政人员法依执行公务而拒绝停车接受检查，相反故意用车辆冲撞执法人员，该行为阻碍了国家机关工作人员依法执行公务，符合刑法有关妨害公务罪的特征，构成妨害公务罪。犯该罪的，处三年以下有期徒刑、拘役、管制或者罚金。

三是认为应当认定为故意杀人罪。理由是违法驾驶员明知路政人员在进行公务活动，应当接受指挥，停车检查，在看到路政人员检查时，明知不采取任何措施如刹车、打方向盘对路政人员进行避让会发生路政人员受到伤害或死亡的后果，但是如果希望这种结果发生（表现在加油朝执法人员冲撞）或者放任这种结果发生，则构成故意杀人罪。构成故意杀人罪的，处死刑、无期徒刑或者十年以上有期徒刑；情节较轻的，处三年以上十年以下有期徒刑。

笔者认为，对故意冲撞路政员，造成路政员死亡后果的，违法驾驶员涉嫌构成妨害公务罪和故意杀人罪，根据犯罪中的想象竞合理论，应以故意杀人罪追究刑事责任。

首先，驾驶员构成妨害公务罪。妨害公务罪所侵犯的客体为国家对社会的正常管理秩序，也包括国家机关工作人员的人身权利。妨害公务罪侵害的对象为国家机关工作人员、全国人民代表大会代表和地方各级人民代表大会代表以及红十字会工作人员。另外，最高人民检察院《关于以暴力威胁方法阻碍事业编制人员依法执行行政执法职务是否可对侵害人以妨害公务罪论处的批复》规定："对于以暴力、威胁方法阻碍国有事业单位人员依照法律、行政法规的规定执行行政执法职务的，或者以暴力、威胁方法阻碍国家机关中受委托从事行政执法活动的事业编制人员执行行政执法职务的，可以对侵害人以妨害公务罪追究刑事责任”。《公路法》明确规定，“交通运输主管部门、公路管理机构负有管理和保护公路的责任，有权检查、制止各种侵占、损坏公路、公路用地、公路附属设施及其他违反本法规定的行为”，“公路监督检查人员依法在公路、建筑控制区、车辆停放场所、车辆所属单位等进行监督检查时，任何单位和个人不得阻挠”。因此，虽然公路路政执法人员身份是事业身份，但是仍属于妨害公务罪的侵害对象。

妨害公务罪的客观方面表现为以暴力、威胁方法阻碍国家机关工作人员依法执行职务的行为。所谓“以暴力方法”，一般是指对侵害对象的身体实行打击和强制，如殴打、捆绑、非法拘禁、非法限制其人身自由等，机动车驾驶员驾驶机动车冲关撞人显然是一种暴力方法。

妨害公务犯罪的行为人在主观方面表现为故意，即行为人明知自己的行为会妨害国家机关工作人员依法执行职务、履行职责、执行任务，并可能发生扰乱国家对社会正常管理秩序的危害后果，仍希望或放任这一结果的发生。类似案件中，违法驾驶员为逃避被处罚而故意逃避检查，不按执法人员指挥停车接受检查，径直冲关闯卡，冲撞正在执行公务的路政执法人员，其主观方面表现为故意犯罪。凡是故意冲撞执法人员的，违法驾驶员的行为构成妨害公务罪是没有疑义的。

在妨害公务罪中，如果故意冲撞执法人员，造成执法人员重伤或死亡结果的，应属于妨害公务罪与故意杀人罪的想象竞合犯，按照“从一重处断”的原则，无须实施数罪并罚，而应按照其犯罪行为所触犯的数罪中最重的犯罪论处。

此类案件中，如果排除违法驾驶员疲劳驾驶、酒后驾驶等行为，如果没有任何避让执行公务的执法行为的表现，如采取制动措施、用灯光提醒前方人员机动车制动出现故障、打方向盘避让人员等行为，则可以认定为驾驶机动车故意冲撞执行公务的执法人员。驾驶员明知驾驶机动车冲撞执法人员，可能会造成执法人员死亡后果，而不采取相关避免后果发生的行为，则是对执法人员死亡后果的一种追求或者放任，应认定为故意杀人罪。

在妨害公务罪和故意杀人罪中，故意杀人罪是重罪，应按想象竞合的原则，以重罪吸收轻罪，按故意杀人罪定罪。

因此，如果公安机关交通管理部门以交通肇事罪追究驾驶员刑事责任，显然是错误的。交通肇事罪侵犯的客体是交通运输安全，其主观方面表现为过失。而此类案件中，违法驾驶员驾车冲撞执法人员以逃避检查，其主观表现为故意使用暴力方法，其行为既侵害了国家对社会的正常管理秩序，又侵犯了执行公务的执法人员的人身权利，其行为按想象竞合原则，已构成故意杀人罪。

赔偿的合法与合情

2005年3月31日,陈某驾驶重型自卸货车装载25吨煤运往宁夏中宁发电厂。车行驶到青铜峡广武检查站时，陈某见无法闯过便将车开上路边的减速道，驶向减速台假装要接受检测检查。该站工作人员许某见状，走到检测台电子秤前示意陈某停车过磅。谁知，陈某并未停车而是突然加速强行冲卡，将车前无法脱身的许某撞倒，拖出检查站100余米，造成许某当场死亡。陈某明知酿成惨剧却仍驾车加速行驶，逃出五六公里后被公安堵截抓获。宁夏吴忠市中级法院于5月12日对此案进行审理，认定了上述事实。8月4日，宁夏回族自治区高级人民法院作出终审判决，维持吴忠市中院原判，判决被告人陈某犯故意杀人罪，判处死刑，剥夺政治权利终身，同时判决被告人赔偿原告人经济损失5万元。

其实，此类案件中，常有受害人家属从能否获得赔偿角度出发，主动要求放弃追究故意杀人罪或妨碍执行公务罪的刑事责任，要求按照普通交通事故进行处理，主要是考虑到如果按交通事故处理，则行为人犯罪只能是交通肇事罪，该罪是过失犯罪，那么肇事车辆所投保的保险公司将在交强险和第三者责任险中能对受害人进行赔付，受害人家属能得到最大限度的赔付。如果一旦认定为故意杀人罪或者妨害公务罪等故意犯罪行为，则保险公司常会根据《中华人民共和国保险法》第二十七条第二款的规定“投保人、被保险人故意制造保险事故的，保险人有权解除合同，不承担赔偿或者给付保险金的责任”的规定，拒绝支付保险金，受害人的人身损害将无从得到保障。

笔者认为，即使从保险公司处不能得到保险金，驾驶员不是机动车所有人时，常常是雇员。根据最高人民法院《关于审理人身损害赔偿案件适用法律若干问题的解释》的相关规定，雇员因故意或者重大过失致人损害的，应当与雇主承担连带赔偿责任。雇主与雇员一起承担连带责任时，赔偿能力大大增强，基本能解决人身损害赔偿问题。即使人身损害得不到赔付，笔者认为，受害人所在的单位宁愿采取发动捐赠等形式对受害人亲属应得赔付予以补足，也一定要坚持不能按普通交通肇事进行处理，这更关系到执法环境的整顿问题。

虽然当前对于享受工伤保险待遇与获得侵权人的赔偿能否得到双重赔付存在一定争议，但是笔者认为，受害执法人员是在执行职务中受伤或殉职，依法应同时享受工伤保险待遇。由于第三人侵权造成身体伤害的应当承担赔偿责任，这是法律规定的侵害人的民事责任。侵害人与受害人之间由于侵权行为的发生而形成侵权民事法律关系，这一法律关系独立于受害人单位而存在，侵害人并不能因受害人享受工伤待遇而免除侵权责任。同理，职工发生工伤后享有工伤待遇是法律赋予的权利，也是保险机构和用人单位法定的义务。抵消、减免工伤保险待遇的做法是没有法律依据的。根据《工伤保险条例》的规定，如果路政执法人员是公务员和参照公务员法管理的事业单位工作人员，由所在单位支付费用。具体按原劳动和社会保障部、人事部、民政部、财政部联合下发的《关于事业单位、民间非营利组织工作人员工伤有关问题的通知》(劳社部发〔2005〕36号)文件规定的方法执行。

链 接

许多国家早已将超限超载运输行为列入刑法处罚的范围，这些国家的超载超限现象都没有我们国家这么严重。

1913年，美国通过限制车主法律，紧接着出台了多部联邦法律，对违章者先发传票，确立罚款金额。对严重超限超载或屡次违章者，采取司法行动，包括行事诉讼、短期拘留和一年以上监禁等。

韩国自1973年起对超重车辆实施重点检查。根据国家法律规定，对超重驾驶者和强迫驾驶员的运营者处一年以下徒刑或2000万韩元以下罚款。

德国对于第一次超限的驾驶员进行口头警告，第二次处以三个月监禁，驾驶员一年内超限三次以上将被吊销驾照，并列入黑名单，终生不得从事驾驶工作。

日本采取“一超三罚”的制度，即处罚货主、运输业主及驾驶员。如果超过行驶证规定的最大载重量，三者都将被处以六个月以下徒刑和 10 万日元以下罚款。(宋镭 史贺)

（原载于《中国公路》2011年第18期。作者：范金国 杜红霞）

微评论

每次听到路政治超人员因公受到人身伤害，心里就十分难过，当有些驾驶员开车冲撞路政人员的故意杀人行为被公安机关定性为普通的交通肇事案件，并按交通肇事案件来处理时，愤怒从心底升起：他们难道不害怕，下一个被冲撞的，可能就是他们自己么？

改扩建工程的法律风险预防

案例回放

今年8月24日凌晨两点，谢某驾驶摩托车进入湖北省汉施公路拓宽路面，当行至该段“断头路”处，谢某未及时发现横放在拓宽路面终点的水泥墩（无反光标识），连人带车撞上，当场死亡。9月27日，谢某的亲属将该工程项目的建设单位，武汉某建设开发有限公司（以下简称开发公司），与汉施公路的养护管理单位，武汉某公路养护管理所（以下简称管理所）诉至武汉市新洲区人民法院，请求判二被告共同赔偿人身损害费共计44.35万元。

公路部门的抗辩

汉施公路是连接湖北省武汉市和鄂东地区的出口道路，也是武汉市新洲区连接武汉市城区的一条重要道路。

2006年，汉施公路途经阳逻开发区，立项对该路段进行路面拓宽。路面拓宽工程工期从2007年4月开始，至2009年10月结束。开工前，管理所与该工程项目的建设单位——开发公司管理所签订协议，明确了相关责任。2009年，工程基本完工，但是由于拆迁等因素，部分拓宽路面存在“断头路”现象，安全隐患较多。

庭审中，管理所提出四点答辩意见进行抗辩。

一是起诉管理所适用民事诉讼程序是错误的。根据2011年7月1日起实施的《公路安全保护条例》第三条第三款和第五条的规定，公路管理机构行使的是公路行政管理职能。管理所作为汉施公路的公路管理机构，是行政法规授权的行政主体，行使的是对汉施公路的行政管理职能。对行政主体履行职责过程中是否存在过错提起的诉讼，应当适用行政诉讼程序。

二是管理所对事故的发生没有任何过错，且和事故的发生没有任何因果关系，不应承担任何责任。理由是事故现场位于开发公司负责建设的拓宽路面上，并非发生在管理所管理的公路上。该拓宽路面由开发公司建设、养护和管理，系阳逻开发区市政基础设施建设工程，属于城市道路，管理所无权行使对该城市道路的行政管理权和这一构筑物的维护养护权。因此，管理所对发生在没有所有权、管理权和养护权的道路上的事故，没有任何过错，且该事故与管理所是没有任何因果关系的。同时，管理所已经尽到善良管理义务。管理所在接到武汉市新洲区交警部门相关隐患整改的函件后，及时向上级主管部门进行了请示，并根据上级主管部门的批示意见，及时向事故发生路段的建设业主去函，提醒其进行安全隐患防范，并及时对武汉市新洲区交警部门回函说明情况，告知其道路加宽出现的安全隐患应由开发公司负责解决，建议其督促建设业主完善安全设施，进行安全隐患整改。

三是原告起诉管理所的依据，即武汉市新洲区交警部门出具的《道路交通事故证明书》，没有任何事实依据且程序错误，依法应不予采信。首先，交警部门认定事故所在拓宽路面是由管理所与开发公司共同修建，该认定没有任何事实依据。该拓宽路面系开发公司独立修建，管理所与开发公司作为各自路产的相邻关系人，对如何处理好相邻关系进行协议约定，并非协议后共同修建。其次，根据 2008 年 8 月 17 日发布的公安部令 104 号《道路交通事故处理程序规定》第五十条规定：道路交通事故成因无法查清的，公安机关交通管理部门应当出具道路交通事故证明，载明道路交通事故发生的时间、地点、当事人情况及调查得到的事实，分别送达当事人。显然，只有当道路交通事故成因无法查清时，才能制作《道路交通事故证明》，在事故成因已查清的情形下，应当制作《道路交通事故认定书》。本案中的《道路交通事故证明》实际上已经对当事人责任进行了明确，就是一份《道路交通事故认定书》，而武汉市新洲区交警部门在查清事故成因情况下，将《道路交通事故认定书》名称改为《道路交通事故证明》，实际上故意变相剥夺当事人在公安交通管理部门制作《道路交通事故认定书》前对公安机关调取的证据的知情权及陈述、申辩权，同时也剥夺了当事人的复核申请权。因此，该大队进行事故认定程序错误，适用法律文书错误。最后，武汉市新洲区交警部门混淆了交通事故当事人和民事赔偿当事人的概念，错将法人和其他组织列入交通事故当事人并认定其责任，属于越权代行了人民法院的审判职能。故其作出的事故证明中，认定管理所是当事单位且对事故的发生存在原因力，是没有任何事实依据和法律依据的。因此，该事故证明书作为证据应依法不予采信。

四是该事故责任应当由开发公司承担，但鉴于受害人自己也有过错，应当减轻开发公司的赔偿责任。首先，该拓宽路面并未实际完工，对于仍处于施工期间的项目，建设单位及施工单位应当依照《道路交通安全法》第三十二条第二款的规定，做好行车安全隐患的防范，设置必要警示标志和防卫设施，交警部门也应依照《道路交通安全法》第三十二条第三款的规定，加强未中断交通施工的监督检查，责令建设单位及施工单位对行车安全隐患进行整改，对建设单位、施工单位及交通安全管理部门未履行法定义务造成他人损害的，依法应由其承担法律责任。其次，根据管理所与开发公司的协议，在施工路段引发的交通事故所造成的安全责任和经济赔偿一概由开发公司负责。再次，鉴于受害人无证驾驶未登记的机动车且不佩戴安全头盔的过错，应当减轻开发公司的赔偿责任。

隐患谁来整改

案件审理过程中，开发公司提交了一份证据，即《阳逻经济开发区市政基础设施工程竣工验收证书》，用来证明事故路段 2009 年 1 月就已经通过竣工验收，工程已经完工。根据协议，事故路段应由管理所负责管理。

管理所在质证中认为，开发公司举出的该证据，正好证明了该拓宽路面属于市政基础设施工程，结构类型为“城市主干道（市政）”，评定标准也非交通部印发的 JTJ F80/1—2004《公路工程质量检验评定标准》，而是原建设部印发的 CJJ1—90《市政工程质量检验评定标准》，因此，该拓宽路面并非公路，管理所没有养护和管理的义务和责任。根据该证据上的记载，该市政道路的建设单位为开发公司，管理所不是该拓宽路面的建设单位。该市政道路的施工单位为两个具有相应资质的施工企业，对未完工和交付使用的施工路段，施工单位应当依法保障其安全畅通。鉴于该市政道路由阳逻经济开发区投资建设，其所有权依法归阳逻经济开发区所有。管理所与开发公司签订的协议书中明确约定“按照国家有关规定，拓宽路段的公路产权属于乙方（即开发公司）所有”，管理所也不拥有该拓宽路面的所有权。

因此，管理所不是该市政道路的建设单位、养护单位和管理单位，也不是该市政道路的产权所有单位及施工单位，管理所对事故路段的安全隐患没有任何整改责任和义务。

根据《道路交通安全法》第三十二条第二款规定：施工作业单位应当在经批准的路段和时间内施工作业，并在距离施工作业地点来车方向安全距离处设置明显的安全警示标志，采取防护措施；施工作业完毕，应当迅速清除道路上的障碍物，消除安全隐患，经道路主管部门和公安机关交通管理部门验收合格，符合通行要求后，方可恢复通行。显然，施工作业单位在施工没有完成以前，负有对施工路段的安全隐患整改责任和义务。

《侵权责任法》第三十七条也规定，宾馆、商场、银行、车站、娱乐场所等公共场所的管理人或者群众性活动的组织者，未尽到安全保障义务，造成他人损害的，应当承担侵权责任。对于道路存在安全隐患的，道路的管理人应当履行其安全保障义务，有责任和义务对道路交通安全隐患进行整改。

公安机关交通管理部门是道路交通安全隐患的整改主体。《道路交通安全法》第三十二条第三款规定，对未中断交通的施工作业道路，公安机关交通管理部门应当加强交通安全监督检查，维护道路交通秩序。该法第二十九条规定，公安机关交通管理部门发现已经投入使用的道路存在交通事故频发路段，或者停车场、道路配套设施存在交通安全隐患的，应当及时向当地人民政府报告，并提出防范交通事故、消除隐患的建议，当地人民政府应当及时做出处理决定。因此，在发现道路存在交通安全隐患时，公安交通管理部门应当按照法定程序，对此进行处理。

预防风险的三点建议

当前，我国城镇化速度很快，很多公路都逐渐成为城市道路。当原有公路拓宽或改造成城市道路时，道路的管理和养护主体发生了变化，管理道路所适用的法律依据也发生了变化，道路的产权不分，行政等级和技术等级不便划分，给依法管理也带来一定难度。一旦发生交通事故，权责也不易辨析。做好类似公路改扩建后的法律风险预防，笔者认为可从以下三点做起。

一是做好公路路产登记工作，从法律上明确公路产权。公路是不动产，《物权法》第十条规定，不动产登记，由不动产所在地的登记机构办理。国家对不动产实行统一登记制度。统一登记的范围、登记机构和登记办法，由法律、行政法规规定。

《公路安全保护条例》作为一部行政法规，对公路这一不动产的登记进行了规定。该法规第十条规定，公路管理机构应当建立健全公路管理档案，对公路、公路用地和公路附属设施调查核实，登记造册。显然，法律和行政法规已经授权公路管理机构作为公路路产的登记机关，公路管理机构应当对公路路产进行登记造册，该登记造册是公路路产权利登记，具有法律效力。

二是尽可能做好公路的产权以及养护管理移交工作。同一道路，应当实行统一管理，才能方便管理，才能管得好，才能更好发挥其使用功能，更好提供通行服务。可以将原有公路使用性质变为城市道路，将资产、人员和养护管理整体划转移交给城市管理部门实施统一管理；也可以将城市道路的部分产权养护和管理移交给公路管理机构实施统一管理。

三是在没有由公路管理机构对类似道路实施统一管理的前提下，应从民事法律相邻关系角度出发，签订好协议，明晰各自管理范围和责任。

对行政管理部分，尽可能实行联动执法，在法律法规框架内，相互配合和支持，不能因为部门利益而争权夺利、相互拆台。只有这样，才能尽可能提升道路的养护和管理水平，最大限度发挥道路的使用功能。

（原载于《中国公路》2011年第23期。作者：范金国）

微评论

对公路进行拓宽等改扩建工程中，地方政府或相关部门如何明确责任和权利、义务的问题，是理应明晰却长期没有得到解决的问题：同一条道路，部分是公路，部分是城市道路，或虽同为公路，但是中间和两侧、路面和路基分属不同行政等级的公路。要终结此类纠纷，最好的办法是：摒弃行业或者部门利益，实现道路的统一管理。

聚焦广东计重收费引发的“葫芦案”

——专家观点：欲加之罪 何患无辞

人民法院审理案件，应当忠实于“以事实为根据，以法律为准绳”，这是我国三大诉讼的基本原则。但笔者看到判决书中的关于认定广东高速京珠北公司承担责任的事实和理由时，一种感觉始终挥之不去，那就是“欲加之罪，何患无辞”。下面结合判决的三点理由，逐一来点评。

判决第一点理由

1. 判决内容：广东高速京珠北公司经营管理京珠高速粤北收费站，作为公路的经营管理者，对本行业的法律、法规、规章应当明知。

点评：作为公路的经营管理者，就应当必须明知本行业的法律、法规、规章，这句话的潜台词就是：首先你应当对本行业的法律、法规、规章是明知的；其次，你明知故犯，违反了本行业的法律、法规和规章，所以你有过错；最后，你有过错，所以要承担责任。其实，作为公路经营企业，依法经营，依法纳税即可，法律没有规定一个企业必须明知“本行业的法律、法规、规章”，法院就不必苛求。再说了，你“明知”了也无用，要你承担责任时，法院就是这个行业的“专家”，他说了算。

2. 判决内容：粤北收费站对湘A-27871半挂车组出口记录的车货总重为44.8吨，根据交通运输部《超限运输车辆行驶公路管理规定》第三条第四项规定，半挂列车车货总质量40吨以上的属超限运输车辆，与法定超限吨位上线相比，湘A-27871半挂车组超限4.8吨，而粤北收费站计入超载为0，属隐瞒违法事实。

点评：粤北收费站实行计重收费，该站计重收费认定的车货总重标准，是按（GB 1589—2004）《道路车辆外廓尺寸、轴荷和质量限值》来控制的，即按六轴车49吨标准来控制的。这个车车货总重44.8吨，没有达到按更高标准收取通行费的标准，不显示超限为0才不正常。粤北收费站“超载为0”，这里的“超载”属于用词失误，毕竟计重收费称重设备不可能直接称出货物的重量而显示是否超载，而只能称出车货总重的质量。

计重收费计费程序都是自动化，没有故意“隐瞒违法事实”一说。按《超限运输车辆行驶公路管理规定》的标准来说，这个车总质量确实超限了，但是按国家九部委集中治超的标准，六轴车的超限认定标准为55吨，这个车还远没达到超限的标准，目前全国均是根据国家九部委的标准判断车辆是否超限。

3. 判决内容：经查明湘A-27871半挂车核载是21吨，牵引是38吨，超限一定超载。

点评：牵引是 38 吨,这句话怎么也没看明白到底是什么意思。但是有一点，法官先生认为的“超限一定超载”，这个观点绝对是个错误的。车辆超限但不一定超载。如大力SH3603自卸车，自重27.8吨，额定载重31.8吨，总重59.6吨（车货总质量限值为40吨），当它满载时，前轴载20.3吨（单轴每侧单轮胎，轴载质量限值为6吨），后轴载39.3吨（双轴每侧双轮胎，轴载质量限值为18吨）。它没有超载，但是总质量和轴载质量都远远超限，是超限车（这个例子见人民交通出版社出版的《国家治理超限超载，我做监督员》一书）。

4. 判决内容：《超限运输车辆行驶公路管理规定》第二十条规定公路管理机构对超过该规定第三条第（四）、（五）项限值标准且未办理超限运输手续的超限运输车辆，应责令承运人自行卸去超限部分的物品，并补办有关手续。

因此，粤北收费站不责令承运人自行卸去超限的部分物品，并补办有关手续，将装载44.8吨的超限车辆湘A-27871半挂车计超载为0，然后放行的行为，属故意放纵违法。

点评：责令卸货，补办手续，都是行政执法机关的具体行政行为。公路管理机构是对超限的执法机构，有权对超限车辆实施行政管理。而粤北收费站是广东高速京珠北分公司的收费机构，是企业法人分支机构，却被湖南法院认定其有权、有责任行使公路管理机构的行政管理职责，认定公司有实施行政管理行为的权利和义务，是湖南法院的无知？还真是广东公司的“行政不作为”？

判决第二点理由

判决内容：在公路上擅自超限运输的，县级以上交通运输主管部门或其受委托的公路管理机构应当责令承运人停止违法行为，接受调查处理。广东高速京珠北公司，具有履行公路经营和管理的职责，属于授权管理机构，有权责令湘A-27871半挂车停止违法行为，接受调查处理，而广东高速京珠北公司却不依法履行其职责。

点评：广东高速京珠北公司，具有履行公路经营和管理的职责。此“管理”非彼“管理”。此“管理”是对公路这一构筑物的养护管理，使其处于良好的技术状态；彼“管理”是对超限的行政管理。正如店老板对小店的“管理”不等于工商机关对开小店的“管理”。企业不能行使行政管理职责，这是众所周知的事。不知道为何成天与法律打交道的湖南法官不能明白这个浅显道理。“广东公司是授权的公路管理机构”，什么法律法规授的权？广东的企业都要可惜、可恨、可叹湖南的这个法院没有落户广东，不然广东的企业都可以拿着这个判决书去行政执法，而且不用担心被法院判决行为违法——毕竟你法院不能自己打自己耳光吧。

判决第三点理由

判决内容：根据《收费公路管理条例》第三十四条的规定，在收费公路上行驶的车辆不得超载，出现车辆超载时，收费公路管理者应当及时报告公安机关，由公安机关依法处理。广东高速京珠北公司没有将湘 A-27871 半挂车组超载、超限的情况报告公安机关处理。

点评：法院终于提到了收费公路经营管理者的法定义务了，笔者对此表示赞赏，不过也实在佩服法院的良苦用心。《收费公路管理条例》第三十四条第二款明确规定：发现车辆超载时，收费公路经营管理者应当及时报告公安机关，由公安机关依法予以处理。“发现”和“出现”是两个意义完全不一样的词，“出现”的事物，不一定能被“发现”。笔者不愿意以最大恶意去推测法官的行为，宁愿相信这是法官的一个笔误。收费公路经营管理者的法定义务是报告义务，但是这个报告义务的前提是发现超载，发现超载的前提是检查车辆行驶证，检查行驶证的前提是法律法规赋予公路经营企业检查行驶证的权力。有谁见过这样的法律法规授权一个公路经营企业检查车辆行驶证，别忘了通知笔者好好学习学习。

给人民法院的五点友情提示

友情提示一：关于超限与超载的区别和联系。

货运车辆超限与超载是两个不同的法律概念。超限是指车辆的轴载质量、车货总质量或装载后长度、宽度、高度超过国家规定的限值或公路（含桥梁、隧道、渡口）特殊限定标准。超载是指车辆运载的货物质量超过行驶证核定载质量。二者主要区别是：超限是以车辆装载后总重、轴重、几何尺寸与国家规定的限值或公路特殊限定标准进行对比、认定；超载是以车辆装载后货物的质量与其行驶证上核定的载质量进行对比、认定。车辆超限危害的是公路这一构筑物自身完好、安全，后果是损坏路桥，与交通事故没有因果关系；车辆超载危害的是车辆的技术状况及道路交通安全，后果是诱发交通事故,与交通事故有直接的因果关系。超限的行政管理主体是交通运输主管部门或公路管理机构，管理行政目标是为了保护公路完好安全，使路桥免遭损害，发挥其正常使用功能；超载的行政管理主体是公安机关交通管理部门，管理行政目标是为了避免道路交通事故，保护道路参与者人身财产安全。超限不一定超载，超载不一定超限。

友情提示二：关于计重收费和超限超载治理。

计重收费是收费公路经营管理单位以实地测量的车货总质量为依据计重收取车辆通行费的一种收费方式。这种收费方式是政府授权的经济行为。收费公路经营单位不是行政执法主体，无权对超载和超限车辆实行管理。超限执法是交通运输主管部门或公路管理机构为保护公路而对行驶公路的超限车辆依法进行管理，是法律法规授权的行政行为。超载执法是公安机关交通管理部门为保护道路参与者人身财产安全而对超载车辆依法管理的行为。国家治理超限超载，是国家将在自己行政职责范围内可以减少超限、超载行为的相关行政机关联合起来，进行集中治理超限超载（简称集中治超）期间的一种提法，不能将超限、超载二词故意去混同。

友情提示三：关于经营管理者的报告义务。

《收费公路管理条例》第三十四条规定了收费公路经营管理者的法定义务。收费公路经营管理单位在治超中，只有在发现车辆超载前提下，有及时报告公安机关的义务。没有任何法律法规授权收费公路经营管理单位有权检查、核实车辆行驶证以判断是否超载，也没有任何法律法规授权收费公路经营管理单位在没有发现车辆是否超载情形下，有禁止该车进入公路的权利和义务。

友情提示四：关于正确适用诉讼程序问题。

人民法院既然认定“收费站明知车辆超载超限，既不责令承运人卸去超限部分的物品，清除违法行为，也不补办有关手续”、“不依法履行职责予以阻止”，认定收费站有行政管理职责，那么对不作为的行政行为，显然应该告知当事人适用行政诉讼程序去提起行政赔偿诉讼，而不是适用民事诉讼去认定具体行政行为违法。

友情提示五：关于理性文明使用法律语言的建议。

在一份民事判决书中使用“漠视公共安全和社会公共利益，蔑视他人的生命与财产安全”这样的字眼去指责一个企业，这不是理性的法律人所为，这样的字眼只可以出现在“文革”期间的大字报上和法制不健全时代的刑事判决书上，企业也有名誉权，任何单位和个人不得非法侵害。判决书应当以事实为根据，以法律为准绳，没必要添加任何的个人感情色彩。

后记

这样的案子如果法院最终判决广东公司承担责任，真会成天大的笑话。笔者有个“邪恶”的想法：把这些法官先生们引进、交流到交通运输行业来，让他们到收费站收费的时候去卸载吧，这样是让他们正确理解交通运输法律法规的最好方法。

（原载于《中国高速公路》2011 年第 12 期。作者：范金国）

微评论

笔者对人民法院的大多数法官为了社会正义和公平所作的努力，表示钦佩和敬仰；对少数法官为了“和谐”的需要，不得不违心作出一些不公判决的现状，表示理解和担忧；对个别法官利用国家审判权，肆意玩弄和践踏法律，成为新时代的“葫芦僧”，表示无比的痛恨和鄙视！这并非是为公路行业摇旗，而是为法律的尊严呐喊！

治超中的欲加之罪需警惕

编前语

对于超限与超载，本刊2009年第4期就事论法栏目曾刊载《超限超载大不同》一文，结合湖北京港澳高速公路上发生的两个真实案例，阐述了超限超载的关系以及相关法律风险的防范问题。转眼三年过去，然而最近的案例显示:超限与超载的治理问题被混为一谈的现象仍在司法机关蔓延。这不免让公路行业忧心忡忡……其实，对于司法机关的“欲加之罪”，公路行业并非无能为力。

案例回放

案例1：2011年4月18日，湖北某县道上发生了一起交通事故。一辆小轿车驾驶员将车停靠在路边问路，一辆二轴货车在超越该小车的时候，发生交通事故，将路边一对母女行人撞至一死一重伤。后交警部门认定，小轿车违法停车，负事故次要责任；二轴货车车货总重为38.4吨，因严重超载导致制动失灵并与事故有因果关系，负事故主要责任。交通事故地点前5.9公里处有一治超站，该肇事货车事故发生前曾经过该治超站。2011年6月6日，某县人民检察院以对行政执法机关进行例行检察为由，对肇事货车经过的治超站站长张某进行了讯问，后进行了立案调查。后经了解，方知该检察院的讯问是因4月18日的交通事故，以治超站未对该货车进行查处导致交通事故发生为由，要追究治超站站长张某涉嫌玩忽职守渎职罪的刑事责任而进行的调查。后经多方努力，该县检察院对此案拟做不起诉决定处理。

案例2：2010年4月3日，一辆六轴货车经京港澳高速公路广东粤北收费站出站后进入京港澳高速湖南段，行至湖南耒宜段时，因超速刹车不及与前车(面包车)发生碰撞，造成面包车上人员8死4伤的交通事故。交警部门出具《道路交通事故认定书》认定：货车驾驶员车速过快且遇危险时未采取抢挡等措施减速，应负事故的主要责任。面包车核载7人，实载12人，属严重超载，因损害结果的扩大存在因果关系，因此面包车驾驶员应负事故的次要责任。事后，死者家属向湖南省郴州市某基层法院提出诉讼，要求货车驾驶员、货车车辆所有人、货物运输公司、保险公司和货车行经广东高速京珠北公司、湖南耒宜高速公路管理处等共计 23 名被告承担赔偿责任。该法院审理后做出一审判决：包括货车驾驶员、货车车辆所有人、货物运输公司、保险公司和广东高速京珠北公司在内的 11 名被告承担 70%连带责任，湖南耒宜高速公路管理处承担 30%责任。面包车驾驶员无需承担责任。目前该案尚在二审审理中。

该法院判令广东高速京珠北公司承担责任的理由主要有三项：首先，货车 44.8 吨，超过交通运输部《超限运输车辆行驶公路管理规定》“半挂列车 40 吨”的超限规定，超限一定超载，《超限运输车辆行驶公路管理规定》第二十条规定公路管理机构对超过该规定第三条第（四）、（五）项限值标准且未办理超限运输手续的超限运输车辆，应责令承运人自行卸去超限部分的物品，并补办有关手续。因此，粤北收费站不责令承运人自行卸去超限的部分物品，并补办有关手续，将装载 44.8 吨的超限车辆计入超载为 0，然后放行的行为，属故意放纵违法。其次，在公路上擅自超限运输的，县级以上交通运输主管部门或其受委托的公路管理机构应当责令承运人停止违法行为，接受调查处理。广东高速京珠北公司，具有履行公路经营和管理的职责，属于授权管理机构，有权责令半挂货车停止违法行为，接受调查处理，而广东高速京珠北公司却不依法履行其职责。再者，根据《收费公路管理条例》第三十四条的规定，在收费公路上行驶的车辆不得超载，出现车辆超载时，收费公路管理者应当及时报告公安机关，由公安机关依法处理。广东高速京珠北公司没有将该半挂车组超载、超限的情况报告公安机关处理。广东省京珠北高速公路业主单位放任超载车辆进入湖南境内，是造成交通事故的原因之一。由于广东高速京珠北公司经营管理京珠高速粤北收费站，因此，一审作出如上判决。

司法机关错在哪

案例 1 中，检察机关认定治超站未对货车进行查处与交通事故发生存在因果关系，是错误的。错误的根本原因在于混淆了超限和超载的区别。路政部门治超是为了保护路桥的安全，超限与交通事故没有因果关系，只有公安部门管理的超载才与交通事故的发生有因果关系。

而案例 2 中，人民法院的判决理由更是没任何事实和法律依据的。首先，超限一定超载的观点是错误的。车辆超限但不一定超载。车辆超载也不一定超限。

其次，责令卸货，补办手续，都是行政执法机关的具体行政行为。公路管理机构是对超限的执法机构，有权对超限车辆实施行政管理。粤北收费站是广东高速京珠北分公司的收费机构，其收费行为是企业的经营行为，企业不能行使行政管理职责，这是众所周知的事实。再次，《收费公路管理条例》第三十四条第二款明确规定：发现车辆超载时，收费公路经营管理者应当及时报告公安机关，由公安机关依法予以处理。“发现”和“出现”是两个意义完全不一样的词，“出现”的事物，不一定能被“发现”。收费公路经营管理者的法定义务是报告义务，但是这个报告义务的前提是发现超载，发现超载的前提是检查车辆行驶证，检查行驶证的前提是法律法规对检查行驶证的权力及义务的授权，显然，收费公路经营管理者是无权也无义务检查车辆行驶证的。

关键问题辨析

问题一，车辆超限与超载的区别。

货运车辆超限与超载是两个不同的法律概念。超限是指车辆的轴载质量、车货总质量或装载后长度、宽度、高度超过国家规定的限值或公路（含桥梁、隧道、渡口）特殊限定标准。超载是指车辆运载的货物质量超过行驶证核定载质量。二者的主要区别是：一是两者违反的行政法律规范不同。车辆超限违反的是《公路法》；车辆超载违反的是《道路交通安全法》。二是认定两者违法的技术参数不同。超限是以车辆装载后总重、轴重、几何尺寸与国家规定的限值或公路特殊限定标准进行对比、认定；超载是以车辆装载后货物的质量与其行驶证上核定的载质量进行对比、认定。三是两者危害后果不同。车辆超限危害的是公路这一构筑物自身完好、安全，后果是损坏路桥，与交通事故没有因果关系；车辆超载危害的是车辆的技术状况及道路交通安全，后果是诱发交通事故,与交通事故有因果关系。四是对两者实施行政管理的主体不同。超限的行政管理主体是交通运输主管部门或公路管理机构；超载的行政管理主体是公安机关交通管理部门。五是对两者实施行政管理目标不同，交通运输、公路部门对超限车辆实施管理，是为了保护公路完好安全，使路桥免遭损害，发挥其正常使用功能；公安机关交通管理部门对超载车辆实施管理，是为了避免道路交通事故，保护道路参与者人身财产安全。六是对两者处罚额度不同。违法超限运输，根据《公路法》的规定，可处 3 万元以下罚款；违法超载运输，根据《道路交通安全法》的规定，处 200 元以上 500

元以下的罚款，超过核定载质量30%的，处500元以上2000元以下的罚款。七是货运车辆超载但不一定超限，超限但不一定超载。

问题二，计重收费与超限、超载执法的关系。

计重收费是收费公路的经营管理单位以实地测量的车货总质量为依据计重收取车辆通行费的一种收费方式。这种收费方式是政府授权的经济行为。实行计重收费、改变车辆通行费的收费方式和费率标准，能够降低合法运输车辆的收费标准，增大违法运输车辆的运输成本，通过经济和价格手段，进一步消除超限运输的利益驱动，从而进一步鼓励守法运输。收费公路的经营管理单位不是超限和超载管理的执法主体，其收费行为也不是超限和超载行政执法行为，无权对超载和超限车辆实行管理。超限执法则是交通运输主管部门或公路管理机构为保护公路而对行驶公路的超限车辆依法进行管理，是法律法规授权的行政行为。超载执法是公安机关交通管理部门为维护道路交通安全秩序、避免道路交通事故发生而对车辆的超载行为依法进行管理，是法律法规授权的行政行为。

问题三，收费公路经营管理单位在治超中的法定义务。

《收费公路管理条例》第三十四条规定：在收费公路上行驶的车辆不得超载。发现车辆超载时，收费公路经营管理者应当及时报告公安机关，由公安机关依法予以处理。因此，收费公路的经营管理单位只有在发现车辆超载前提下，有及时报告公安机关的义务。没有任何法律法规授权收费公路的经营管理单位有权检查、核实车辆行驶证以判断是否超载，也没有任何法律法规授权收费公路的经营管理单位在没有发现车辆是否超载情形下，有禁止该车进入收费公路的权利和义务。

对“欲加之罪”的“有所为”

案例1中，如果检察机关在不起诉决定书中仍认定治超站站长有罪，那么后面的交通事故的赔偿案中，必然会扯进公路管理机构，并且公路管理机构将承担一定的责任。民事赔偿事小，重要的是此类案件如果不彻底得到纠正，将具有典型标杆意义，全国路政治超人员将人人自危，人人可能进监狱，毕竟大多数交通事故都与超载有关系。

案例2中，如果人民法院最终仍认定收费公路的经营管理者存在过错，在全国高速公路已经联网的背景下，将造成司法秩序的混乱：所有的肇事车辆经过的所有高速公路经营管理单位都将会被认定有责，而众多收费公路经营管理单位奔赴全国各地的基层法院去应诉，在被告席上一字排开将成为中国基层法院交通事故案件审理法庭中的一道风景。

其实，司法机关对公路部门的“欲加之罪”，行业并非无能为力。

要在全体路政人员中进行超限车辆治理的相关知识培训。在社会上大力进行超限与超载相关知识的宣传，让超限与超载相关知识家喻户晓、妇孺皆知。

组织开展对收费公路经营管理者以及路政治超人员如何防范类似风险进行研究。

各级公路交通运输部门要利用“车辆超限超载治理工作办公室”这一机构和平台展开对超限与超载相关知识的宣传和培训。必要的时候，全国治超办应当专门对此进行明释，毕竟全国治超办是经国务院同意，由国务院各部委共同组成的治超常设领导机构，对超限与超载专业问题的解释，最有发言权。

公路管理机构或交通运输主管部门，一定要摒弃畏惧司法机关的情绪，面对司法机关在治超上的“欲加之罪”，要依法以公文的形式，向上级主管机关、党委、人大及政府汇报，寻求支持，有理有利有节地处理类似案件。

（原载于《中国公路》2012 年第 4 期。作者：范金国）

微评论

当司法机关对公路部门实施“欲加之罪”时，公路部门却只能是一副噤若寒蝉、逆来顺受的模样，心痛之余，笔者能做的，便是四处奔走呼吁，寻求解决之道。路漫漫，形单影只，希望更多人能加入其中。

路赔案件中的角色误区

编前语

2011年4月，某网站论坛贴出题为《××省公路局何时变经商？》的帖子，起因是当年因一起路赔费案件，作者质疑并状告该省公路局。在全国公路系统，类似的事情并非鲜见，今后这样的案件仍会发生，如何防范和避免此类风险，不妨对这起诉讼进行回顾。

案例回放

2010年12月18日，驾驶员张某驾驶货车行驶于沪陕高速公路时，机油泄漏，污染沥青路面52平方米，造成路产损失。某省公路路政中队进行相关调查取证后，于2010年12月18日以省公路局的名义，对当事人下发了《某省公路路政赔补偿通知书》，作出处理决定：限48小时内按照技术标准修复、恢复原状，或者由赔偿路产损失1.56万元。

2011年3月，当事人就路产损失赔偿问题，向西安市碑林区人民法院提起行政诉讼，将某省公路局告上法庭。

答辩引发质疑

法庭上，省公路局进行了答辩，主要有三点答辩理由：

一是省公路局作出的《公路路政赔补偿决定书》，基于原告的民事侵权行为产生，属于民事行为，不是行政诉讼的受案范围，应当依法驳回起诉。理由是《公路法》第八十五条规定“违反本法有关规定，对公路造成损害的，应当依法承担民事责任”，因此，公路管理部门与赔偿责任人之间的公路损害赔偿纠纷是一种民事法律关系，双方为平等的民事主体，其不受行政法律、法规调整。且依据《路政管理规定》第三十六条规定：对路产损失数额复核的规定不影响当事人依法向人民法院提起民事诉讼的法定权利。因此，赔偿责任人若对《公路赔补偿通知书》认定的事实和赔补偿数额有疑义，应当向法院提起民事诉讼，而非行政诉讼。

二是《公路路政赔补偿决定书》依据的事实清楚，证据充分。路政机构制作了询问笔录，原告对损害事实予以认可，未提出异议，案件事实清楚。同时，路政人员对机油污染公路现场进行了测量、拍照以及现场勘验，有原告签字捺印的勘验笔录、勘验草图、路产修复告知单、现场照片等作为证据。

三是《公路路政赔补偿决定书》合法有效。公路局根据《公路法》第八十五条、《公路管理条例》第三十二条、《路政管理规定》第三十一条、《某省公路路政管理条例》第十九条规定：依法行使公路路政管理职责，对损坏公路、公路附属设施的行为要求行为人承担民事赔补偿责任。同时，公路局是依据《某省物价局、财政厅、交通运输厅关于重新核定公路损坏赔偿费及公路占用补偿费收费标准的通知》的规定，要求原告按照每平方米 300 元的标准进行损害赔偿。再者，公路局按照《路政管理规定》第三十四条规定的程序，来行使其路政追偿的权利，路政机构的相关材料清楚反映了案件办理过程，其程序是合法的。

依据《路政管理规定》第三十六条之规定，当事人对《公路赔补偿通知书》认定的事实和赔补偿数额有疑义的，可以依法提起民事诉讼，其不属于行政诉讼的受案范围，且公路局权利行使合法得当，因此应当依法驳回原告起诉。

为了尽快取回货车，起诉期间，当事人缴纳了 1.56 万元。

面对省公路局的答辩理由，当事人提出质疑。当车辆在公路上抛锚被强行拖走时，路政人员告知是省公路局行政执法，出具的赔偿费通知书和赔偿费决定书，落款都是“某省公路局”。可是，当提起行政诉讼，法院立案受理时，省公路局却辩称这属于民事行为，不属于行政诉讼，逃避承担违法行政的后果。当事人认为，某省公路局这种行为属于两面三刀，是借法律之名敛财。

难题并不复杂

显然，造成公路损害的侵权人，是张某及其驾驶的车辆，对被损坏公路负有物的管理责任主体，是沪陕高速公路事故段公路的经营管理者。而对被损坏公路负有行政管理责任的主体是某省公路局，因此省公路局在此路赔案中是行政执法主体，有权根据《公路法》第八十五条第二款的规定，作出调查和处理。

但是，由于现有法律法规并没有明确授权公路管理机构如何进行处理，即并未授权公路管理机构有责令当事人修复或赔偿的行政权利，原《公路管理条例》第三十二条虽然对此略有提及，但目前该条例已经废止。因此，公路管理机构制作的《公路赔补偿通知书》在司法实践中，通常被人民法院以公路管理机构作为

"物"的管理主体作出的通知为由，认为其并不具备强制执行力，否定了其行政效力。

基于此，《路政管理规定》规定了公路管理机构对路产损失进行处理时，作为行政主体如何进行处理的程序，同时规定，收取的赔补偿费应当用于路产的修复，不得挪作他用，只有这样才可以平衡公路的管理者、经营者和使用者之间的利益。但是《路政管理规定》也明确提出，若当事人对数额有疑义且不服从复核的决定时，有权提起民事诉讼，也就是说，当事人若对《赔补偿通知书》中的认定不服，直接向公路的"物"的管理者去提起民事诉讼，由人民法院对数额进行判决，从而自己也否定了《赔补偿通知书》的行政效力。

在本案中，该省公路局应当直接就其依法进行的调查和处理程序进行抗辩，只要能证明具体行政行为是合法的，就能被人民法院支持，而无须就是民事还是行政程序进行抗辩，即使主张应按民事程序进行处理，也应当是去起诉该高速公路的经营管理者。

反思与警示

公路是一种公共设施，从物的属性来说，是一种构筑物。对其管理分两种情形，一是对物的管理，对公路提供公共服务的过程中实施的养护及其他运营管理行为；另一是对其的行政管理，即由政府和相关行政主体对其实施行政管理，通过行政手段对其实施保护，同时调整公路的管理者、经营者和使用者之间的关系。

对公路这一"物"的管理责任主体，其一便是公路管理机构，主要负责非收费公路的物的管理。依据是《公路法》第三十五条，即公路管理机构应当按照国务院交通运输主管部门规定的技术规范和操作规程对公路进行养护，保证公路经常处于良好的技术状态。另一类是收费公路的经营管理者。主要负责收费公路的物的管理。依据是《公路法》第六十六条、《收费公路管理条例》第二十六条。《公路法》第六十六条规定：依照本法第五十九条规定受让收费权或者由国内外经济组织投资建成经营的公路的养护工作，由各该公路经营企业负责。各该公路经营企业在经营期间应当按照国务院交通运输主管部门规定的技术规范和操作规程做好对公路的养护工作。在受让收费权的期限届满，或者经营期限届满时，公路应当处于良好的技术状态。《公路法》第六十八条同时授权国务院，收费公路的具体管理办法，由国务院依照公路法制定。国务院《收费公路管理条例》第二十六条则规定：收费公路经营管理者应当按照国家规定的标准和规范，对收费公路及沿线设施进行日常检查、维护，保证收费公路处于良好的技术状态，为通行车辆及人员提供优质服务。收费公路的经营管理者根据《收费公路管理条例》第十条的规定，又分为两类，即对政府还贷收费公路，其经营管理者是依法设立的专门的不以营利为目的的法人组织；对经营收费公路，其经营管理者是依法成立的公路企业法人。

从对公路这一物的管理角度来说，其主体即公路管理机构、不以营利为目的的法人组织、公路经营企业这三类，与公路的使用者之间是平等的民事法律关系。公路的使用者对公路路产造成了损害，即破坏了公路的良好技术状态，由于公路的物的管理主体承担着让公路处于良好技术状态的法定责任，显然公路使用者对公路的物的管理主体应当承担侵权民事责任，即修复或者赔偿责任。基于此，《公路法》第八十五条第一款规定：违反本法有关规定，对公路造成损害的，应当依法承担民事责任。

在对公路的行政管理主体上，根据《公路法》的规定，主要有地方各级人民政府、各级交通运输主管部门和公路管理机构。《公路法》第六十九条规定：交通运输主管部门、公路管理机构依法对有关公路的法律、法规执行情况进行监督检查。第七十条规定：交通运输主管部门、公路管理机构负有管理和保护公路的责任，有权检查、制止各种侵占、损坏公路、公路用地、公路附属设施及其他违反本法规定的行为。第八十五条第二款规定，对公路造成较大损害的车辆，必须立即停车，保护现场，报告公路管理机构，接受公路管理机构的调查、处理后方得驶离。显然，当公路的使用者损害了公路路产，公路管理机构对其进行的调查和处理是一种法律授权，是维护公路的管理者、经营者和使用者合法权益的具体行政行为，具有行政可诉性。

显然，仅就“公路管理机构”来说，根据《公路法》的规定，特别是《公路安全保护条例》直接进行了授权后，“公路管理机构”是法定的行政管理主体，而在非收费公路和相当多的政府还贷收费公路中，“公路管理机构”同时也是公路管理的民事主体。这一集“运动员”和“裁判员”于一身的地位，给公路的管理带来尴尬，引发公众质疑也情有可原。

有鉴于此，公路部门应从三个方面给予足够重视，防患于未然。

要尽量通过立法的形式，对公路的行政管理主体和物的管理主体进行区分，对公路管理机构的身份和职责进行正确区分定位，尽可能对集物的管理和行政管理为一身的公路管理机构进行机构和职能的分离。

尽可能通过地方性法规的立法活动，授权公路管理机构相关行政处理具体职权，如责令赔偿损失、责令恢复原状、行政调解等，这样能更好地维护公路经营者和管理者的合法权益。

对于交通事故造成的路产损失，由于《道路交通安全法》已经规定了相应的归责、处理程序和责任主体，公路管理机构作为行政管理主体，应当在依法调查时，全面进行调查取证，特别是要围绕侵权人、路产损害的赔偿义务人包括保险公司、路产损害后果、交通事故与路产损害后果之间的因果关系等进行调查取证。对路产损害后果的取证，要尽可能引入司法鉴定，委托司法鉴定机构对路产损失进行鉴定，这是消除当事人对政府文件的不信任、公平维护公路的使用者和经营者、管理者之间合法权益的最好处理手段。在公路使用者拒绝承担侵权民事责任时，应当告知公路经营者和管理者，通过提起民事诉讼的方式维护权利；在公路使用者对承担的民事责任有异议时，应当告知其依法对公路的经营者和管理者提起民事诉讼的权利。

（原载于《中国公路》2012 年第 8 期。作者：范金国）

微评论

我们常常批评公安交警部门，既是“运动员”，肩负道路交通安全的管理责任，又充当“裁判员”，对道路交通事故责任进行划分和评判——这样导致其做出的事故认定，常常很难令人信服。回顾公路管理机构，何尝不是如此？怎样改变这种不合理的情况，需要执政者的智慧，更需要理念的及时更新。

公路保护急需刑事司法解释

编者按

虽然有《公路法》和《公路安全保护条例》等法律法规，对公路的保护规定了相应的民事责任和行政责任，但对于公路保护中的刑事责任问题，仅《公路法》第八十四条，列出一条："违反本法有关规定，构成犯罪的，依法追究刑事责任。"看似没有问题，实则不痛不痒——"依法追究刑事责任"，如何"依法"？依什么法？在司法实践中，对此认知是模糊不清的。同时，由于《治安管理处罚法》制定时的仓促和草率，它对破坏公路的情形如何进行治安处罚，没有进行规定，以至于现实中的公路保护，往往苍白无力。

公路的管理和保护，在没有法律统一规定，各地司法处置不一的情形下，迫切需要最高人民法院出台关于公路保护的刑事司法解释，对于打击破坏公路及公路管理秩序，保障交通安全，保护人民群众生命财产安全，促进法律统一实施，有百利而无一害。

近日，交通运输部公路局面向全国交通运输系统下发了《关于请就制定公路保护司法解释研提意见的函》(交公便字[2012]47 号)，征集就制定审理盗窃、破坏公路交通设施、偷逃车辆通行费等刑事案件司法解释的立法意见和建议。搜集近年来的相关案例，笔者提出一些粗浅建议，期待抛砖引玉。

盗窃公路附属设施，是盗窃罪还是破坏交通设施罪?

2004 年 4 月至 6 月，四川省隆纳(隆昌—纳溪)高速公路上 97 块交通标志牌被盗，给国家造成了较大经济损失，也给行车安全带来了严重隐患。不久，犯罪嫌疑人赵某被抓获。经审查，他先后盗得高速公路导向标志牌 30 多块，价值 8000 余元，销赃后获款 1200 元。

同年 9 月 14 日，检察机关以涉嫌破坏交通设施罪对赵某提起公诉。一审法院经审理后认为，赵某以非法占有为目的，盗窃高速公路上标志牌等物，数额较大，已构成盗窃罪，但检察机关认定赵构成破坏交通设施罪不能成立。一审法院认为，构成破坏交通设施罪，必须是被告人破坏交通设施的行为足以使交通工具发生倾覆、毁坏危险。赵某盗窃的导向标志牌不足以造成交通工具倾覆、毁坏，因此不构成破坏交通设施罪。故以盗窃罪判处赵某有期徒刑二年，并处罚金 3000 元;其违法所得 8000 元予以退赔。

四川省南方高速公路股份有限公司对此判决不服，向检察机关提出建议，提请抗诉，并提交了补充说明。公司认为，根据《道路交通安全法实施条例》有关规定，赵某盗窃的隆纳高速公路导向标志牌属于道路交通标志中的指路标志，均为高强度反光标志，夜间行驶的车辆只能依靠反光标志辨识路况、方向、距离等信息。如果进入弯道或岔道前未及时得到减速和转向提示，容易造成驾驶员判断错误，导致重大交通事故的发生。隆纳高速公路至开通以来，盗窃、破坏高速公路设施的违法犯罪行为屡禁不止。赵某大量盗窃导向标志牌的行为，严重影响了行车安全，不但犯有盗窃罪，同时也触犯了破坏交通设施罪。赵某的行为应按破坏交通设施罪论处，一审法院的判决明显偏轻。

10 月 21 日，区检察机关向中院提出抗诉。泸州市中级人民法院受理此案后认为，检察机关的抗诉理由成立，遂以破坏交通设施罪判处赵某有期徒刑三年。

盗窃公路附属设施，如高速公路护栏上的螺丝，尽管涉案价值不大，但是严重影响了护栏的防撞功能的正常发挥，给交通安全带来严重隐患，特别是高速公路上，盗窃一个小小的螺丝，足以酿造一个重特大交通事故。而司法实践中，人民法院大多以盗窃罪追究其刑事责任，但往往因数额较少，不足以对犯罪行为起到震慑作用，公安机关甚至以涉案价值达不到盗窃罪立案的标准，不予立案，导致这种盗窃公路附属设施的行为不能得到有效打击。

因此，建议在条款表述中，首先进行原则规定：盗窃公路附属设施，价值数额不大，但是构成危害公共安全犯罪的，依照刑法第一百一十七条的规定定罪处罚；盗窃公路附属设施同时构成盗窃罪和破坏交通设施罪的，择一重罪处罚。

同时对破坏交通设施罪的其他情形进行明示——破坏、毁损公路、公路用地和公路附属设施，有下列情形之一的，属于刑法第一百一十七条规定的实施了“足以使汽车发生倾覆、毁坏危险等危害公共安全的行为”，按破坏交通设施罪处理：

（一）未经许可，擅自从事涉路施工活动，且未采取足够安全防范措施的；

（二）故意损毁、擅自移动、涂改、遮挡公路附属设施的，严重影响交通安全的；

（三）违法超限运输，情节或后果严重的；

（四）造成公路、公路用地或公路附属设施损毁，不报告公路管理机构，也不采取足够安全防范措施的；

（五）其他严重危害公共安全的行为。

并且对破坏交通设施罪中的“尚未造成严重后果”、“造成严重后果”、“过失”三类情形进行明示——破坏交通设施，有下列情形之一的，属于刑法第一百一十七条规定的“尚未造成严重后果的”情形，处三年以上十年以下有期徒刑：

（一）盗窃高速公路附属设施的；

（二）破坏、毁损高速公路、高速公路用地、高速公路附属设施的，或破坏、毁损公路、公路用地、公路附属设施，直接损失在30万元以上的；

（三）致使发生重大交通事故或有扩大特大交通事故损害后果的；

（四）明知装载严重超限而驾驶的。

破坏交通设施，有下列情形之一的，属于刑法第一百一十九条第一款规定的“造成严重后果的”情形，处十年以上有期徒刑、无期徒刑或者死刑：

（一）致使发生特大交通事故的；

（二）破坏、毁损公路、公路用地、公路附属设施，直接损失在60万元以上的；

（三）明知装载严重超限而驾驶，致使桥梁、隧道坍塌的。

破坏交通设施，有下列情形之一的，属于刑法第一百一十九条第二款规定的情形，处三年以上七年以下有期徒刑：

（一）因过失损坏公路、公路用地、公路附属设施，致使发生特大交通事故的；

（二）因过失损坏公路、公路用地、公路附属设施，直接损失在60万元以上的。

破坏交通设施，有下列情形之一的，属于刑法第一百一十九条第二款规定的“情节较轻的”情形，处三年以下有期徒刑：

（一）因过失损坏公路、公路用地、公路附属设施，致使发生重大交通事故的；

（二）因过失损坏公路、公路用地、公路附属设施，直接损失在60万元以下的。

单位主管人员、机动车辆所有人或者管理人指使、强令他人违法破坏公路、公路用地、公路附属设施的，以破坏交通设施罪处罚。

向公路上行驶的车辆抛掷物体，是否应当入刑？

2009年2月，一辆大客车飞速行驶在京津塘高速公路上，突然飞来一块水泥块，将风挡玻璃砸得粉碎，猝不及防的驾驶员头破血流，连忙踩下刹车，幸亏后面的车辆躲闪及时，否则后果不堪设想。

被巡逻民警当场抓获的王某是北京市通州区某村村民，一家三口平时靠政府低保生活。从今年2月至3月间，为了“解闷”，王某先后三次来到京津塘高速出京方向31.5公里南侧路旁，向过往车辆抛掷水泥块，导致5辆大型客货车前风挡玻璃损坏，估损值共1.29万元，并造成一人轻微伤。

法院认定，王某为发泄不满情绪，多次在高速公路旁故意向过往的车辆抛掷水泥块，其行为已构成以危险方法危害公共安全罪，判处有期徒刑七年，剥夺政治权利一年。

向公路上行驶的车辆抛掷物，或在公路上堆放障碍物，或因车辆不按规范装载，导致装载物掉落、遗洒和飘散，或在高速公路上丢弃杂物，都是严重影响交通安全的行为，极易酿造成重特大交通事故。对于类似情形，一旦发生交通事故，违法行为人如果是驾驶员，司法实践中，常被以交通肇事罪罪名入刑；而一旦违法行为人是案外人，往往只是承担民事责任了事，没有被追责。笔者认为，上述情形，均应以“以危险方法危害公共安全罪”入刑，这样才能震慑此类违法行为人，减少直至杜绝此类严重危害公共安全的行为。

因此建议条款表述为，有下列情形之一的，依照刑法第一百一十四条、一百一十五条的规定，以“以危险方法危害公共安全罪”处罚：

（一）在公路上违法设置障碍物，且不采取足够安全防范措施的；

（二）车辆不规范装载，导致装载物掉落、遗洒、飘散，且不采取足够安全防范措施的；

（三）向上高速公路随意丢弃杂物的；

（四）向公路上正在行驶的车辆投掷物品的。

偷逃车辆通行费，该当何罪？

2011年12月15日，引发全国关注的“天价通行费案”在河南省鲁山县人民法院再审，被告人犯罪事实认定和判处刑期与原判决均有重大变化。

庭审结束后法官当庭宣判：被告人时甲犯诈骗罪，判处有期徒刑两年6个月，并处罚金人民币1万元。此前，河南省平顶山市中级人民法院认为被告人时甲犯诈骗罪，判处无期徒刑，剥夺政治权利终身，并判处罚金200万元。在犯罪事实认定方面，经鲁山县人民法院审理查明，2008年5月份，被告人时甲到其弟时乙经营的沙场帮忙，时乙明确告知时甲拉沙车辆所用的“WJ-30055”、“WJ-30056”号牌、证件均系伪造。2008年10月底，时甲开始全面参与沙场经营管理，负责安排车辆营运、发放雇工工资、购买销售河沙等。经会计事务所审计：2008年1月1日至2009年1月1日，悬挂“WJ-30055”、“WJ-30056”号牌的两辆货车在郑尧高速公路通行，骗免高速公路通行费（按核准装载量计算）计人民币11.7万元。此前，河南省平顶山市中级人民法院认为，被告人时甲骗免高速公路通行费36.8万元。

同时，法官当庭宣判被告人时乙犯诈骗罪，判处有期徒刑7年，并处罚金人民币5万元；被告人时留申、王明伟犯伪证罪，各判处有期徒刑1年，缓刑1年。经鲁山县人民法院审理查明：2008年5月4日至2009年1月1日，被告人时乙在经营河沙生意中，为骗免高速公路通行费，用两辆货车在运输河沙时使用伪造的车辆号牌、行驶证、驾驶证等，在郑尧高速公路通行共计2363次，骗免高速公路通行费（按核准装载量计算）计人民币49.2元。4名被告人均当庭表示服从判决。

我国的收费公路政策的实施，让我国公路建设步伐大大加快，公路建设成果世界瞩目。对于收费政策，社会公众少看到其带来的成就，而是对其颇有诟病。对于驾驶员来说，偷逃通行费，则近乎成为心照不宣的实践。偷逃通行费，违反法律法规的规定，损害了行业的健康发展，对依法交费的车主来说，更显失公平。但是，《收费公路管理条例》对这种行为，仅规定收费公路经营管理者对依法应当交纳而拒交、逃交、少交车辆通行费的车辆，有权拒绝其通行，并要求其补交车辆通行费。因此，对于逃费者来说，其逃费行为几乎没有成本——通俗地说：查到了，补交；查不到，没事。

云南、江苏和浙江三省的公检法联合出台的打击偷逃通行费的意见，正式将偷逃通行费的行为认定为诈骗罪。河南“天价通行费”逃费案，为将逃费行为定性为诈骗罪提供了一个典型案例。

因此建议条款表述为，以非法占有为目的，采用欺骗手段不交、少交通行费，具有下列情形之一，数额较大的，依照刑法第二百六十六条的规定，以诈骗罪定罪处罚：

（一）采用互换车辆通行卡等方法减少实际计费里程的；

（二）采用垫钢板等方法减轻实际计费重量的；

（三）使用伪造、变造、盗窃的武装部队或警用车辆号牌的；

（四）使用伪造、变造的车辆通行卡支付的；

（五）假冒绿色通道优惠车辆的；

（六）采用其他欺骗手段不交、少交车辆通行费的。

为拒交车辆通行费强行闯卡，损坏收费站财物，构成故意毁坏财物罪的，依照刑法第二百七十五条的规定定罪处罚。

行为人与公路收费管理人员勾结，利用公路收费管理人员的职务便利偷逃通行费，数额较大的，依照刑法第二百七十一条的规定，以职务侵占罪共犯论处。

对公路收费管理人员未利用职务便利与行为人勾结偷逃通行费的行为，依照刑法第二百六十六条的规定，以诈骗罪共犯论处。

“冲卡”，是交通肇事罪，妨害公务罪，还是故意杀人罪？

2005年3月31日，陈某驾驶车主张某的一辆重型自卸货车，从宁夏回族自治区灵武市磁窑堡二矿装载25吨煤运往中宁发电厂。途中陈某得知要经过的青铜峡广武车辆超限超载检查站检查严格，深知自己车辆超载10余吨煤很难通过检查站，陈某遂决定走高速公路。但车行驶到三叉路口时，陈某又将车拐上国道109线，并向同车的白某表示，要强行通过广武治超检查站。快到广武检查站时，陈某将自己一边的车门锁住，并吩咐白某也把另一边的车门锁上。车行驶至检查站时，陈某见无法闯过便将车开上路边的减速道，驶向减速台。该站工作人员许某见状便走到检测台电子秤前示意陈某停车过磅。谁知，陈某并未停车而是突然加速强行冲卡，将许某撞倒并拖出检查站100余米，许某当场死亡。陈某通过后视镜看到执法人员被撞情形后，仍驾车加速行驶，在逃出五六公里后被公安人员堵截抓获。

经吴忠市中级法院审理，上述事实得以认定。2005年8月4日，宁夏高级人民法院作出终审判决，维持吴忠市中院原判，判决被告人陈某犯故意杀人罪，判处死刑，剥夺政治权利终身。同时判决被告人陈某赔偿原告人经济损失5万元，附带民事诉讼被告人张某承担连带赔偿责任。

这样的案例难免令人唏嘘。但同样的惨剧，不同的地方，判决结果却不尽相同。2011 年 8 月 15 日凌晨，位于国道 318 线上的武汉市东升治超站路政执法人员在进行正常的治超时，遭遇一超限车辆驾驶员暴力抗法，该车驾驶员恶意驾车冲撞路政执法人员，造成路政执法人员胡传健死亡。事发后，公安机关仅按交通事故处理，对车辆驾驶员按交通肇事罪追究刑事责任。显然，在交通肇事罪审理的司法实践中，只要积极赔付，获得受害人谅解，是容易被判处缓刑的，而只要车辆保险买的充足，赔偿是完全可以由保险公司买单，这样违法行为人将实际上得不到任何制裁。

笔者认为，对驾驶车辆恶意冲撞执法人员只按交通肇事罪追究责任，是非常可怕的，这样会引发更多的不法驾驶员去恶意冲撞交通执法人员。另外，刑法中规定的妨碍公务罪主体为国家机关工作人员，对事业单位性质的公路管理机构所属的公路监督检查人员遭遇暴力抗法时，司法实践中，公安机关常以其不是国家机关工作人员为由，不按妨碍公务罪追究行为人的刑事责任，尽管最高人民检察院曾发布过解释，但建议还是由最高人民法院以司法解释的形式明确进行规定，最为合适。

建议条款表述为，以暴力、威胁等方法阻碍公路监督检查人员依法执行职务的，依照刑法第二百七十七条的规定，按妨害公务罪处罚。

以暴力方法阻碍公路监督检查人员依法执行职务，造成公路监督检查人员轻伤以上伤害或死亡后果，同时构成故意伤害罪或故意杀人罪的，择一重罪处罚。

聚众堵塞公路，抗拒、阻碍国家治安管理工作人员依法执行职务，情节严重的，对首要分子，依照刑法第二百九十一条的规定，以聚众扰乱交通秩序罪定罪处罚。

（原载于《中国公路》2012 年第 10 期。作者：范金国）

微评论

与社会大众联系最紧密的公路，对其保护的力度却是当前交通运输体系中最弱的。仅仅纳入行政权的保护，对于公路是远远不够的，只有司法手段的保护，才能让违法者望而却步。这篇文章内容貌似有些乌托邦色彩，但谁能否认，社会的进步和发展，哪次不是和当初的种种“空想”的碰撞有关呢？

老问题引发的新话题

公路物件侵权案件，就是公路路面遗洒物、抛洒物、堆放物等障碍物引发的人身财产损害赔偿纠纷案件的俗称。此类案件对公路管理机构来说，已是一个老话题，如今，它正成为法律界的一个新话题。

为何老生常谈

在 1999 年以前，公路物件侵权案件基本上以地面施工致人损害、人身损害赔偿纠纷、道路管理瑕疵责任纠纷等案由进行审理，大多判令施工单位、物件致人损害的直接侵权人承担责任，很少直接判令公路管理机构承担责任。

1999 年 9 月，发生在江苏省南京市的南京机场高速公路的抛洒雨布障碍物致使发生交通事故的人身损害赔偿纠纷案件，南京市中级人民法院作出终审判决，判令机场高速管理处对原告使用高速公路发生车祸遭受的损失承担民事责任，赔偿原告逾 14 万元，该案在当年被称为"全国高速公路侵权第一案"。虽然该案是以公路管理机构违反合同义务被判承担责任，但是该案的判决结果被媒体热炒后，在全国法院系统进行了广泛传播和扩大性运用。

2000 年，此案二审判决书被最高人民法院收录于当年第 1 期《最高人民法院公报》，从上级法院指导判案的方面，肯定了终审判决，因此全国各地法院获为至宝，在全国各地发生的路面障碍物引发的诉讼中，大多以公路管理机构败诉告终。

2004 年 5 月 1 日，最高人民法院《关于审理人身损害赔偿案件适用法律若干问题的解释》正式吸收并巩固了《最高人民法院公报》所刊登南京机场高速路案件的成果，明确规定道路、桥梁、隧道等人工构造的构筑物因维护、管理瑕疵致人损害的，适用民法通则第一百二十六条的规定：由所有人或者管理人承担赔偿责任。公路是国家所有，由公路管理机构进行管理，因此，公路管理机构开始大量参与到交通事故中，并开始为大量的第三人人为制造的障碍物引发的交通事故买单。

期间，也有少数公路管理机构能在障碍物引发的诉讼中获得胜诉的结果，主要抗辩理由有两点：

一是国务院于1986年进行的公安部门和交通部门的职责分工。《国务院关于改革道路交通管理体制的通知》（国发〔1986〕94号）第二条对路障管理有明确规定："公安机关对全国城乡道路交通依法管理，包括交通安全宣传教育、交通指挥、维护交通秩序、处理交通事故和车辆检验、驾驶员考核与发牌发证、路障管理以及交通标志、标线等安全设施的设置与管理等"。不少法院由此认定，障碍物的管理属于公安机关交通管理部门的职责。此类胜诉案件数量不多，主要归功于公路交通部门与法院的沟通和协调，且前提是这样的判决结果不对公安机关造成实质性的不利结果。毕竟在中国基层司法制衡的体制中，公安机关的负责人往往同时兼任当地政法委书记，法院在作出不利于公安机关的判决前，要充分尊重公安机关的意见。

二是交通部对（JTJ 073—96）《公路养护技术规范》的答复，也就是著名的"及时"不等于"随时"的理论。2001年6月，交通部关于对《关于请求明确〈公路养护技术规范〉有关条款含义的紧急请示》的答复（交公便字〔2001〕66号）明确：（JTJ 073—96）《公路养护技术规范》第3.1.4条规定"各种路面应定期清扫，及时清除杂物，以保持路面和环境的清洁。"该条款是对公路日常养护工作的总体要求，其具体含义是：公路养护单位，要对公路进行定期清扫，定期清扫时的作业标准是清除杂物，做到路面清洁。定期清扫的频率应根据各地关于公路小修保养工作的相关规定执行。另外，该条规定中的"及时"并不等于"随时"，（JTJ 073—96）《公路养护技术规范》没有也不可能要求公路养护单位对路面杂物做到随时清除。因此，如果公路养护单位按照规定的频率或有关工作要求做到了定期清扫，即不能认为其"疏于养护"。（JTJ 073—96）《公路养护技术规范》在2000年进行了修订，交通部专门针对1996版的规范的答复因此没有了存在的依据。

在此期间，公路管理机构面对法院的审判，毫无辩驳的余地：不清除障碍物，会被人民法院以道路管理瑕疵责任判令承担责任，而一旦去清除障碍物，又会被人民法院以《公路法》中仅规定了公路交通运输部门"责令停止违法行为，可以处5000元以下罚款"的权限，并无清除障碍物的法定职权判令败诉并承担赔偿责任。

这些年来，公路交通运输部门一直在抗争，力图通过立法，来改变公路管理机构老当冤大头的尴尬局面。

2010 年 7 月 1 日实施的《侵权责任法》在交通运输部门的争取下，对物件致人损害的归责进行了明确规定，排除公路管理机构作为类似案件的责任主体。该法第八十九条明确规定：在公共道路上堆放、倾倒、遗洒妨碍通行的物品造成他人损害的，有关单位或者个人应当承担侵权责任。立法本意是，由堆放、倾倒和遗洒妨碍通行的物品的单位或者个人承担责任。但是好经遇到歪嘴和尚也会被念歪，该法出台后，大量专家、学者、法官对此条进行了扩大性解释，认为有关单位或者个人应当包含公路管理机构等管理单位。加上司法实践中，法律法规的适用是不如最高人民法院司法解释的适用的，在最高人民法院《关于审理人身损害赔偿案件适用法律若干问题的解释》没有修改前，该法律的实施，实质上并未改变公路管理机构当被告和承担责任的局面。

新法规催生新对策

2011 年 7 月 1 日，国务院《公路安全保护条例》力图对《侵权责任法》的规定进行明示，因此在第四十三条第二款中规定：车辆装载物掉落、遗洒、飘散后，车辆驾驶人、押运人员未及时采取措施处理，造成他人人身、财产损害的，道路运输企业、车辆驾驶人应当依法承担赔偿责任。理论上，对于车辆装载后掉落、遗洒和飘散的障碍物引发的人身财产损害，排除了公路管理机构的责任。但是，由于大量公路上遗撒物、掉落物等障碍物无法查清道路运输企业和车辆驾驶人，社会公众和法院相反以该条例第四十三条第一款中规定了“公路管理机构、公路经营企业应当及时清除掉落、遗洒、飘散在公路上的障碍物”为由，认为公路管理机构有及时清除公路上的障碍物的义务，应当承担物件致人损害的赔偿责任。

但是，《公路安全保护条例》的一些新规定，将改变物件致人损害案件的传统处理方式，主要包括以下两点：

一是公路管理机构的身份，在《公路安全保护条例》中第一次进行了明确。该条例第三条第三款规定：公路管理机构依照本条例的规定具体负责公路保护的监督管理工作。显然，该监督管理是一种行政管理。该条例第五条明确规定，县级以上各级人民政府应当将政府及其有关部门从事公路管理、养护所需经费以及公路管理机构行使公路行政管理职能所需经费纳入本级人民政府财政预算。但是，专用公路的公路保护经费除外。再次明确了公路管理机构的职能是行使公路行政管理职能。

二是对于公路管理机构的养护责任进行了明确。公路管理机构的职责是让公路经常处于良好技术状态。良好技术状态也经常被社会公众和法院误读，所有公路障碍物引发的事故，都可以被装在“未让公路处于良好技术状态”这个箩筐内。《公路安全保护条例》对“良好技术状态”一词进行了明确解释，即“前款所称良好技术状态，是指公路自身的物理状态符合有关技术标准的要求，包括路面平整，路肩、边坡平顺，有关设施完好”，因此，公路上是否存在障碍物，与公路是否处于良好技术状态，是没有任何关系的。

2012 年 1 月 1 日，《行政强制法》正式实施，该法第五十二条规定了紧急代履行制度，即：“需要立即清除道路、河道、航道或者公共场所的遗洒物、障碍物或者污染物，当事人不能清除的，行政机关可以决定立即实施代履行；当事人不在场的，行政机关应当在事后立即通知当事人，并依法作出处理。”公路管理机构对掉落物、遗洒物和飘散物有清除的义务，但该清除行为并非民事行为，而是通过代履行的方式进行清除的行政强制执行行为。

因此，在新法律法规出台后，将促使最高人民法院修正其过去将公路管理机构列入此类案件的民事诉讼主体的做法，也将促使将公路这一公有公共设施的管理纳入国家赔偿的范围。新法律法规出台后，公路管理机构行使的是行政管理职能，可以依照代履行的方式去实施强制执行，对物件致人损害，若再对公路管理机构提起诉讼，应当依法适用行政诉讼程序，不应再适用民事诉讼程序；因管理不作为致人损害的，应当实行国家赔偿。

事实上，公路管理机构经费纳入政府财政预算，在《公路安全保护条例》实施前已经出现，而实行政府财政预算后，各级人民政府财政部门普遍实施了国库集中支付与会计集中核算政策，全国已经有这样的案件出现：法院通过民事判决书判决公路管理机构承担赔偿责任，但是在执行时无法执行，因为公路管理机构实行了国库集中支付和会计集中核算，没有本单位的账户。类似的司法实践的逐步增多，将彻底改变公路管理机构承担物件致人损害民事赔偿责任的现状。

面对新法律法规中出现的新规定，公路管理机构应当拿出新的对策，力争将类似案件纳入行政诉讼审判，由国家进行赔偿。

（原载于《中国公路》2012 年第 12 期。作者：范金国）

微评论

公共设施管理瑕疵造成的损害赔偿，到底应属民事赔偿还是国家赔偿，这一话题已经争论多年。法律制度的逐步完善，不一定能完全左右司法实践，但司法实践遇到的新问题，必然能够推动法律制度落到实处。

危化品凶猛

——关于危化品公路运输事故频发的法律解读

2012年8月26日凌晨，发生在包茂高速陕西省延安市安塞段的特大交通事故震惊全国。一辆满载39人的双层卧铺客车，与一辆装满甲醇由陕西榆林市驶往陕西韩城市的重型罐式半挂车追尾碰撞，致甲醇泄漏燃烧，大火瞬间吞噬了客车上的36条人命。

这并非是特例，当前，国内高速公路上危化品运输事故频发，给国家财产和人民群众生命财产造成重大的损失，而高速公路上的危化品运输监管，其实处于一个真空地带。

案例回放

案例1：油罐车高速公路隧道内爆炸，4死1伤，隧道损失过亿

2011年4月8日凌晨3时许，甘肃省兰州市至临夏回族自治州的兰临高速公路七道梁隧道内，两辆重型罐车追尾，导致两车内装载的近40吨危险化学品190号溶剂油发生燃烧爆炸，并造成四人死亡，一人轻伤。爆炸造成隧道设施严重受损，据甘肃高等级公路运营管理中心副主任张肃军估计，事故至少造成路产损失1亿元。

案例2：汉十高速火药运输车爆炸，2死4伤，路产损失超百万

2012年6月22日8时左右，一辆运载烟花爆竹的大型货车行驶在汉十高速公路时突然发生爆炸，导致2死4伤。爆炸现场的路面被炸塌陷，形成最深处3.5米、直径10.7米的深坑，爆炸损坏路面约150平方米，造成路产损失达130余万元。爆炸点周边50米内，路边树木被拦腰斩断，树叶被气浪一扫而光，路边的青草全被削平，周边农田中大片的棉花苗和玉米苗被损坏，路南侧100多米远的一处民房的屋顶坍塌。

案例3：广州油罐车溶剂泄漏引大火，20死31伤

2012年6月29日4时20分左右，广州市沿江高速公路南岗段，两辆油罐车发生追尾，造成油罐内所载溶剂油泄漏，溶剂油顺着高速公路排水管流入高速公路高架桥下的货物堆场，引发爆燃，大火迅速引燃桥下堆放的木板及临时搭建的

工棚，造成20人死亡、31人受伤（其中16人重伤）。

事故为何“盯上”高速路

纵观危化品运输事故，普通公路上鲜有发生，绝大多数都发生在高速公路上。这是什么原因呢？

其实危化品运输车辆在运输途中发生事故，跟一般交通事故的发生原因相比，差别并不大，无非就是驾驶人的因素、车辆的因素、道路状况的因素、管理的因素、环境的因素等。人的因素中，主要是疲劳驾驶、无证驾驶、处置不当、超速行驶等因素。车辆的因素则主要是车辆不符合技术状况如防护装置不符合标准、槽罐混装、超载等因素。管理的因素则主要是企业对车辆和驾驶员的管理混乱以及公安、安监、质检、运管等监管部门对企业和驾驶员的监管不力。环境的因素主要是天气状况对行车的影响……这些因素都容易诱发危化品道路运输中的事故发生。

在企业、驾驶员都严格遵守危化品的运输管理及道路交通安全管理法律法规的前提下，笔者认为危化品运输事故是完全可以避免的。守法与否，重在监管。而行政上的监管，在高速公路上基本处于真空地段——原因只有一个：高速公路行车速度快，一旦进行途中检查，容易诱发恶性交通事故，同时也威胁到监管人员自身安全。为此，《道路交通安全法》第六十九条明确规定：任何单位、个人不得在高速公路上拦截检查行驶的车辆，公安机关的人民警察依法执行紧急公务除外。

现实中，对危化品运输具有管理职责的公安机关，是极少在高速公路上拦截检查行驶的车辆的，特别是拦截一个“移动的定时炸弹”。那么对其监管检查，则仅限于高速公路进出口收费站。然而，收费站进出口处也不能进行过多的检查，因为这样容易影响高速公路进出口的畅通。对于公安机关来说，对危化品运输车辆行驶高速公路的监管，实在两难，许多情况下只有听之任之，结果便是大量交通违法行为在高速公路上有恃无恐，危化品运输车辆在高速公路上事故频发，在所难免。

对公路经营管理单位的责难

危化品运输车辆在高速公路上发生事故，高速公路经营管理单位也是受害者之一，通常是在事故善后处理中，为了事故的妥善处理和社会的和谐，不得不自掏腰包承受巨额高速公路路产损失及修复的责任，还要承担因事故救援、路产修复等造成的通行费的流失。

如果说高速公路经营管理单位承担这些损失也是一种社会责任，舆论或相关主管部门的导向，却一直试图把高速公路经营管理单位引向法律责任的承担上。如在包茂高速追尾事故中，有媒体和所谓的专家责难收费站未把好关，让此刻不该上路行驶的客车上路行驶；在汉十高速公路黑火药爆炸事故中，有受害村民试图以事故发生在高速公路上为由，找高速公路经营管理单位索赔；广州“6.29 事故”中，国务院安委会直接把矛头对准了高速公路管理部门，称事故发生与高速公路管理机构对高速公路附近建筑物构筑物的监管有关，要求对高速公路进行“打非治违”的专项行动……

这些责难，为高速公路经营管理单位敲响了警钟：针对危化品运输事故，要采取措施，防患于未然，从公路运营管理的角度，预防法律风险。

风险防范之道

对高速公路危化品的运输监管，除了有赖于公安机关交通管理部门在高速公路入口进行严格把关、危化品运输审批机关和公安机关交通管理部门做好相应的信息沟通和联动外，高速公路部门也要做好相关防范工作。

做好信息联动

危化品运输车辆通行特大型公路桥梁和特大公路隧道时，一旦发生事故，造成的影响和后果是极其严重的。

《公路安全保护条例》明确规定：“载运易燃、易爆、剧毒、放射性等危险物品的车辆，应当符合国家有关安全管理规定，并避免通过特大型公路桥梁或者特长公路隧道；确需通过特大型公路桥梁或者特长公路隧道的，负责审批易燃、易爆、剧毒、放射性等危险物品运输许可的机关应当提前将行驶时间、路线通知特大型公路桥梁或者特长公路隧道的管理单位，并对在特大型公路桥梁或者特长公路隧道行驶的车辆进行现场监管。”为了保护特大型公路桥梁和特大公路隧道，应让有办理危化品道路运输通行证审批权的省内公安机关知道省内、国内有哪些特大型公路桥梁和特长公路隧道，公路管理机构与公安机关之间应当进行必要的信息通报。

高速公路经营管理单位和公路管理机构应尽快将《公路安全保护条例》的规定落到实处，由省级公路管理机构将全省特大型公路桥梁和特大公路隧道的名称、地点、长度、管理单位名称、管理单位的联系方式等信息汇总后，抄送给省级公安机关，或者各省公路管理机构将这些桥隧信息统一上报交通运输部公路局，由部公路局统一抄送公安部转发各基层公安机关，由公安机关在核发危化品道路运输通行证时，按照《公路安全保护条例》的规定进行把关和执行。要敦促公安机关切实履行其监管的法定义务，对不按《公路安全保护条例》执行的公安机关，依法由其承担相应的责任和后果。

加强高速公路桥下空间及建筑控制区违法建筑物管理

《公路安全保护条例》为加强对公路桥梁的保护，出台了很多新的规定。其中，第二十二条明确规定：禁止利用公路桥梁（含桥下空间）、公路隧道、涵洞堆放物品、搭建设施。对于公路建筑控制区的管理，《公路法》于 1998 年实施后，就已经明确规定，建筑控制区内禁止修建任何建筑物和地面构筑物，其立法目的，不仅仅是为了为公路改扩建预留土地，更主要的是为了公路运输安全和建筑物构筑物自身安全，避免相互干扰。

广州“6.29”油罐车爆燃事故发生后，国务院安委会办公室的通报中明确指出，该起事故不仅暴露出部分危险化学品运输车辆、货运车辆驾驶人安全意识淡薄等问题，也暴露出一些地方政府、部门对高速公路周边的建筑物和构筑物监管存在漏洞。为有效防范和坚决遏制重大事故的发生，国务院安委办要求严厉打击在高速公路建筑控制区内违法修建建筑物、构筑物等非法行为。各地区、各有关部门要严格执行《公路安全保护条例》（国务院令第 593 号）有关规定，结合正在开展的“打非治违”专项行动，严厉打击高速公路建筑控制区内违法修建建筑物、构筑物等非法违法行为。要对辖区内高速公路建筑控制区内的建筑物、构筑物情况进行深入细致的排查摸底，并逐一制订整治方案，确定整治期限，确保取得实效。对于高速公路建筑控制区划定前已经合法修建的要登记建档，并加强监督检查，不得扩建；对于违法修建的，要依法责令拆除。

因此，对于高速公路桥下空间及建筑控制区违法建筑物构筑物的整治，公路管理机构应当将其纳入工作日程，进行专项治理，防范类似事故再次发生被问责。

同时还要加强管理，特别是加强对公共场所安全控制区的管理，教促规划部门在高速公路两侧规划公共场所时，保持法定的距离。

严格执行公安机关交通管理部门的管制要求并做好信息提示

在公安机关交通管理部门已经发布管制公告对危化品运输车辆行驶的路段进行限制的，高速公路经营管理单位不得让所管制的危化品运输车辆进入高速公路，同时要在入口处做好信息提示，对危化品运输车辆进行劝返或分流。对执意进入高速公路的，应及时通报给公安机关交通管理部门进行查处。对客车的驶入同样如此，国家规定长途客车夜间 2:00~5:00 必须停车实行强制休息，那么收费公路经营管理单位的收费站就不得在此时间段再对进入高速公路的客车进行放行，同时要通过技术手段限制此类车辆在此时间段从 ETC 车道或者通过自动发卡机领卡驶入，切实防范好此类法律风险。

改进高速公路的设计规范

对危化品运输车辆违法行驶高速公路的管制、监管措施，能否得到较好执行，笔者认为应当保障两点：首先，这些车辆在驶入高速公路收费站入口前，能够在连接线或匝道前得知管制信息，这样才不至在收费站前堵塞道口；其次，这些车辆即使进入了收费站区，要有劝返通道，便于执法人员查处和收费人员对这些车辆劝返后安全返回。正如违法超限运输车辆在高速公路上泛滥，而高速公路的“入口阻截劝返”治超原则只是一纸空文一样，没有提前的信息预告，没有劝返通道，一切都是空谈，这就要求高速公路相关设计规范中，要在匝道入口设置信息提示板，并设计收费站区的返回通道等。

（原载于《中国公路》2012 年第 18 期。作者：范金国）

微评论

从细微处着手，做好自己该做的事，是公路管理机构和公路经营管理单位防范危险品运输事故法律风险的根本之道。

后 记

之所以决定写后记，主要是想与读者说些心里话。

有人问我，为什么要把已经发表的文章再拿来出版？原因有二。其一，从某种意义上来说，自己发表于《中国公路》和《中国高速公路》这两本行业期刊上的文章，算是我国公路法制进程的一个缩影，笔者希望，这些文章能产生更大的影响力，对我国公路事业的发展产生一定借鉴或指导意义。期刊不易保存，将文章汇编成册，就能解决这个问题。其二，笔者发现自己的文章或观点，经常被他人引用却未注明出处，甚至直接抄袭，这让身为律师的笔者很不安，这种对著作权的侵害，必须制止，否则有一天，李鬼们将可能有恃无恐地打倒李逵——当原创被认为是抄袭，多可悲！

与笔者前一本著作不同，这本书没有定位为工具书，也是有原因的。一是笔者发表的这些文章，纯属笔者个人学术观点，受笔者能力或理解所限，这些观点不一定完全正确，甚至可能与主流声音或官方意见不一致。但既然是学术观点，争鸣就应是常态，唯有争鸣，才能进步，才能发展，因此，笔者的文章及观点，仅供读者参考。二是这些文章发表的时间跨度较大，期间大量的新法律法规和政策相继出台，所以部分观点在文章发表时可行，后来不一定继续可行，因此，需要读者辩证地看待这些文章及观点。

这本书能够问世，首先要感谢中国公路学会及《中国公路》和《中国高速公路》杂志，他们为文章的发表提供了平台，杂志的谢丁编辑辛勤催稿，笔者唯有笔耕不辍，不敢懈怠。同时，要感谢人民交通出版社的张征宇主任和赵瑞琴编辑，他们为这本书的顺利出版，付出了智慧、汗水与心血！最后要感谢行业内外的广大读者，是你们的支持与鼓励，使笔者能够坚持“公路专业律师，专业服务公路”的理念，继续走下去……

作 者

二〇一二年十月于武汉